作 者 简 介

袁亮，上海财经大学管理学博士，现为扬州工业职业技术学院商学院院长、扬州大学硕士研究生导师、江苏省"青蓝工程"中青年学术带头人培养对象、江苏省"青蓝工程"优秀青年骨干教师、一级电子商务师。

在国家级商务数据分析与应用和金融科技应用两个专业教学资源库中主持建设"营销数据分析实战""区块链金融"2门课程；主持完成教育部产教协同育人项目2个、主编江苏省高校重点教材1部；主持省部级教科研项目4项、市厅级教科研项目5项；获国家级教学成果奖二等奖1项、江苏省教学成果奖特等奖1项；获江苏省职业院校教师教学能力大赛一等奖；在《数理统计与管理》《软科学》《统计与决策》《Journal of Retailing and Consumer Services》等CSSCI或SSCI期刊发表学术论文30余篇；指导学生参加中国国际"互联网+"大学生创新创业大赛获国家级金奖，多次指导学生在全国职业院校技能大赛和江苏省职业院校技能大赛中获得省级一等奖及以上成绩。

城际人口流动视角下高铁开通对居民消费行为的影响研究

袁 亮 著

中国矿业大学出版社
·徐州·

图书在版编目(CIP)数据

城际人口流动视角下高铁开通对居民消费行为的影响研究／袁亮著. — 徐州：中国矿业大学出版社，2023.11

ISBN 978-7-5646-5982-0

Ⅰ.①城… Ⅱ.①袁… Ⅲ.①高速铁路－影响－居民消费－消费者行为论－研究－中国 Ⅳ.①F126.1

中国国家版本馆 CIP 数据核字(2023)第 192134 号

书　　名	城际人口流动视角下高铁开通对居民消费行为的影响研究
	CHENGJI RENKOU LIUDONG SHIJIAO XIA GAOTIE KAITONG
	DUI JUMIN XIAOFEI XINGWEI DE YINGXIANG YANJIU
著　　者	袁　亮
责任编辑	史凤萍
出版发行	中国矿业大学出版社有限责任公司
	(江苏省徐州市解放南路　邮编 221008)
营销热线	(0516)83885370　83884103
出版服务	(0516)83995789　83884920
网　　址	http://www.cumtp.com　E-mail:cumtpvip@cumtp.com
印　　刷	苏州市古得堡数码印刷有限公司
开　　本	787 mm×1092 mm　1/16　印张 12.25　字数 240 千字
版次印次	2023 年 11 月第 1 版　2023 年 11 月第 1 次印刷
定　　价	48.00 元

(图书出现印装质量问题，本社负责调换)

前　言

随着高铁的迅猛发展和广泛普及,关于高铁开通带来的"时空压缩效应"的学术研究在近几年逐渐增多。相较于普通铁路、公路等传统交通工具而言,高铁具有高时效、客运专用等特点,对城际人口流动产生了里程碑式的影响。高铁开通大幅压缩了"时空距离",人口流动的时间成本大幅缩短,进而给不同城市之间的人们带来了更强的空间关联;相较于普通铁路、公路等传统交通工具相当部分的影响限于对物体的流动,高铁几乎仅限于对人口的流动产生影响,且呈现出从低线(三、四线)城市向高线(一、二线)城市以商务、旅游、学习、就医、探亲访友等功能性跨城活动为主要目的的大规模短期流动的特点;大规模的人口流动随之带来的是社会互动增强,知识、观念、文化等软要素相互碰撞、影响,甚至是融合。

与已经较为丰富的高铁开通对区域经济、产业结构和企业经营等方面的影响研究相异,本研究着重讨论高铁开通引致人口大规模城际流动进而带来知识、观念、文化等软要素的碰撞、融合,如何对高铁使用者——"人"的微观层面产生影响,尤其对"人"的消费观念和消费行为产生的影响。因此,高铁开通的冲击,为我们进一步打开或者验证影响"人"的消费观念形成的黑箱进而解释消费行为的变化提供了可能。

当前,关于人口流动的研究大多侧重于劳动力等长期人口流动的原因、社会融入及其带来的经济社会效应,而很少涉及人口流动与个体心理和消费行为的关系,其中关于短期人口流动对普通地级(低线)城市消费者个体的心理与消费行为的影响的研究较少。

基于以上考虑,本研究旨在研究高铁开通对高铁使用者——"人"的微观反应。本研究以普通地级(低线)城市消费者为研究对象,主要研究两个方面的问题。其一:高铁开通引致人口从普通地级(低线)城市向省会(高线)城市以功能性活动为主要目的的大规模短期城际流动,这会对普通地级(低线)城市消费者个体的心理与消费行为产生什么样的影响?即高铁开通是否能够使普通地级(低线)城市消费者对省会(高线)城市消费者的消费行为进行追随、模仿并产生趋同消费效应?高铁开通是否能使普通地级(低线)城市消费者增加对更能彰显"身份和地位"产品的偏好与消费?发生的作用机制又是什么?其二:高铁开通不仅使短期城际人口流动增加,同时还使普通地级(低线)城市城际人口流动的总体水平快速提升,这又对普通地级(低线)城市的消费者个体的心理与消费行为产生什么样的影响?即高铁开通是否能促进普通地级(低线)城市消费者的多样性消费?发生的作用机制又是什么?

为了实现研究目的,本研究系统地对有关高铁开通、趋同消费、地位消费和多样性消费等文献进行了梳理和归纳,以高铁开通引致大规模跨城际人口流动带来的"上行社会比较"增强而产生的"参照群体效应"、"补偿消费效应"和城市"文化多样性"提升而产生的"多样化寻求效应"为中介解释机制,还以城际流动水平、经济距离、符号价值等变量为调节因素,全面研究了高铁开通对个体心理和消费行为的影响。本研究将消费者个体层面的问卷数据和城市层面的客观数据相结合,进行了系统全面的研究。首先,通过 Credamo 调研平台,在对全国开通高铁城市和未开通高铁城市的消费者进行分层抽样的基础上开展了大规模的问卷调查,得到了基于个体消费者的调查问卷数据,以开通高铁城市消费者为实验组,以未开通高铁城市消费者为对照组,检验了高铁开通对个体心理和消费行为的影响和解释机制。接着,以2007—2015年全国城市高铁开通数据和全国乘用车销售的月度数据作为样本数据,利用高铁开通这一"准自然实验",以开通高铁城市消费者为实验组,以未开通高铁城市消费者为对照组,利用双重差分法(多时点DID)进一步验证了高铁开通对消费者消费行为的影响,在平行趋势检验的基础上又采用了倾向得分匹配-双重差分法(PSMDID)、安慰剂检验、改变样本周期、基于地理环境信息构建工具变量等方式进行了稳健性检验。

本研究结论对于高铁建设与规划的制定、企业营销管理、消费者购买决策都有积极的实践启示。

本书受江苏省教育厅哲学社会科学研究项目"地铁开通对乘用车消费行为的影响及作用机制研究"(2021SJA2030)资助;受江苏高校"青蓝工程"资助;受中国物流学会"区块链金融与跨境电商物流"产学研基地资助。

目　录

第一章　绪论 …… 1
　第一节　研究背景与问题提出 …… 1
　第二节　研究内容与研究方法 …… 6
　第三节　研究成果与研究创新 …… 8
　第四节　技术路线与结构安排 …… 11

第二章　文献综述 …… 14
　第一节　高铁开通的相关研究 …… 14
　第二节　趋同消费的相关研究 …… 20
　第三节　地位消费的相关研究 …… 23
　第四节　多样性消费的相关研究 …… 26
　第五节　社会比较的相关研究 …… 29
　第六节　文化多样性的相关研究 …… 33

第三章　理论基础与研究假设 …… 35
　第一节　高铁开通、上行社会比较、参照群体影响与趋同消费 …… 35
　第二节　高铁开通、上行社会比较、感知地位威胁与地位消费 …… 40
　第三节　高铁开通、文化多样性、多样化寻求与多样性消费 …… 44

第四章　高铁开通对趋同消费行为的影响研究 …… 47
　第一节　基于消费者个体调研数据的趋同消费研究设计 …… 48
　第二节　基于消费者个体调研数据的趋同消费研究分析 …… 51
　第三节　基于城市层面客观数据的趋同消费研究设计 …… 58

第四节　基于城市层面客观数据的趋同消费研究分析……………………69
　　第五节　研究结果与讨论…………………………………………………81

第五章　高铁开通对地位消费行为的影响研究……………………………………83
　　第一节　基于消费者个体调研数据的地位消费研究设计………………84
　　第二节　基于消费者个体调研数据的地位消费研究分析………………86
　　第三节　基于城市层面客观数据的地位消费研究设计…………………91
　　第四节　基于城市层面客观数据的地位消费研究分析…………………97
　　第五节　高铁开通对地位消费（大排量乘用车）影响的分析…………105
　　第六节　研究结果与讨论…………………………………………………112

第六章　高铁开通对多样性消费行为的影响研究………………………………115
　　第一节　基于消费者个体调研数据的多样性消费研究设计……………116
　　第二节　基于消费者个体调研数据的多样性消费研究分析……………118
　　第三节　基于城市层面客观数据的多样性消费研究设计………………123
　　第四节　基于城市层面客观数据的多样性消费研究分析………………129
　　第五节　剔除趋同消费作用的干扰………………………………………141
　　第六节　研究结果与讨论…………………………………………………145

第七章　研究结论与展望…………………………………………………………147
　　第一节　研究结论…………………………………………………………147
　　第二节　研究贡献…………………………………………………………150
　　第三节　研究局限与未来展望……………………………………………153

附录…………………………………………………………………………………155
　　附录一　关于消费者乘用车消费偏好的调查问卷………………………155
　　附录二　城市乘用车上牌的基础数据结构表……………………………165

参考文献……………………………………………………………………………166

后记…………………………………………………………………………………182

第一章 绪 论

本章首先介绍了研究的背景与研究的问题,并对研究的理论意义和现实意义进行了较为详细的阐述,然后对研究内容、方法、创新点和框架做了简述。

第一节 研究背景与问题提出

一、研究背景

2008年以来,我国在高速铁路(以下简称为高铁)建设方面取得了突飞猛进的发展。截至2020年12月底,我国高铁营运总里程接近3.8万公里,约占世界高铁开通总里程的三分之二,构建了广泛的基础网、较为完善的干线网、相对发达的快速网,城乡之间、区域之间的高铁路网得以协调发展。从时间上来讲,自从2008年全国首条高铁开通以来,到2020年12月底,全国有260多个城市开通了高铁。从空间上来讲,在高铁建设之初,高铁开通的布局在全国不同空间区域内存在明显差异,东部和部分中部地区开通高铁的城市数量及里程率先增加,而西部地区开通高铁的城市数量及里程在2011年之后也有了较大幅度的增长,除极少数地区外,西部高铁网络正逐步接近于东部和中部,"八横八纵"的高铁网络格局正在快速形成。2020年12月,国务院新闻办公室发布的《中国交通的可持续发展》白皮书中提出建设交通强国,到2035年基本建成两个"交通圈",即"全国123出行交通圈"(都市区1个小时通勤,城市群2小时通达,全国主要城市3小时覆盖)和"全球123快货物流圈"(国内1天送达,周边国家2天送达,全球主要城市3天送达)。高铁的建设意义重大,对内而言可以推进供给侧结构性改革、拓展区域发展空间、厚植行业发展优势和兼顾效率与公平;对外而言是推进"一带一路"倡议的重要组成部分,可以有效推进我国西部对外开放、加强丝绸之路经济带的有效建设。凭借过硬的技术标准和强大的建设团队,中国高铁已经逐渐"走出去"参与到"一带一路"沿线国家的铁路建设中。因此,高铁作为国民经济大动脉和重大民生工程,不仅在助力经济社会发展、城市化进程、城市群建设、产业集聚、企业生产效率提高等方面的"共振效应"已日益凸显,也在支撑国家对外重大战略、树立中国的大国形象方面起到了至关重要的作用,受到了政治决策领域和学术界的高度关注。2008—2020年我国高铁年度通车里程见图1-1。

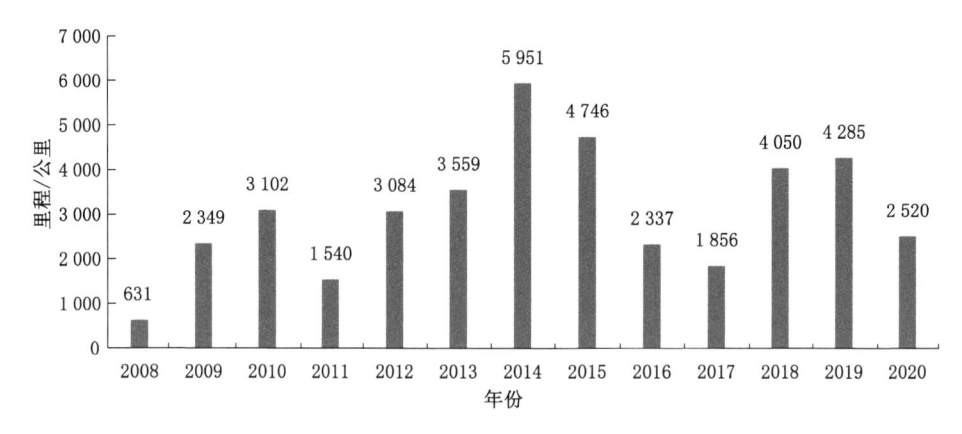

图 1-1 2008—2020 年我国高铁年度通车里程

数据来源:Wind,国铁集团

自2008年投运以来,高铁动车组承担客运量呈现指数级增长,复合增速高达68.55%。2019年,全国高铁旅客发运22.9亿人次,同比增长14.1%,高铁客运维持高位增长;2020年受疫情影响,全国高铁旅客发运15.8亿人次。2019年,高铁动车组客运量占铁路总客运量的比重增至62.57%,同比增加约3个百分点;2020年,高铁动车组客运量占铁路总客运量的比重增至72.81%,同比增加约10.24个百分点。高铁日均发送旅客由2012年的106.8万人次增加至2020年的656.3万人次;年均增长29.1%;2008—2020年,全国高铁累计客运量达119.1亿人次。2008—2020年中国高铁年度客运量统计见图1-2。

二、问题提出

随着高铁的迅猛发展和广泛普及,关于高铁带来的"时空压缩效应"的学术研究在近几年逐渐增多。

相较于普通铁路、公路等传统交通工具而言,高铁具有高时效、客运专用等特点,对人口流动产生了里程碑式的影响(余泳泽等,2019;王雨飞等,2016;Cheng et al.,2015;颜色等,2013)。2008年高铁开通之前,中国交通基础设施水平一直不高,以普通火车、汽车为主的传统出行方式限制了劳动力流动效率的提高。但自2008年首条设计时速350公里的京津城际铁路开通运营以来,中国高铁事业蓬勃发展。高铁开通大幅压缩了"时空距离",人口流动的时间成本大

图 1-2　2008—2020 年中国高铁年度客运量统计图
数据来源：Wind，国铁集团

幅缩小、人口流动规模激增，进而给不同城市的人们带来更强的空间关联（申洋等，2021；Yao et al.，2019；李红昌等，2017；Lin，2017；Chen et al.，2012）；相较于普通铁路、公路等传统交通工具相当部分的影响限于物体的流动，高铁几乎仅限于对人口的流动产生影响，且呈现出从低线（三、四线）城市向高线（一、二线）城市以商务、旅游、学习、就医、探亲访友等功能性跨城活动为主要目的的大规模短期流动的特点（曹炜威，2020；陈婧等，2020；Ren et al.，2019；武前波等，2018；高玮，2018；杜兴强等，2017；Ollivier et al.，2014；李祥妹等，2014；刘健等，2012）；人口的流动随之带来的是社会互动增强，知识、观念、文化等软要素相互碰撞、影响，甚至是融合（王磊等，2021；梁淑贞等，2021；黄春芳等，2021；陈宏胜等，2019；吴康等，2013；刘健等，2012；侯雪等，2011）。

与已有的高铁开通对区域经济、产业结构、企业经营等方面的影响研究相异，本研究着重讨论高铁开通引致的人口流动进而带来知识、观念、文化等软要素的碰撞、融合，如何对高铁使用者——"人"的微观层面产生影响，尤其对"人"的消费观和消费行为产生影响。因此，由高铁开通的冲击，我们有可能进一步打开或者验证影响"人"的消费观念形成的黑箱，进而解释消费行为的变化。

由我国 2021 年人口普查数据可知，中国的人口流动规模巨大，且增长速度迅猛①。当前，关于人口流动的研究大多侧重于劳动力等长期人口流动的原因、社会融入及其带来的经济社会效应，而很少涉及人口流动与个体心理和消费行

---

① 2021 年 5 月 11 日，国家统计局发布我国第七次人口普查相关情况和主要数据。最新普查数据显示，人户分离人口已占到总人口的 34.14%，是 1982 年的 89 倍，相较于 2010 年第六次人口普查时也增长了 88.52%，足见人口流动规模之大。

为的关系(王磊等,2021),其中关于短期人口流动对流出地消费者个体的心理与消费行为的影响的研究还较少。

基于以上考虑,本研究旨在研究高铁开通对高铁使用者——"人"的微观反应。本研究以普通地级(低线)城市消费者为研究对象,主要研究两个方面的问题。其一,高铁开通引致人口从普通地级(低线)城市向省会(高线)城市以功能性活动为主要目的的大规模短期城际流动,这会对普通地级(低线)城市消费者个体的心理与消费行为产生什么样的影响?即高铁开通是否能够使普通地级(低线)城市消费者对省会(高线)城市消费行为进行追随、模仿并产生趋同消费效应?高铁开通是否能使普通地级(低线)城市消费者增加对更能彰显"身份和地位"产品的偏好与消费?发生的作用机制又是什么?其二,高铁开通不仅使短期城际人口流动增加,还使普通地级(低线)城市城际人口流动的总体水平快速提升,这又对普通地级(低线)城市的消费者个体的心理与消费行为产生什么样的影响?即高铁开通是否能促进普通地级(低线)城市消费者的多样性消费?发生的作用机制又是什么?

三、研究意义

(一)理论意义

以往学者已经对高铁开通的"时空压缩效应"展开了一定的研究,但理论成果相对有限。本研究的理论意义具体讲有以下三点:

第一,拓宽了高铁开通的"微观效应"研究,丰富了人口流动对个体心理和消费行为作用的相关理论。本研究首次从高铁开通引致人口大规模跨城流动、社会互动显著增强的视角出发,研究了高铁开通对高铁使用者——"人"的个体心理和消费行为的影响,即高铁开通对低线城市消费者与高线城市消费者的趋同消费、地位消费和多样性消费的影响。目前,高铁开通带来的"时空压缩效应"研究主要集中在宏观的"经济效应"上,即对经济发展、产业结构、企业经营等影响的研究,此类研究已经非常丰富。但就高铁引发的大规模人口流动,包括以商务、旅行、探亲等功能性活动为主的短期跨城流动,对个体心理和消费行为的影响研究还是缺乏的,本研究较好地弥补了这一缺憾。本研究关注了高铁开通引发的社会互动显著增强高铁使用者——"人"的心理和消费行为,拓宽了高铁开通的"微观效应"相关研究,丰富了人口流动对个体心理和消费行为的相关理论研究。

第二,利用高铁开通这一"准自然实验"引发的真实上行社会比较情境,研究了其对个体心理和消费的影响,增强了现有社会比较理论的外部效度。从高铁开通这一"准自然实验"引发的真实上行社会比较情境出发,从社会心理学视角展开研究,发现高铁开通增强了低线城市消费者与高线城市消费者的上行社会比较倾向,进而带来参照群体影响和感知地位威胁的心理效应并对个体消费行为产生影响,丰富和完善了社会比较理论的相关研究。目前,大多数学者采用实验法探究社会比较对消费的影响及作用机制,对被试接受从实验室中模拟出的社会比较刺激后的认知或行为结果进行分析。但是,实验室不可能创造出真实的、长期的消费环境,社会比较对消费者真实的、长期的消费行为带来的影响难以有效地被探讨。本研究利用高铁开通这一"准自然实验"引发的真实上行社会比较情境来研究其对个体消费的影响,较好地弥补了这一缺憾,增强了现有社会比较理论的外部效度。

第三,丰富了文化对多样性消费的影响研究的相关理论。本研究基于文化多样性的视角,使用城市流动人口来源的不同省份等特征代表文化差异,实证考察了高铁开通带来的文化多样性对消费者多样性偏好的影响。目前,虽然有部分关于文化多样性对经济发展、企业经营与创新的影响研究,但有关文化多样性对个体心理和消费行为影响的研究相对较少,本研究较好地弥补了这一缺憾,丰富了文化对多样性消费的影响研究的相关理论。

(二) 现实意义

第一,对高铁建设与规划制定的启示。

研究表明,高铁开通在促进经济增长、产业结构调整、企业经营与创新等之外,还激发了趋同消费、地位消费和多样性消费,显著提升了普通地级(低线)城市消费者的消费意愿和消费水平。这对我国深化消费领域的供给侧结构性改革,充分发挥我国超大规模市场优势和内需潜力,有效推动形成以国内大循环为主体、国内国际双循环相互促进的新发展格局,推动中国经济和社会的高质量发展有重要意义。同时,在制定高铁建设规划时要注重对普通地级(低线)城市的高铁建设布局,在整个区域范围内协调安排高铁站数量、线路、班次等,实现普通地级(低线)城市和一、二线(高线)城市的协同发展。

第二,对企业营销管理的启示。

(1) 在市场拓展模式上,可以选择"一、二线城市打造样板,三、四线城市全面下沉"策略。既然消费模式可以趋同,三、四线城市的消费者希望拥有一、二线城市的消费者所能够消费的产品和体验,企业可以一、二线城市为依托,打造出"市场样板",再将"市场样板"的经营理念、发展模式推广至三、四线城市。

(2) 在广告宣传策略上,要突出产品的符号价值,塑造产品"记忆点"。在广告宣传中,可以引入与一、二线城市生活片段或生活方式相匹配的元素,突显购买和使用产品能让消费者呈现出一、二线城市消费者形象和较高经济社会地位的符号价值,更容易引发低线城市消费者的追随和模仿,进而提升品牌销量。同时,广告中强调企业可以提供不同外观的产品,欢迎消费者参与生产和经营过程,能满足他们对自我表达和多样性的需求。

（3）在本土品牌建设上,要大力提升本土品牌符号价值。随着消费者收入的增加和对品牌偏好的增强,企业要高度重视并加强国产品牌建设,提升本土品牌的符号价值,满足消费者对地位产品消费增长的需求,以实现国产品牌的繁荣。

（4）在产品组合策略上,要能充分满足消费者的多样化需求。企业要主动提供多样化的产品组合供消费者选择。企业还可以将"消费者参与"作为营销策略,比如,企业可以提供更多的 DIY 活动,允许消费者定制不同外观的产品,提升顾客满意度。

第三,对消费者购买决策的启示。

消费者要清醒地认识到高铁开通对趋同消费、地位消费和多样性消费带来的影响,可以在自己购买能力范围内理性地选择能代表高线城市消费者形象和较高的经济社会地位的产品进行消费,但不能走进奢侈品消费及攀比的误区;也可以通过购买不同外观的产品来彰显自我表达和多样性的需求。同时,注意识别企业广告宣传中的虚假、夸张的信息,在高涉入度的购买决策中要充分征求高线城市相关参考群体的建议,以做出合理的选择。

第二节 研究内容与研究方法

一、研究内容

本研究围绕着高铁开通对趋同消费、地位消费和多样性消费的影响以及影响的发生机制和理论边界条件来展开,具体内容如下:

第一,高铁开通对趋同消费的影响研究。通过文献综述和理论分析,首先,提出高铁开通带来的大规模人口跨城流动、社会互动增强会引发低线城市消费者向高线城市消费者的上行社会比较并产生参照群体效应,进而使低线城市消费者对高线城市消费者的消费行为进行追随、模仿并产生趋同消费,同时可能受到城际人口流动水平、经济距离、符号价值等因素调节的理论假设。然后,以面向消费者个体的乘用车消费偏好的调查问卷数据,对以上主效应、中介机制、调节机制等理论假设做了检验。最后,用全国高铁开通数据和全国城市乘用车销售数据,选择低线城市消费者与高线城市消费者的|合资品牌购买率之差|、|有色相购买率之差|、|贷款购买率之差|三个变量为趋同消费的代理变量,采用多时点 DID 计量分析对趋同消费进行了验证,在平行趋势检验的基础上又采用倾向得分匹配-双重差分法(PSM-DID)检验、安慰剂检验、改变样本周期、基于地理

环境信息构建工具变量等方式进行了稳健性检验。

第二,高铁开通对地位消费的影响研究。通过文献综述和理论分析,首先,提出高铁开通带来的大规模人口跨城流动、社会互动增强会引发低线城市消费者向高线城市消费者的上行社会比较并产生感知地位威胁,使补偿消费效应发生、低线城市消费者对地位消费偏好增加,同时受到城际人口流动水平、符号价值等因素调节的理论假设;接着,以面向消费者个体的乘用车消费偏好的调查问卷数据,对以上主效应、中介机制、调节机制等理论假设做了检验。然后,用全国高铁开通数据和全国城市乘用车销售数据,选择"合资品牌乘用车购买率""大排量乘用车购买率"为地位消费的代理变量,采用多时点 DID 计量分析对高铁开通后低线城市消费者地位消费进行了验证,在平行趋势检验的基础上又采用倾向得分匹配-双重差分法(PSM-DID)检验、安慰剂检验、改变样本周期、基于地理环境信息构建工具变量等方式进行了稳健性检验。

第三,高铁开通对多样性消费的影响研究。通过文献综述和理论分析,首先,提出高铁开通导致大规模的人口跨城流动,人口的跨城流动给开通城市带来多元文化的冲击,提升了城市的文化多样性,使城市消费者多样化消费的偏好增加,同时受到城际人口流动水平等因素调节的理论假设。然后,以面向消费者个体的乘用车消费偏好的调查问卷数据,对以上主效应、中介机制、调节机制等理论假设做了检验。最后,用全国高铁开通数据和全国城市乘用车销售数据,选择各地级市乘用车的"品牌多样性"和"颜色多样性"为多样性消费的代理变量,采用多时点 DID 计量分析对高铁开通后消费者多样性消费进行了验证,在平行趋势检验的基础上又采用倾向得分匹配-双重差分法(PSM-DID)检验、安慰剂检验、改变样本周期、基于地理环境信息构建工具变量等方式进行了稳健性检验。

二、研究方法

为让研究结论具有更强的说服力,本研究采用多种方法分析高铁开通对趋同消费、地位消费和多样性消费的影响。首先,通过文献研究法对以往的研究成果进行了总结和梳理,对本研究中涉及的主要概念和变量测量进行了归纳。其次,通过消费者个体的调查问卷对主效应和可能的解释机制进行研究分析。最后,通过多时点 DID 模型对主效应和可能的解释机制进行验证分析。

具体的研究方法如下所述。

第一,文献研究法。在文献研究方面,检索和整理了有关高铁开通、趋同消费、地位消费和多样性消费的相关研究以及社会比较、文化多样性等方面的研究成果,对相关研究得出的观点和结论进行了系统性的梳理和总结,并以此为基础建立了本研究的理论模型。

第二,消费者调查问卷。在参阅相关研究量表的基础上,设计了高铁开通对趋同消费、地位消费和多样性消费影响的量表,通过 Credamo 平台在对全国开通高铁城市和未开通高铁城市的消费者进行了分层抽样的基础上开展了大规模的问卷调查。基于个体消费者的调查问卷数据,以未开通高铁城市消费者为对照组,以开通高铁城市消费者为实验组,对主效应和可能解释机制做了检验。

第三,多时点 DID 计量分析。作为常见的研究政策效果的评估方法,双重差分法(DID)已经在国内外得到了广泛的应用。双重差分的原理是构造受政策波及的"处理组"和未受政策波及的"对照组",控制相关其他因素,对比政策发生前后处理组和对照组的差异,从而评价政策作用效果。当然,也存在某种情况下,研究对象受政策"处理"的时间存在先后差异,政策分批分次、逐步推广实施,这就构成了一种多时点的双重差分模型,即多时点 DID 计量模型。

由于全国不同城市开通高铁的时间不一致,本研究适用多时点 DID 计量模型。基于全国城市高铁开通数据和全国各城市月度乘用车销售数据,以未开通高铁城市为对照组,以开通高铁城市为实验组,对主效应和可能的机制等理论假设进行验证,同时运用倾向得分匹配-双重差分法(PSM-DID)检验、安慰剂检验、改变样本周期、基于地理环境信息构建工具变量等方式进行稳健性检验。

第三节　研究成果与研究创新

一、研究成果

本研究关注高铁开通带来的大规模人口跨城流动、社会互动增强给个体的心理和消费行为产生的影响,即高铁开通对趋同消费、地位消费和多样性消费的影响。通过理论分析和实证研究,得出以下几个重要研究结论:一是高铁开通对趋同消费、地位消费和多样性消费产生了显著的正向影响;二是发现这种影响通过"上行社会比较"增强带来的"参照群体效应""补偿消费效应"和"文化多样性"提升带来的"多样化寻求效应"来中介;三是城际人口流动水平、经济距离、符号价值等在高铁开通对趋同消费、地位消费和多样性消费的影响中起调节作用。

第一,高铁开通对趋同消费、地位消费和多样性消费有显著的正向影响。

(1)高铁开通对趋同消费有显著的正向作用。相较于未开通高铁的普通地级市,开通高铁的普通地级市消费者的消费偏好、选择趋同于省会城市消费者的偏好、选择。进一步来说,相较于未开通高铁的普通地级市,开通高铁的普通地级市的居民对品牌类别、颜色类别和支付方式类别等方面的消费偏好、选择趋同于省会城市消费者的偏好、选择。

(2) 高铁开通对地位消费有显著的正向作用。相较于未开通高铁的普通地级(低线)城市,开通高铁的普通地级(低线)城市消费者对地位产品的消费偏好显著增强。进一步来说,相较于未开通高铁的普通地级(低线)城市,开通高铁的普通地级(低线)城市消费者对具有合资品牌或高档规格产品等更能彰显"地位和身份"产品的消费偏好显著增强。

(3) 高铁开通对多样性消费有显著的正向作用。相较于未开通高铁的普通地级市,开通高铁的普通地级市消费者的多样性偏好显著增强。进一步来说,相较于未开通高铁的普通地级市,开通高铁的普通地级市消费者对品牌多样性的消费偏好、颜色多样性的消费偏好显著增强。

第二,上行社会比较、参照群体影响在高铁开通对趋同消费的影响中起中介作用。相较于未开通高铁的普通地级(低线)城市,开通高铁的普通地级(低线)城市向省会(高线)城市大规模的人口流动使普通地级市(低线)消费者会自发地强化与省会(高线)城市消费者的上行社会比较,进而受省会(高线)城市消费者的参照群体影响显著增强并引发追随和模仿,导致开通高铁的普通地级(低线)城市消费者的消费偏好、选择趋同于省会(高线)城市消费者的消费偏好、选择。

第三,上行社会比较、感知地位威胁在高铁开通对地位消费的影响中起中介作用。相较于未开通高铁的普通地级(低线)城市,开通高铁的普通地级(低线)城市向省会(高线)城市大规模的人口流动使普通地级市(低线)消费者会自发地强化与省会(高线)城市消费者的上行社会比较,进而使开通高铁的普通地级(低线)城市消费者的感知地位威胁显著增强,导致开通高铁的普通地级(低线)城市消费者增加对地位消费的需求。

第四,文化多样性、多样化寻求在高铁开通对多样性消费的影响中起中介作用。相较于未开通高铁的普通地级市,开通高铁带来的大规模人口流动提升了普通地级市的文化多样性,城市文化多样性塑造了人们对多样化行为的积极评价、高容忍度的文化价值观,从而使消费者多样化寻求的社会动机显著增强,进而激发了消费者对多样化寻求的消费行为。

第五,城际人口流动水平在高铁开通对上行社会比较、趋同消费、地位消费影响中起到调节作用,同时也在高铁开通对文化多样性、多样性消费的影响中起到调节作用。城际人口流动水平越高的城市,高铁开通引起上行社会比较和趋同消费、地位消费的上升幅度越大。进一步说,跨城流动频率越高、可达性越高,高铁开通引起上行社会比较和趋同消费、地位消费的上升幅度越大。同时,城际人口流动水平越高的城市,高铁开通引起文化多样性和多样性消费的上升幅度越大。进一步说,跨城流动频率越高、可达性越高的城市,高铁开通引起文化多样性和多样性消费的上升幅度越大。

第六，经济距离在高铁开通对上行社会比较、趋同消费的影响中起到调节作用。经济发展水平与省会城市越接近的普通地级（低线）城市，在高铁开通后上行社会比较和趋同消费的上升幅度越大。

第七，符号价值在参照群体影响对趋同消费的影响中起到调节作用，同时也在地位威胁感知对地位消费的影响中起到调节作用。消费者对产品能象征"省会城市人"消费特征的感知越强，则参照群体影响使趋同消费的上升幅度越大。同时，消费者对于产品能象征"身份和地位"消费特征的感知越强，地位威胁感知引起消费者对该地位产品消费偏好的上升幅度越大。

二、研究创新

目前，高铁开通对区域经济发展、产业结构调整和企业创新经营等方面影响的研究已经非常丰富，但这些研究忽视了高铁开通对高铁使用者——"人"的微观反应的影响。本研究内容关注于高铁开通带来的大规模人口跨城流动、社会互动显著增强对消费者个体的心理和消费行为产生的影响，有三个方面的创新。

第一，在研究视角上，本研究首次从高铁开通引发大规模跨城人口流动、社会互动增强的视角出发，研究了高铁开通对高铁使用者——"人"的个体心理和消费行为的影响，即对趋同消费、地位消费和多样性消费的影响。目前，高铁开通带来的时空压缩效应研究主要集中在宏观的"经济效应"上，即对区域经济发展、产业结构调整和企业创新经营等影响的研究已经非常丰富，但就高铁引发的关于大规模人口流动尤其以商务、旅行、探亲等短期跨城流动对个体心理和消费行为的影响研究还是匮乏的。本研究关注了高铁开通引发的社会互动增强对"人"的心理影响和消费行为影响，较好地弥补了这一缺憾。

第二，在研究方法上，本研究从高铁开通这一"准自然实验"引发的真实上行社会比较情境出发，将面向消费者个人的问卷调查数据和城市层面的客观数据相结合，发现高铁开通可以增强低线城市消费者与高线城市消费者的上行社会比较倾向，进而带来参照群体影响和感知地位威胁的心理效应并对个体消费行为产生影响。大多数学者采用实验法探究社会比较对消费的影响及作用机制，对被试接受从实验室中模拟出的社会比较刺激后的认知或行为结果进行分析。但是，实验室不可能创造出真实的、长期的消费环境，社会比较对消费者真实的、长期的消费行为带来的影响难以有效地被探讨。本研究增强了现有社会比较理论的外部效度，相较于以往研究有一定的创新。

第三，在研究理论上，本研究以高铁开通引发大规模跨城人口流动带来的"上行社会比较"增强而产生的"参照群体效应""补偿消费效应"和"文化多样性"

提升而产生的"多样化寻求效应"为中介解释机制,还以城际人口流动水平、经济距离、符号价值等变量为调节因素,全面研究了高铁开通对个体心理和消费行为的影响,相较于以往研究有一定的创新。

第四节　技术路线与结构安排

一、技术路线

本研究的技术路线见图1-3。

二、结构安排

按照上述的研究设计,本研究共分为七个章节,每章节内容如下。

第一章,绪论。该部分主要介绍研究的背景、意义以及研究内容和方法,较为详细地介绍了本研究的成果和创新点,并对整体研究框架做了简要介绍。

第二章,文献综述。本章主要目的在于厘清重要变量概念和以往研究的主要结论,并试图发现研究空白。通过回顾有关高铁开通、趋同消费、地位消费、多样性消费等方面的文献,了解国内外学者对以上领域的研究成果,以进一步确定研究方向和重点,为理论模型的建立奠定基础。

第三章,理论基础与研究假设。本章分别论述了"高铁开通、上行社会比较、参照群体影响与趋同消费""高铁开通、上行社会比较、感知地位威胁与地位消费""高铁开通、文化多样性与多样性消费"相关内容间的逻辑关系,并提出了相应的研究假设。

第四章,高铁开通对趋同消费行为的影响研究。本章首先通过Credamo平台在对全国开通高铁城市和未开通高铁城市的消费者进行了分层抽样基础上开展了大规模的问卷调查,得到基于个体消费者的调查问卷数据,以未开通高铁城市消费者为对照组,以开通高铁城市消费者为实验组,就高铁开通对趋同消费影响的主效应和可能解释机制做了研究。接着,基于全国各地级市高铁开通和月度乘用车销售数据,建立了多时点DID计量模型,以未开通高铁城市为对照组,开通高铁城市为实验组,就高铁开通对趋同消费影响的主效应和可能解释机制做了验证,在平行趋势检验的基础上又采用倾向得分匹配-双重差分法(PSM-DID)检验、安慰剂检验、改变样本周期、基于地理环境信息构建工具变量等方式进行了稳健性检验。

第五章,高铁开通对地位消费行为的影响研究。本章首先通过Credamo平台在对全国开通高铁城市和未开通高铁城市的消费者进行了分层抽样基础上开

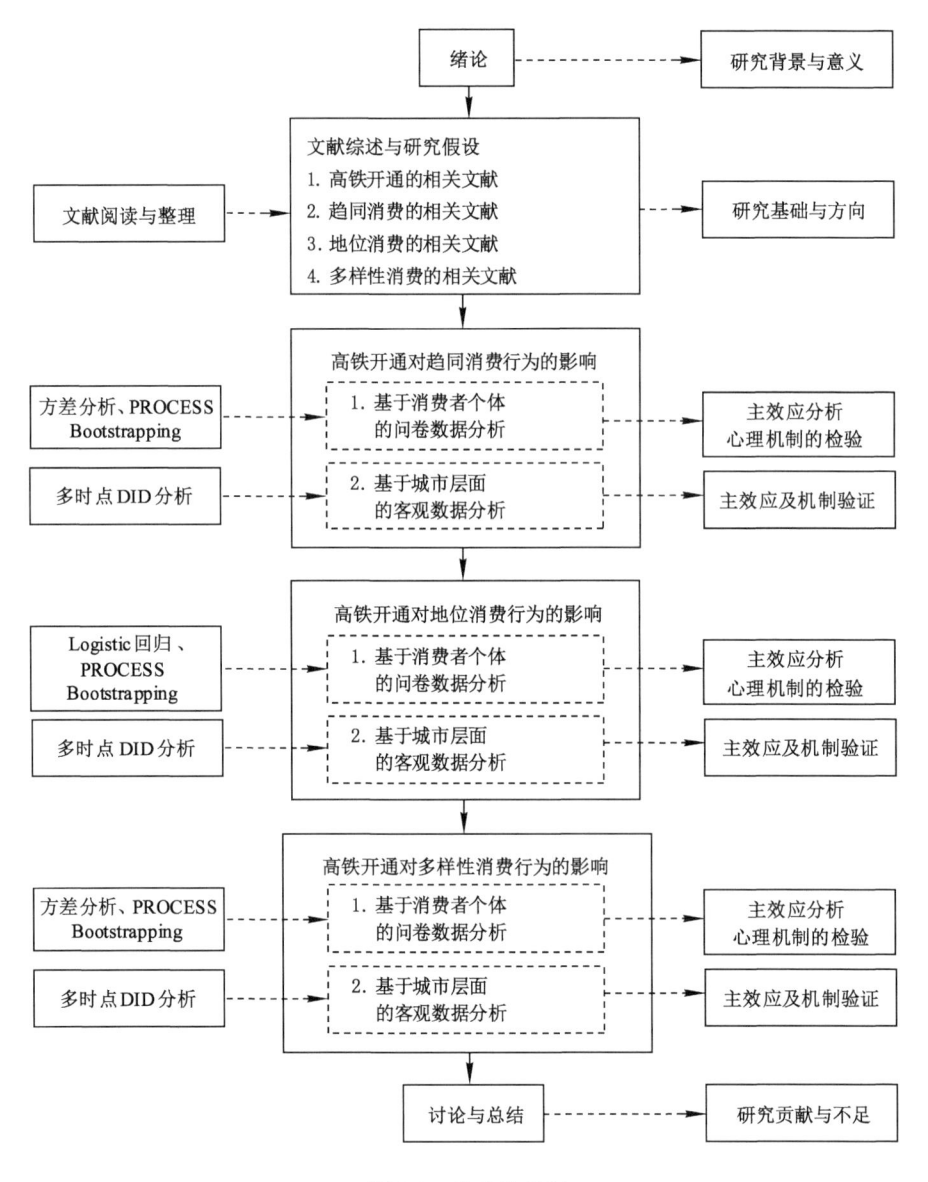

图 1-3　技术路线图

展了大规模的问卷调查,得到基于个体消费者的调查问卷数据,以未开通高铁城市消费者为对照组,以开通高铁城市消费者为实验组,就高铁开通对地位消费的主效应和可能解释机制做了研究。接着,基于全国各地级市高铁开通和月度乘用车销售数据,建立了多时点 DID 计量模型,以未开通高铁城市为对照组,以开

第一章 绪 论

通高铁城市为实验组,就高铁开通对地位消费影响的主效应和可能解释机制做了验证,在平行趋势检验的基础上又采用倾向得分匹配-双重差分法(PSM-DID)检验、安慰剂检验、改变样本周期、基于地理环境信息构建工具变量等方式进行了稳健性检验。

第六章,高铁开通对多样性消费行为的影响研究。本章首先通过 Credamo 平台在对全国开通高铁城市和未开通高铁城市的消费者进行了分层抽样基础上开展了大规模的问卷调查,得到基于个体消费者的调查问卷数据,以未开通高铁城市消费者为对照组,以开通高铁城市消费者为实验组,就高铁开通对多样性消费的主效应和可能解释机制做了研究。接着,基于全国各地级市高铁开通和月度乘用车销售数据,建立了多时点 DID 计量模型,以未开通高铁城市为对照组,以开通高铁城市为实验组,就高铁开通对多样性消费影响的主效应和可能解释机制做了验证,在平行趋势检验的基础上又采用倾向得分匹配-双重差分法(PSM-DID)检验、安慰剂检验、改变样本周期、基于地理环境信息构建工具变量等方式进行了稳健性检验。

第七章,研究结论与展望。该部分对研究结论做了总结和讨论,论述了理论和实践意义,并针对结论为政府高铁建设规划、企业营销管理、消费者购买决策等提出建议,最后提出了研究的局限性并对未来研究方向做了展望。

第二章 文献综述

本章梳理了高铁开通对区域经济、相关产业发展等宏观方面影响的文献,随后,系统回顾了高铁开通对"人口流动"影响研究的相关文献。通过有关文献总结和概括,发现了高铁开通对消费者个体的心理和消费行为影响的研究空白。随后,对趋同消费、地位消费、多样性消费、社会比较、文化多样性等相关文献进行了详细的回顾总结。

第一节 高铁开通的相关研究

国际铁路联盟(International Union of Railways,UIC)将高铁定义为新线设计时速超过 250 km、原有线路升级改造且时速超过 200 km 的铁路以及高速动车等元素组成的铁路系统。我国国家铁路局将高铁定义为设计时速 250 km 以上(含预留),并且初期运营时速 200 km 以上的客运列车专线铁路。我国拥有世界上最大规模和最长运营里程的高速铁路系统,截至 2020 年年底,全国高铁运营总里程已达到 3.8 万 km,在高铁建设方面我国已取得显著的成效。对于政策制定者来说,高铁不仅是刺激经济发展的一种方式,更是一种促进经济一体化的重要途径(Cheng et al.,2015)。

一、高铁开通对社会经济的影响

目前,关于高铁开通对要素市场配置和经济发展影响的研究可以概括为以下几个方面:第一,高铁开通为资本市场领域带来了深刻影响(龙玉等,2017;赵静等,2018);第二,高铁开通对区域结构和经济增长的影响(王雨飞等,2016);第三,高铁开通对工资、人口和就业方面产生的作用(董艳梅等,2016)。而对于高铁开通产生的经济后果,大部分学者认为高铁开通促进了区域经济的增长,也有少量学者指出高铁对城市经济的促进作用由于存在区域差异性,因此并没有"普适性"(Cheng et al.,2015)。对于高铁的相关研究大多集中于对宏观层面开展研究,也有少部分学者集中于企业实体和高管等小样本数据来研究高铁开通对微观个体层面的影响(杜兴强等,2017)。

高铁对经济的直接影响主要包括减少旅途出行时间,降低运输成本,提高铁路在运输市场中的份额,促进相关产业的发展(Yao et al.,2019;李红昌等,2017)。高铁的高速使得人们的出行更加便利快捷,大大缩短了出行时间。虽然高铁主要用于客运市场,但可以释放传统交通运输资源(比如普通铁路、高速公路等),提高了传统的货运和客运的效率,在增加传统运输工具市场收益的同时,还为企业节约了运输成本。同时,高铁在研发、建设、运营和维修过程中还会涉及很多不同的产业,从而带动这些产业的发展,不仅为企业带来经济效益,也会带来更多的就业机会和政府税收。高速铁路的间接经济影响主要包括提高城市居民出行的通达性和便利性,增加区域间企业的经济活动联系强度,促成人员、商品、资本和信息的大规模流动,从而推动经济发展。在高铁开通之前,部分城市的通达性和便利性不高,区域间的差距是比较大的(谢梅等,2020)。高铁开通以后可以改变这种局面,影响个人、企业和政府的决策,通过引入资本对生产要素进行再分配以改变整个生产格局,称为"分配效应"。同时,高铁开通还可以扩大城市的效益范围,将核心城市的知识、技术和资本扩散到城市周边区域,这就是所谓的"扩散效应"。

二、高铁开通对不同行业消费的影响

(一)对旅游业的影响

高铁扩大了人们日常生活的边界,打破了城市的行政边界,使得人们的活动不再局限于同一城市,产生了"同城效应"。文婧等(2017)通过对北京南站、天津站、武清站、塘沽站候车乘客进行问卷调查,发现京津城际高铁开通后对休闲活动的转移产生了巨大影响,促进了以休闲活动为目的的人员跨城流动。Ollivier等(2014)和吴康等(2013)对高铁乘客出行目的进行了调查,结果发现受访者的主要出行目的是商务和娱乐,其中娱乐出行的占比达到了28%~46%。

但是,高铁对城市旅游业的发展具有两面性。一方面,高铁开通以后,其所具有的特征会降低乘客的时空距离,加上其相对飞机低廉的价格,会大大影响普通铁路和航空的旅客人数。另一方面,高铁开通加剧了各个城市在旅客资源方面的竞争,大城市拥有更为现代化的旅游资源和旅游服务,中小城市拥有更为人文化、历史悠久的旅游资源和旅游服务,高铁开通就会加剧这两种城市之间的竞争。Campa(2016)通过对西班牙47个省的面板数据进行分析后,发现接入高铁的省份,境外游客和国际旅游收入分别增加了1.3%和1.7%。Chen等(2012)对中国的27个省份的面板数据进行分析后,发现接入高铁的省份,境外游客和国际旅游收入分别增加了20.1%和25.4%。从这两个研究可以看出,两国具有比较大的差异。这是因为西班牙在高铁开通之前,其旅游水平已经较为发达,而在中国,旅游景点之间的距离更大,因此高铁的影响会更加明显。除了直接的旅游资源会受到高铁的影响外,旅游相关产业也从高铁中收益颇丰。Dong(2018)分析了2003—2015年的中国城市面板数据,结果发现高铁会对19个行业的就业状况产生显著影响,高铁开通会给零售批发业和住宿餐饮业的就业人数分别带来6.9%和5.4%的贡献,但对农业、房地产、信息、教育、金融以及公共服务等行业的影响不显著。

(二) 对房地产业的影响

关于高铁对房地产业的影响,研究者们达成了一个共识,即高铁所带来的可达性提升会促进住宅用地和商业用地的快速发展。Zheng等(2013)对我国262个地级市2006年和2010年的数据进行对比分析,发现2007年开通的"和谐号"列车使得新建住宅的平均房价提升了0.45%,市场潜力增加了1%。Wang(2018)利用空间自回归模型实证探讨了铁路服务对江苏省商业用地的影响,结果发现高铁开通线路数目和火车使用频次对商业用地市场具有显著的正向影响。Diao(2017)的研究证实高铁不仅会对房地产业市场产生影响,而且还会重构房地产市场的空间分布,同时,高铁站的地理位置以及距高铁站的距离也会对房价产生重要影响。在杭州东站升级之前,高铁站对房价的影响是负面的,而当铁路升级后,离高铁站越近的房子,房价越高。相反,广州南站因为处于郊区,对房价却是负面作用的,离得越近,房价越低。由此说明,城市内部的可达性才是高铁对房价正向影响的真正原因。Long(2018)对2004—2013年的夜间灯光卫星图像进行分析,研究发现高铁开通带来了12%的城市扩张速度,并且中西部地区受到高铁影响的程度是东部的两倍。

(三) 交通运输对居民消费的影响

梳理交通运输对居民消费的相关文献,大多数学者关注的是交通基础设施对消费的影响。樊纲等(2004)运用消费条件模型提出交通基础设施对居民的消费有积极的影响,交通设施是影响居民消费的较为突出的变量之一,该模型考察了交通运输、城镇化、消费信贷、社会保障制度和收入分配差距等影响中国人均消费水平的因素。焦志伦(2013)构建了由交通基础设施和居民消费构成的坐标系,研究发现大多数城市位于第一象限和第三象限,聚集在同一象限的城市大多在地理和经济上很接近。基础设施对居民消费支出的回归系数在5%的水平上显著为正,交通基础设施显著促进了居民消费支出的提升。以上研究大多是基于交通基础设施的合成指标来探究其对居民消费的影响,然而,高铁作为一种迅速发展的新型快捷交通方式,可能会给居民消费结构带来更加广泛而又深刻的变革。申洋等(2021)利用2004—2018年中国地级市层面数据,研究发现高铁开通促进了沿线城市消费支出增长、消费结构升级和消费率提升,且这一效应受到高铁站与市中心距离的调节,即高铁站离市中心越远则影响越小;高铁开通对居民消费的影响因城市等级与区位异质性而表现出显著的差异;沿线城市消费支出增长、消费结构升级与消费率提升,是因高铁开通后产生的"时空压缩效应"和"市场一体化效应"。

经过文献梳理发现,目前高铁开通的"时空压缩效应"研究主要集中在高铁开通对区域经济增长、产业结构调整、行业经济发展等宏观层面的影响,而关于高铁开通对微观个体层面影响的研究相对较少。

三、高铁开通对人口流动的影响

根据唐斯定律或交通创造理论,新建道路会创造出新的交通需求。李红昌等(2016)认为,作为20世纪后半期人类交通发展的重大突破,高速铁路因显著缩短了时空距离、促进了区域间的人口流动、深刻影响了人们的出行行为,产生了重大的经济社会效应。有很多研究表明,高铁开通创造出大量新的交通需求,高铁开通激发了城际旅客的探亲、旅游、商务等出行活动。曹炜威(2020)以成渝高铁开通前后为研究情境,运用成都铁路局提供的铁路出行客票数据进行分析发现,高铁开通会显著增加沿线城市的铁路旅客出行量,同时会增加个体的出行次数。武前波等(2018)通过在杭州东站、上海虹桥站、南京南站和宁波东站4个高铁枢纽站候车乘客的问卷调查发现,受访者在高铁开通后的跨城功能性活动比例由高铁开通前的8.54%提升至18.16%。刘健等(2012)发现高铁开通提升了城际客流通行能力,导致城际间商务、探亲、旅游等出行活动大大增加,高铁逐渐成为城际间重要的联系纽带。Ren(2019)通过对成渝高铁1 384名旅客进行调查,发现高铁开通激发了60%的出行需求。陈宏胜等(2019)发现"工作出行""旅游休闲""走访亲友"是人们高铁出行的三大目的,高铁出行的大众化、普及化程度正在逐渐提高;研究还发现,高铁开通后沿线城市亲友联系显著增加,高铁的"时空压缩效应"使异地亲友联系增加。侯雪等(2011)发现京津高铁运行后,以商务出行、购物、访友为目的的出行相比高铁开通前增加最显著。

对不同类型城市而言,高铁开通对人口流入和流出的影响是不同的。已经有很多研究发现,高铁开通会产生"虹吸效应",对高铁沿线综合实力弱的城市反而会带来负面影响。例如,高玮(2018)对兰新高铁沿线8个城市人口流动情况分析发现,高铁开通导致人口主要流入综合实力强的兰州、西宁、乌鲁木齐,而张掖、嘉峪关、吐鲁番、哈密的常住人口反而在高铁开通后下降了。黄春芳等(2021)对长三角高铁沿线城市的分析发现,高铁开通导致中等城市人口净流出,导致超大城市人口净流入。吴康等(2013)通过对京津城际高铁候车乘客的问卷调查发现,受访者的跨城功能性活动(居住、工作、休闲)比例由城际高铁开通前的 23.03% 上升到开通后的 38.18%,天津所属的天津站和塘沽站的跨城比例上升幅度比北京南站要高很多。王磊等(2021)利用 2016 年长江中游城市群 31 个城市的银联异地刷卡消费数据研究发现,长江中游城市群内的城际消费关联大都发生在同省城市之间,且以同省的地级市到本省省会城市的流动关联为主。

高铁开通除增强区域人口流动、改变人口流动模式外,还可以对人们的时空观、休闲与居住模式等产生影响。侯雪等(2011)发现高铁开通影响了人们对出行的空间感知,增强了人们工作地和生活地分离的意愿。Chen 等(2016)以京沪高铁消费群体为研究对象,发现超过五分之一的人认为高铁开通增加了家庭居住的流动性、激发了人们思考迁居的可能性。高铁开通对人口流动的影响的相关研究整理见表 2-1。

表 2-1 高铁开通对人口流动的影响的相关研究整理

作者	因变量	研究对象及方法	主要发现
曹炜威 (2020)	旅客出行行为	成渝高铁 铁路客票销售数据	创造出大量新的交通需求;显著增加沿线城市城际旅客的探亲、旅游、商务等出行量、出行次数
武前波等 (2018)	通勤行为	沪宁线、沪杭线、杭甬线问卷调查	沿线居民出行频率增加,每个月 1~4 次;跨城功能性活动大幅提升,休闲活动引发的跨城流动最为普遍
刘健等 (2012)	旅客出行行为	京津城际 问卷调查	高铁开通提升了城际客流通行能力,城际间商务、探亲、旅游等出行活动大大增加,高铁逐渐成为城际间重要的联系纽带
Ren (2019)	城际出行行为	成渝高铁 铁路客票销售数据	提升了 60% 的出行需求
陈宏胜等 (2019)	居民出行及家庭迁居	京沪高铁 问卷调查	高铁以商务、旅游休闲、走访亲友使用为主,使异地亲友联系增加;提高了家庭城际迁移的意愿
汪德根 (2013)	旅游客源结构	京沪高铁线、武广高铁线 调查问卷、宏观经济数据、GIS	跨城市、跨区域出行的可能性增加

表 2-1(续)

作者	因变量	研究对象及方法	主要发现
李祥妹等 (2014)	人口流动空间	沪宁城际 宏观经济数据 调查问卷	城市群间的人口流动不断增强;高铁沿线人们的出行频次显著增加,青壮年流动成为流动主体
吴康等 (2013)	跨城流动	京津冀城际 问卷与访谈	高铁开通后,跨城商务、跨城旅游、跨城购物等人口流动明显增加;客流分布不均匀,沿线中小站点向大城市跨城流动特征明显
侯雪等 (2011)	城际出行行为	京津高铁 调查问卷、GIS	加强了城际出行的强度,职住分离的意愿提高;商务出行、购物、访友为目的的出行相比高铁开通前增加最显著,改变了城际空间感知
高玮 (2018)	人口流动	兰新高铁 高铁开通与人口统计数据	高铁沿线人口主要从综合实力弱的城市流入综合实力强的城市
黄春芳等 (2021)	人口流动	长三角高铁路网 宏观经济数据	提高了沿线城市外来人口数量;中等城市人口净流出,导致超大城市人口净流入
王磊等 (2021)	城际消费	人口流动与异地刷卡消费数据	跨城消费人流以同省的地级市到本省省会城市的流动为主
Chen 等 (2016)	家庭人口流动	京沪高铁	有效增加了家庭居住性流动
杜兴强等 (2017)	高级人才的流动	高铁开通信息 宏观经济数据	增强城市对高级人才的吸引力
任佳莺 (2020)	人口流动	高铁开通信息 宏观经济数据	高铁开通对人口流动有正向影响

通过对高铁开通带来的"人口流动"的文献梳理可以发现,高铁在增强区域人口流动、改变出行强度、出行距离等人口流动模式外,还可以对人们的时空观、休闲与居住模式等产生影响。

研究发现,高铁开通带来了大规模的人口流动,不仅使以就业为目的的中长期流动人口增加,还使以旅游、学习、就医等寻求城市服务功能以及出差、开会、探亲访友等经济社会联系引发的短期人口流动激增,短期人口流动尤其表现出低线(三、四线)城市向高线(一、二线)城市的跨城流动特征,不同城市间人们的社会互动显著增强。长期流动人口数量巨大、短期流动人口属于高消费群体,势必会对消费市场带来较大的影响。当前关于人口流动的研究大多侧重于劳动力等长期人口流动的原因、社会融入及其带来的经济社会效应,而很少涉及人口流动与个体心理和消费行为的关系,其中关于短期人口流动对流出地消费者个体的心理与消费行为的影响目前是空白。

本研究正是根据以上研究空白,旨在研究高铁开通下高铁使用者——"人"的微观反应。本研究以普通地级(低线)城市消费者为研究对象,主要研究两个方面的问题。其一,高铁开通引致人口从普通地级(低线)城市向省会(高线)城市以功能性活动为主要目的的大规模短期城际流动,这会对普通地级(低线)城市消费者个体的心理与消费行为产生什么样的影响?即高铁开通是否能够使普通地级(低线)城市消费者对省会(高线)城市消费者的消费行为进行追随、模仿并产生趋同消费效应?高铁开通是否能使普通地级(低线)城市消费者增加对更能彰显"身份和地位"产品的偏好与消费?发生的作用机制又是什么?其二,高铁开通不仅使短期城际人口流动增加,还使普通地级(低线)城市城际人口流动的总体水平快速提升,这又对普通地级(低线)城市的消费者个体的心理与消费行为产生什么样的影响?即高铁开通是否能促进普通地级(低线)城市消费者的多样性消费?发生的作用机制又是什么?

第二节 趋同消费的相关研究

一、趋同消费的内涵

"趋同"(convergence)原是生物学术语,从20世纪40年代开始,西方学者逐渐将"趋同"引入社会科学领域的研究中,这一概念最早出现在美国社会学者索罗金所著的《俄国与美国》一书中。此后,越来越多的学者从不同角度讨论了消费趋同的概念、机制及影响等。

趋同的概念最早出现于 Waheeduzzaman(2011)在标准化-采用(S-A)和扩散(diffusion)等研究中。他发现在诸多研究市场营销战略与4Ps策略的"标准化-扩散"相关文献集中(Chung,2005;Seggie et al.,2008;Demetris et al.,2009),趋同被定义为标准化,标准化程度越高,则说明趋同程度也越高。

关于扩散的研究起源于 Bass(1969)。其研究发现扩散的过程与趋同紧密相联:当某一种新产品开始在市场中扩散,趋同作用则在创新型消费者和模仿型消费者之间产生。Bass 的文献中把消费者分为两大类:模仿者(imitator/adopter)和创新者(innovator)。其研究表明,创新者对某一种新产品的态度及购买行为通常不会受到他人的影响,而模仿者对某一种新产品的态度及购买行

第二章 文献综述

为往往会很容易被其他人所影响,创新者的数量增加越快则会使模仿者的压力越大。

关于趋同消费,管理学研究领域中尚未出现正式、明确的定义。《牛津高阶英语双解词典》对趋同的解释:一是指聚集,线条、运动的物体等会集于一点,或向一处会合;二是指相似或相同。根据这个释义,在管理学研究领域,我们可以把"趋同"理解为各个行为主体在某个经济、行为或心理变量上表现出越来越接近的趋势。

根据这一解释,在本研究中,我们将趋同消费(convergent consumption)定义为低线城市(三、四线城市)消费者在消费模式、消费心理与偏好、消费行为等方面和高线城市(一、二线城市)消费者表现出越来越接近的趋势。

目前,管理学领域中主要从收入和社会文化方面来对趋同消费进行解释(Wilk,1998;Bagozzi,2000;Dholakia et al.,2004)。消费不仅仅是一种经济活动,更是一种社会和文化体验活动,不同群体的人们能够在社会生活中学会消费,因此社会的文化、态度、相关群体等因素以及个体和群体所经历的社会和文化变化等都会对消费产生深刻的影响(De Mooij et al.,2002;De Mooij,2003;Ford et al.,1998;Dholakia et al.,2004)。因此,Waheeduzzaman(2011)认为必须要把趋同消费和社会、文化体验活动相结合才能深刻理解趋同的本质。

社会影响是通过直接的或间接的学习和模仿的机制在发生作用(Wilk,1998;DeKimpe et al.,2000)。这种学习和模仿机制来源于社会心理学。在社会心理学中,参照组(reference group)这一概念在描述、解释人际关系及社会对个人态度、意愿和行为的诸多影响中被广泛采用。Mason(1981)将通过设定评价标准进而对个体的消费行为产生强烈影响的群体称为向往型的参照组(aspirational reference group)[①]。许多社会学家的研究均表明这种关系因素是消费产生的重要动机。比如,Lichtenberg(1996)研究发现,通过对别人消费的观察和模仿能相当程度地解释消费者的消费行为。Cocanougher 等(1971)研究表明,参照组可以通过三种形式来对其他人群施加社会影响:信息性影响(informational influence)、规范性影响(normative influence)和识别性影响(identification influence)。

市场营销学和其他社会学科的实证研究多次表明,参照组(reference group)对个体消费者的态度、偏好和行为能产生显著的影响(Cocanougher et al.,1971;Wilk,1998);不但如此,这种影响还能由个体层面转化到市场层面甚至是国家层面(Dholakia et al.,2004)。

---

① 向往型的参照组是指个人很希望成为其中一员,但目前还不是的群体。

二、宏观层面的趋同消费

随着全球范围内不同国家、地区之间的经济发展、文化交流、人员流动等的大幅增加,关于消费的相关信息也被充分地传播和交换,居民消费往往表现出一定的趋同。

根据文献整理发现,宏观层面的居民趋同消费表现在消费种类的趋同、消费区域性趋同、国家间的消费趋同等三个方面。沈坤荣等(2002)发现,随着不同地区经济发展水平的趋同,居民收入与生活水平也逐渐趋同。宋泽等(2021)、孙焕等(2010)认为同群效应可以解释我国家庭消费品类支出的19.8%,其中解释衣着支出的37.7%、食品支出的32.2%、居住支出的25.1%、教育支出的21.7%。梁淑贞等(2021)基于社会个体与群体行为互动的视角发现,消费者在做消费决策时通常会对"同群"的行为进行学习和模仿,收入、城镇化率等对"同群"消费具有显著影响。宋平平等(2020)指出我国不同地区间居民的恩格尔系数存在趋同的趋势。蔡海亚等(2020)认为我国城乡居民的消费水平、消费率与消费结构的趋同明显,其中互联网发展起到了显著的促进作用,互联网发展水平越高则地区间的趋同越快。李在军等(2014)认为我国不同地域间人们的消费水平存在趋同且不同区域间相互影响。

以上关于趋同的宏观层面研究的文献,一定程度上证明了消费者趋同消费行为的存在。但以上宏观层面研究没有将消费者动机、消费者态度、消费者偏好与购买等诸多重要问题纳入研究内容。

三、微观层面的趋同消费

部分研究者从消费主体的视角研究了微观层面的趋同消费。张晶(2010)以青年女性农民工群体为研究对象开展问卷及访谈等多种形式的研究,发现当代青年女性农民工群体表现出向城市消费者消费习惯和特征不断趋同的趋势。齐飞(2014)以旅游消费者为研究对象,结果发现我国旅游消费者在消费观念、消费方式等诸多方面存在着趋同。Chen(2008)以不同消费群体的信任为研究对象,发现消费者信任是影响消费趋同的重要因素。蔺国伟等(2015)以我国消费者海外购物为研究对象,通过因子分析法发现参照群体、产品属性、商品品牌来源国等方面对我国消费者的消费趋同有显著的影响。Aarts等(1999)研究表明,大多数消费者的态度及行为通常会很容易受到周围群体评价的影响,在购物过程中他们往往会因渴望被群体认可或缺乏购物经验等而发生模仿他人的消费行为。

还有学者从互联网技术发展的视角研究趋同消费。周宏等(2014)研究发现,消费者个体常常会因受到网络群体的压力而改变或放弃自己原有的偏好,与目标群体中的主流偏好保持一致。陈蓓蕾(2008)认为消费者在互联网平台上公开发表、传播的对某个商品的看法与评价等信息,能显著影响消费者感知并产生消费行为趋同。李想等(2019)研究发现商品在线评价好、商品市场活跃程度低与消费理性程度高是有效促进更高程度趋同消费的三大重要因素。

此外,还有诸多学者的研究发现,商品的高销量(Chen,2008)、商品属性的吸引力(吴坚等,2007)、较高的商品口碑、强关系个体的意见(Oromendía et al.,2015)等均会引起消费者从众的态度及购买行为,从而表现出趋同消费。

总的来看,关于微观层面趋同消费的研究主要通过调查问卷、消费者访谈等方法开展,存在诸多弊端,比如通过问卷及访谈等获得的数据量有限、通常被试主观意愿与实际行为间存在偏差而使数据不准确。通过调查问卷、访谈调研等静态的方法开展研究使各样本间缺乏联系、消费者网络的动态变化也被忽略。

第三节 地位消费的相关研究

一、地位消费的内涵

地位消费(status consumption)是消费者期望从所购买的地位产品中确认、保持或者提升自身地位的一种消费行为,并依赖于地位产品向自己或者重要他人表明对更高社会阶层和社会地位的期盼。借助这种消费方式,消费者能够展示他们的社会地位并获得声望(Berger et al,2010;O'Cass et al.,2004;崔宏静等,2016)。

地位消费兼具外在与内在的双重动机特征(崔宏静等,2016)。地位消费的外在动机主要表现为地位消费具有符号价值的功能,个体可以借助地位商品的符号价值功能完成身份重构(余晓敏等,2008),实现对自己和他人的身份确认,商品的符号价值已经成为自身价值、角色身份和地位等级的有力证明。地位消费的内在动机主要表现为其具有心理补偿的效应,当自身受到威胁后,消费者购买地位产品可以帮助恢复其受损的形象(崔宏静等,2016;Sivanathan et al.,2010)。因此,地位消费的自我价值确认功能和心理补偿功能能够有效地降低威胁,使个体消费者能够重新获得自我价值。

二、地位产品的内涵

O'Cass等(2002)研究发现,特定的产品和品牌可以为消费者传达社会地位等信息,通过物质商品的公开展示可以稳固物质商品拥有者的社会地位和社会声望。Bell 等(1991)和 Mc Cracken(1986)也发现影响很多消费者的一项重要驱动力是对从地位产品的获取和消费中得到社会地位或社会声誉的渴望,对特殊产品或品牌的拥有以及对特殊消费形式的体验和经历,都可以标示个体的社会地位。Eastman 等(1997)认为在地位消费中象征身份地位的商品一定是奢侈品。Frank(1985)认为地位商品既包括汽车、住房、名贵皮包、高档手表等可以被看到的有形商品,也可以包括储蓄产品、保险单等无法被外界看到的无形商品。Grossman 等(1988)认为地位商品指在消费者满足基本效用基础上能够带来社会声誉、名誉地位等的品牌产品。Kuksov 等(2012)指出,地位产品指能够代表较高社会阶层的产品。Ozcan 等(2003)认为在特定的环境下,即使是普通产品也能象征地位符号,比如土耳其消费者在购买手机时的首要动机不是工作需求或便利性,而是手机所能标榜的经济社会地位。Kim 等(2014)研究地位产品消费时,将地位消费范围从实物产品扩展到高档、高品位的服务,比如消费者在高级咖啡馆的消费行为。

综合以上学者对地位产品消费的认定范围来看,地位产品通常需要满足以下三个方面的特性:第一个是要满足社会可见性,即消费的实物产品和高档服务要能够容易公开展示且被其他消费者观察到;第二个是要满足价值相对性,即地位产品所代表的社会地位是相对而言的,可随环境或条件变化,不是绝对地位;第三个是要满足有效区分性,即消费的实物产品和高档服务要有明显区别于一般商品的符号意义,但是不局限于高价格。

三、地位消费的影响因素

目前,国内外学者主要运用问卷调查法、消费者实验法等方法,从个人因素、社会心理因素、品牌因素等方面研究地位消费的成因。

(一)个人因素

在现有地位消费研究的文献中,诸多内容涉及影响地位消费的相关变量,这些研究中首先包括对收入水平、学历水平、居住地区等人口统计变量的相关检验。Chao 等(1998)发现消费者的收入水平、学历层次、宗教信仰以及居住区位等都对地位消费有显著的影响。Bock 等(2014)发现人们对经济福利的感知、受教育水平都正向影响地位产品的消费,而消费者对个人未来收入水平的预期等无法显著地影响地位消费。

还有很多学者从个体的社会阶层出发研究其对地位消费的影响。Veblen(1899)、Bourdieu(1979)和 Kaus(2013)等认为个体所在阶层不同,资源的拥有状况就会存在差异,但对地位消费都有着强烈的需求。

（二）社会心理因素

相较于个体人口变量和社会阶层对地位消费的影响，社会情境对消费者心理的影响更加直观，他人或者群体地位的社会情境对消费者地位产品的购买欲望有显著的影响（Mazzocco et al.，2012）。大量的研究表明，自我概念（Solomon，1983）、对他人以及他人看法的重视程度、物质主义（Heaney，2005；Eastman et al.，1997）、冲动性购买（Roberts，2000）等与地位消费正相关。

研究表明，地位消费十分常见、广泛存在，消费者通常会通过高价格的实物或服务等来表征自己的身份，同时获得社会地位和社会荣誉（Berger et al，2010；Amaldoss，2005）。Tian 等（2001）和 Trigg 等（2001）强调了地位消费对个体获取社会存在感方面也有重要的影响，他们发现人们为了引起他人的注意、获得关注和尊重、标明社会位置的提升、个体对独特性的需求等而对地位产品的消费偏好增加。Heath 等（1998）、Shukla（2008）指出影响人们地位消费的无形因素主要包括名望、财富、形象、成功象征、成就标示、地位提升等。Goldsmith 等（2010）对社会声誉的普遍追求会鼓励消费者愿意为地位产品的消费付出更高的支付成本，消费者的品牌忠诚度、参与程度、创新精神等对上述关系起中介作用。

近些年来，我国学者从社会心理学视角对地位消费开展了大量的研究，例如社会比较和感知地位变化（金晓彤和赵太阳等，2017；王财玉等，2013）、顾客契合（周飞等，2000）、城市身份认同（金晓彤和韩成等，2017）、自豪情绪（钟彦卿，2020）、自尊（陈艺妮等，2016）、社会经济地位（林姝媛，2020）、自我认同威胁（崔宏静等，2016）、社会排斥（孙国辉等，2020）、面子观（王长征等，2011）等会显著地影响消费者个体的心理和行为，消费者通过购买高档的实物产品或服务来进行心理补偿和确认自我价值。

（三）品牌因素

地位消费和消费者购买地位产品、著名品牌的动机紧密相关（Heaney，2005）。消费者高度关注产品和品牌的价值符号、独特性，包括考虑这些产品对自己或对他们的社会参照群体意味着什么（Leigh et al.，1992）。O'Cass 等（2002）研究发现品牌的符号价值、品牌情感唤醒、品牌消费者的自我形象与品牌形象一致性都显著地影响地位消费，自我形象与品牌形象一致性的感知越强，品牌越容易被消费者感知为高地位。消费者进行地位消费的主要形式就是期望购买高地位的品牌产品。Eastman 等（2011）研究发现地位消费者有着较高的品牌意识，通常认为高价格是高质量的表现，地位消费与品牌意识之间有显著的正向关系。地位消费者做出购买决策时更多凭借的是品牌意识，而非价格意识。同时，大量研究也表明，消费者对本土品牌和全球品牌的态度、偏好和购买决策也被证明与其地位象征有关。Batra等(2000)认为,消费者考虑购买产品时通常考虑该产品的来源国,因为这涉及社会地位象征的信息。大多数消费者认为拥有发达国家的产品或品牌可以提升个体的社会地位。通过产品来源国,消费者能够获得与自己所渴望的国家或地区参照群体的认同感。

第四节 多样性消费的相关研究

一、多样化寻求行为的内涵

多样化寻求行为的研究源自社会心理学。消费者厌倦一成不变的状态,为寻求更多的外部刺激来满足对新鲜感的需要,往往会通过多样化寻求的行为来尝试一些新鲜的东西。王毅等(2021)认为多样化寻求行为是指消费者在经历一定时期的消费体验后,往往会由于个性特征、属性厌倦以及社会压力等各方面原因,逐渐对现有状态产生不满,为达到最优刺激水平并给自己带来新满足,转而寻求并尝试新的购买选项的消费行为。

在很多消费情境下,消费者会表现出多样化寻求的倾向。蒋传海等(2019)认为消费者在购买时,常常会选择与过去购买过的产品不同的产品。消费者需要在同一系列产品的选择集中对产品进行权衡并选择多个产品,虽然将所有预算都用在消费者最喜欢的单一产品上能够使消费者的满足感最大化,但消费者通常会购买多个产品类别来获得多样化的乐趣(Minks et al., 2016)。消费者即使对某个产品或品牌相当满意,但在多次重复消费时通常还是会购买其他的产品或品牌,如对鞋子、手机等实物产品或在同一家餐馆的菜品等服务的选择上(Georgios et al., 2017)。

Kahn等(1986)从品牌的角度,将多样化寻求行为定义为消费者在下一次购买时,不再购买上一次或之前购买过的品牌的倾向。与重复购买截然不同,消费者的多样化寻求行为是对品牌/产品选择的转换的一种消费现象(Kotler et al., 2010;李东进等, 2009)。在此过程中,相较于转换产品和品牌带来的价值,转换行为本身带来的效用才是消费者多样化寻求的根本原因(Givon, 1984)。于洪彦等(2008)认为当多样化寻求的行为发生时,消费者对原产品品类的偏好并没有发生实质改变,与传统品牌转换行为相区别,多样化寻求行为表现为喜新但不厌旧。多样化寻求行为本身经常被看作一种生活的调剂。选择新的品牌或者产品并不能代表对原有品牌或产品的放弃。

二、多样化寻求行为的动机

从 20 世纪 80 年代开始,学者们对个体多样化寻求行为产生的动机开展了大量的研究。Mcalister 等(1982)在构建消费者多样化寻求行为的模型时,把消费者多样化寻求行为划为两类,一类是直接的多样化寻求行为(消费者出于对改变或新颖性的渴望),另一类是派生的多样化寻求行为(消费者出于对渴望多样化之外的其他原因或动机)。Givon(1984)将消费者多样化寻求行为的主要动机分为两种类型:第一种类型是派生动机,即转换后的新产品或品牌给消费者个体带来的效用;第二种类型是源生动机,即新产品或品牌转换行为本身为消费者个体带来的效用,"为改变而改变"的源生动机更符合当前时代消费者的购物特征。

(一)派生动机

与多样化寻求行为本身相关性较低的客观性因素是引发多样化寻求行为的重要因素,这些因素可能是内在的,也可能是外在的。派生动机可以分为两种:多样化的需求、多样化的选择任务。外部环境的影响,如购买时的外界情境和消费者自身状态因素等,会在很大程度上影响消费者多样化选择行为,比如消费场所的气氛、消费者的情绪、产品或服务的呈现方式、消费场合(公开或私人)、消费者决策的任务与选择集的大小等(Kahn et al.,2005;刘蕾等,2015;Desai et al.,2014;Jinhee et al.,2006;Mittelman et al.,2014)。消费者自身的决策变量会影响选择任务多样化,如个人生活品位会因人而异且随着时间的流逝而改变,如收入和价格变动导致的可选集与约束条件的变化会导致个体消费行为发生相应的改变(Kahn et al.,2005)。

(二)源生动机

与消费选择变化本身相关的源生动机驱动了"为改变而改变"的多样化寻求行为。"为改变而改变"的多样化寻求行为既可能是出于对新奇、冒险等的追求,也可能是因为同伴的影响。源生动机包括内在动机和人际间动机两个类型。Mcalister(1982)和 Read 等(1995)认为消费者进行多样化寻求行为是为了满足内部刺激的需要,当他们需要更多外部刺激时通常会寻求和尝试一些新的东西。Leigh 等(1992)和 Menon 等(1995)研究发现个人内在动机包括寻求新奇和刺激、创造幻想、获得心理满足感以及减少重复选择带来的厌腻感等。

源生动机中除了内在动机外,人际间动机的影响作用也越发重要。Berger(2008)发现消费者个体的动机包括群体归属动机和自我独特性表达动机。一方面,消费者个体在产品主要属性选择时常常会受到群体的压力而表现出从众的行为,即使这种购买行为明显有别于其原有的消费偏好;另一方面,消费者个体在产品次要属性选择时仍然有自我独特性的内在需求,展示独特自我价值。

三、社会动机与多样化寻求

Kim 等(2003)认为消费者的产品选择行为是其社会动机的一种表达方式,而不仅仅是简单的动作。消费者是社会人,必然受到其所处的社会环境和人际互动潜移默化的影响,这种影响则被称为社会动机。在现有源生动机理论的研究基础上,近年来的研究者们扩展和提升了人际间动机的内涵,大量的研究关注于社会动机对多样化寻求行为的驱动作用,王毅等(2020)和 Ajitha 等(2017)研究发现展示自我形象、留下美好多样的回忆、自我表达等因素都可能成为消费者多样化寻求的社会动机。

Leigh 等(1992)认为,几乎所有消费者都会期待他人用积极正向的眼光看待自己,消费者个体倾向于选择那些更能够突显或者强化自己正面形象的产品。Ratner 等(2002)认为,如果消费者总是重复购买某种商品,就会给他人留下难以适应环境、刻板而乏味的消极印象,相反,个体的行为和态度中有适度的变化则会给其他人留下适应性强、会权衡、很独特、鉴别力强和多种品位等积极的印象。Olsen 等(2016)认为多样化的行为是一种合乎社会规范的潜在选择。Ariely 等(2000)认为消费者预料到他人会对其消费决策进行社会评价,消费者常常为了期望他人对自己的消费行为给予积极评价,而在公开场合往往不会选择那些他们私底下喜欢的东西。Kahn 等(2005)和 Ratner 等(2002)发现人们通常认为他人会比自己有更强的多样化寻求动机,这种预期导致人们在公开场合中承受更高的多样化寻求压力。Jinhee 等(2006)研究发现相较于为自己购买产品时的多样化水平,消费者在为他人购买产品时所表现出的多样化寻求水平更高。

文化价值观对消费者多样化寻求行为的影响越来越强烈。社会整体环境包括社会价值观、传统文化、生活习惯或习俗等都显著影响消费者社会动机。Kahn 等(2005)研究发现在全球不同类型的社会环境中,人们对多样化寻求的行为都保持一定的容忍度,甚至包括那些不太被社会赞许的多样化行为。Michel(2014)研究发现在不同社会情境下,对同样的行为也有截然不同的反映和解释。Barbara(2016)研究发现消费者的多样化寻求行为并不总是能得到积极肯定的评价和反馈。社会情境直接影响消费者多样化寻求行为的社会动机可以分为两类:其一是社会环境对多样化寻求行为的性质评价(正面评价或负面评价),其二是对多样化寻求行为的容忍程度(社会对多样化认可水平的高低)。Kim 等(2003)研究发现,集体主义环境下人们倾向于遵从社会习俗从而导致多样化寻求行为水平较低,文化价值观中的不确定性规避也是引起消费者的多样化寻求行为的原因。Read 等(1995)发现消费者在为未来的使用提前购买时,因计划的不确定性会产生更多的多样化行为。

除以上研究外,Lin(2012)发现消费者本身的社会敏感度也会对消费者多样化寻求行为产生较大的影响。社会敏感度与消费者多样化寻求行为正相关,社会敏感度较高的消费者个体比社会敏感度较低的消费者更加关注他人对自己的评价,通常会更容易选择与其他消费者相一致的消费行为。

第五节 社会比较的相关研究

一、社会经济地位的内涵

社会经济地位也被称为社会阶层,近年来已经被社会学家作为一个重要维度广泛地应用于人类社会的研究中(Kraus et al.,2012)。社会经济地位客观存在于现实社会生活中,对人们的行为和心理产生了重大影响,这种影响同时又固化了社会阶层(郭永玉等,2015),越来越多的心理学家和社会学家开始探索和研究社会阶层心理学(社会经济地位)的初步脉络,并不断趋于完善。

社会经济地位指个体因其在政治、经济等因素上的差异而在社会生活中形成的地位差别,主要体现在个体通过与他人比较而感知到的社会等级地位以及其所拥有和控制的客观物质资源等(解晓娜,2016),个体间拥有和控制的客观物质资源差异导致了他们在社会地位中的主观感受存在差异。基于此,研究者们把社会经济地位分成主观社会经济地位和客观社会经济地位(Kraus et al.,2012),主观社会经济地位是指个体通过社会比较后对其拥有和控制资源的主观感受,是一种基于自我感知的等级差异(Kraus et al.,2012),而客观社会经济地位表现为个体所占有的客观人力资源、物质资源和社会资源及其对这些资源的使用权差异。

个体在社会经验中的一个重要心理变量就是对社会经济地位等级的长期感知,其对个体的社会认知与沟通方式产生了重要影响,对个体的身体和心理造成的影响也愈发重要(Kraus et al.,2012;胡小勇等,2014;郭永玉等,2015)。个体通过与他人进行社会比较进而产生对自己所处社会阶层的主观感受,这种主观感知到的社会阶层会对个体的心理和行为产生重要影响(郭永玉等,2015)。大多数人其实对其拥有和控制的物质财富以及所处社会的具体地位并不明确,但是很大程度上受到等级(rank)的影响。因此,个体对于自己相关的局部社会中的等级位置感知的重要性超过了其在大的社会背景或环境中所处的等级位置感知(Norton,2013)。

二、社会比较及其效应

社会比较(social comparison)理论认为人们通常会对自己的知识和能力等进行有目的的评价,在客观的评价标准难以取得时进而将其与他人进行比较,并从比较中获得对自己能力的洞察依据(Festinger,1954)。社会比较已经成为获取自我评价的重要手段,其广泛存在于人的日常生活和工作情境中,人们不仅会通过面对面的交流产生频繁的社会比较,而且越来越多的人通过微信朋友圈、知乎、小红书、Facebook等互联网社交平台发布个人状态或浏览他人状态来开展社会比较。人们在经济社会地位、外表吸引力、智力水平、学术能力、商品消费等诸多方面开展着广泛的社会比较。

Wills(1981)等根据社会比较对象的不同,将社会比较分为三种类型:上行社会比较(upward social comparison),即与比自己情况优秀的人进行比较;下行社会比较(downward social comparison),即与比自己情况差的人进行比较;平行社会比较(parallel social comparison),即与跟自己情况相仿的人进行比较。

社会比较会对个体的评价带来两种效应:同化效应与对比效应(Stapel et al.,2004)。同化效应(assimilation effcet)是指个体在上行社会比较过程中形成的自己与比较对象同样优秀的评价感知,个体的自我评价结果会相应提升,而当个体在进行下行社会比较过程中,个体的自我评价结果会相应降低,比较对象会深刻影响自我评价的结果。对比效应(contrast effcet)是指个体的自我评价结果与比较对象相背离,即个体在进行上行社会比较过程中自我评价结果降低,而在下行社会比较过程中自我评价结果反而提升的现象。

根据以往研究文献,我们发现同化效应与对比效应的产生并不与社会比较方向简单对应,社会比较对个体自我评价的影响和塑造是多方面的、复杂的。国内外研究者们提出了目标可达性、心理亲近性、感知经济流动性以及自尊、自我肯定等不同调节变量,Mussweiler等(2000)基于整合和信息的视角提出选择性通达(selective accessibility,SA)模型,通过相似性检验和相异性检验两种路径把各种不同的调节变量关联在一起,深入探讨了社会比较两种效应产生的心理机制,为社会比较效应研究开辟了新途径。

三、上行社会比较与参照群体影响

张霞等(2020)认为上行社会比较是指个体同比自己在某个方面或者多个方面优秀的个体开展的社会比较。个体自发的社会比较倾向更容易受到近距离人际关系的影响(Ekström et al.,2009),上行社会比较比下行社会比较更为常见,这是由于个体向上的本能所造成的。个体在上行社会比较过程中会形成自己与比较对象同样优秀的评价感知,个体的自我评价结果相应提升,这是上行社会比较引发的同化效应,在行为上也会表现出把上行社会比较对象作为参照群体进行模仿和追随,表现出一定的行为相似性。

参照群体也称参照组或相关群体等,最早由美国社会学家海曼(Hyman)于1947年提出这一术语,并将其定义为个体欲与之相比较的个人或相关群体,已经成为个人的心理和行为的重要影响因素。在消费者购买决策制定过程中,参照群体发挥了重要作用。随着人们物质生活水平持续提升,商品的市场供给在能充分满足日常所需的同时也表现出越来越高的多样性,这无疑大大增加了消费者对最优商品购买决策的需求,由此参照群体的消费信息就成了消费者的重要参考;同时,在数字经济蓬勃发展的当今社会,移动社交媒体使得信息的交流变得更实时、频繁和高效,参照群体信息对消费者个体的影响与日俱增。

国外学者为了对参照群体做出更为清晰的界定开展了广泛研究。参照群体指那些能对个体的观念、态度和行为带来影响的个人或群体,可以是真实存在的,也可以存在于个体的想象中。Webster等(1994)基于个体心理角度认为参照群体是个体形成自我评价和态度过程中的参考者。

与此同时,国内学者也对参照群体展开了广泛研究。陈家瑶等(2006)指出消费者的欲望、评价和行为等会深刻受到参照群体的影响。贾鹤等(2008)则指出无论是真实存在还是存在于想象中,个体在与其他个体或群体比较过程中都会形成参照群体,参照群体必然能对个体的心理和行为产生非常显著的影响。据此,他们认为参照群体是个体与其他个体或群体比较过程中形成的对个体的观念、态度和行为造成显著影响的现实或非现实个体或群体。

虽然对于参照群体影响的划分尚存在争议,但是学者们就参照群体对消费者个体的信息性影响和规范性影响达成了共识。

参照群体的信息性影响的有效程度受到信息丰富程度的制约,即信息越有限、认识越模糊,参照群体的信息性影响越有效,消费者个体就越倾向于接受参照群体的信息,同时,参照群体的信息还可以改变消费者个体在各种不同场合的态度和行为。

个体对群体认可或躲避惩罚的追求是参照群体规范性影响的主要体现。规范性影响因为通常有其功利性的因素考量,因此并不能真正体现消费者个人的态度和行为。消费者个体常常会为了服从群体规范、获得身份地位群体认同带来的好处而改变其消费行为模式。

四、上行社会比较与地位感知威胁

消费者在上行社会比较过程中引发同化效应的同时,也有可能会产生对比效应。虽然上行社会比较会促使个体自我提升,但是比自我提升更为重要的是上行社会比较对自我威胁的影响,而自我威胁会使个体降低自我评价(Tesser et al.,1988;Mussweiler et al.,2000)。个体如果在上行社会比较过程中发现他人超越自己时,就会产生较大情绪波动以及消极自我评价。

Argo 等(2006)通过让大学生想象其购买的同款新车比他人花费更多,得出自我会受到威胁的结论。郑晓莹等(2015)通过让大学生将自己上一年的绩点与比自己排名靠前的同班同学进行比较后,发现大学生个体会感受到威胁进而对自身产生消极评价。韩晓燕等(2012)认为个体会因为与周围优秀人物进行比较而降低个体的自我评价水平,产生自我威胁。下行社会比较相对于上行社会比较而言会产生更多的积极情绪(宫秀双等,2020),而上行社会比较相对于下行社会比较会产生更高的心理紧张度,从而使得个体产生自我评价威胁感(雷丹等,2009)。

个体的消费行为往往被个体的心理因素所影响。Lee 等(2012)提出,当消费者因受到社会排斥而产生被忽略感时会通过购买炫耀性商品来降低这种感受。郑晓莹等(2014)认为消费者进行上行社会比较后更倾向于通过购买炫耀性商品来降低被忽略感。补偿性消费理论认为,个体会因为现实中自我与理想中自我的差距而购买奢侈性商品,从而对自我进行心理补偿(Mandel et al.,2016)。个体消费者为应对心理威胁会选择购买能够彰显自我价值的地位产品,借此来对自我身份地位进行重新确认(Braun et al.,1989)。地位消费的心理补偿功能也使其成为个体应对各种威胁的最有效方式(崔宏静等,2016;Sivanathan et al.,2010;Mandel et al.,2016;王财玉等,2013)。

上行社会比较常常会导致补偿性消费行为的发生。社会比较产生的对比效应认为,个体会因为进行上行社会比较后感知到自我与他人存在较大的差距而产生自我威胁,而这种威胁能够通过地位消费所拥有的心理补偿功能和自我价值确认功能有效应对,从而修复受损的形象、恢复自我价值。例如,外表吸引力的上行社会比较发生后,个体常常会出于补偿的动机而加大对提升自身外表吸引力相关方面的投资、购买更多的绿色产品或做出关心他人利益的行为、在其他不相关的消费领域中致力于做出最优购买决策等。

第六节　文化多样性的相关研究

一、文化多样性的内涵

文化多样性（cultural diversity）指各社会或群体借以表现其文化的多种不同形式。这些表现形式在他们内部及其间传承。文化多样性不仅体现在人类文化遗产通过丰富多彩的文化表现形式来表达、弘扬和传承的多种方式，也体现在借助各种方式和技术进行的艺术创造、生产、传播、销售和消费的多种方式。文化多样性是人类社会的基本特征，也是人类文明进步的重要动力。

二、文化多样性的测量

中国地域辽阔、历史悠久、人口众多，文化资源极为丰富，在历史长河中每个地域又形成了自身独特的文化习俗。高铁开通导致大规模的人口流动，人口的跨城流动给高铁开通城市带来多元文化的冲击，提升了城市的文化多样性。文化多样性是一个多维度概念，现有研究文献中不同的学者尝试了不同的测量方法。比如 Ozgen 等（2011）采用一个地区居民中民族和国籍种类来衡量文化多样性；潘越等（2017）用城市方言数量以及方言分化指数度量地域文化多样性；Ottaviano 等（2006）、张萃（2019）用劳动力的来源地作为其文化识别（cultural identity），基于一个城市劳动力的不同省份来源地占比，借用分离指数来衡量城市的文化多样性。刘家悦等（2021）选择城市中姓氏种类数目多样性来衡量文化多样性。

三、文化多样性的影响

中国传统行政区域划分与文化区域高度重叠，这为不同区域中的人们打上了独特的"地域文化烙印"。我国不同省份或不同城市的人们表现出不同的生活习惯、性格特质和文化价值观念等（张萃，2019）。因此，伴随着大量外来人口流入城市，各具特色的文化也在城市集聚、融合，使得城市形成独特的多元文化氛围，逐渐成为"人类文化的容器"，这对城市的经济社会发展产生了深远的影响。现有研究表明，文化多样性的影响是双面的。

（1）文化多样性会产生积极的效应。

① 文化多样性有利于催生创新性的想法和行为。具有不同文化背景的个体拥有不同的思维方式，文化种类越多的地区，人们思考问题、解决问题的方式越多样，这增加了人们形成创新性想法和行为的概率（Florida，2002；Qian et al.,2011)。多样性会促进技术互补、激发创新,进而对经济产生正面影响。国内学者的研究表明文化多样性有积极的影响。潘越等(2017)的研究结果显示,文化越多样的地区,民营高科技企业越会获得更多的创新产出。张萃(2019)发现,外来人力资本带来的文化多样化对城市创新有显著促进作用。刘家悦等(2021)发现,文化多样性与城市贸易竞争力呈现倒 U 形关系,即随着文化多样性的上升,城市贸易竞争力会出现先增强后减弱的变化,但目前我国大部分城市的文化多样性强度远未达到"拐点"水平。Ottaviano 等(2006)研究指出来自不同国家文化的移民促进了美国城市文化的多样性,拥有多种不同技术和能力的人口相互交流、融合,对创新的行为和经济增长起到了积极的作用。Lazear(1999)研究表明,来自不同地域和文化的人们的认知能力、理解与解决问题的方式方法也不同。当他们在一起交流、互动时,不同的技能、各具特色的经历与经验、思考与解决问题的方式方法相互交融,往往促进综合创新的形成。文化多样性可以培育跨国企业感知、抓取、转变等动态能力的形成,进而提高其企业绩效(熊名宁等,2020)。

② 地域文化多样性可以增强地区的包容性。在文化种类较多的地区,具有不同文化背景的个体间的跨文化交流也会更多,这会提升人们对于不同文化背景的人的尊重和包容。刘家悦等(2021)发现由于经济水平、人口规模、制度环境等方面原因,文化种类较多的直辖市和副省级城市比其他行政级别较低的城市有更高的文化包容性。潘越等(2017)认为不同文化碰撞有利于增加文化包容性。

(2) 文化多样性会产生消极的效应。

文化多样性会有损人们之间的信任、提高沟通成本、阻碍团队合作,进而对经济产生负面影响。多元文化经验是一把双刃剑,以往研究发现它可以提升创造性,但它也会增强外文化排斥反应(胡洋溢等,2017);方言将成为企业团队成员的社会认同符号并催生小团体问题,方言多样性将提升团队合作成本(蒋为等,2021)。

目前,虽然有部分关于文化多样性对经济发展、企业经营与创新的影响研究,但有关文化多样性对个体消费行为影响的研究仍较少。

第三章　理论基础与研究假设

第一节　高铁开通、上行社会比较、参照群体影响与趋同消费

"时空压缩"(compression of time and space)的概念最初是由美国社会学家麦肯齐于1933年在《都市社区》一书中提出的,他依据公路货运资料数据探讨了交通对个人与社会组织的影响。时空压缩,指随着交通运输和通信技术的进步而引起人际交往在时间和空间距离上的缩短。空间距离是阻碍人与事之间亲疏关系的重要因素,两地或两人之间的空间距离越远,他们之间的关系越容易淡漠。但是,伴随着现代交通与通信技术的迅速发展,时空距离得以大幅压缩,这对现代社会生活和人际交往等产生了重要作用。

近年来,以高铁开通带来的"时空压缩效应"为主题的学术研究成果逐渐丰富。高铁开通带来明显的"空间吞噬效应"即对时空距离的大幅压缩,使得城市"一小时经济圈"的范围大大扩展,城市群间的可达性大大提高(Spiekermann et al.,2008)。伴随着知识经济和信息经济的到来,具有"时空压缩效应"的高铁迅速建设并开通,对开通地区的经济发展和要素流动的影响越发重要。高铁的开通是对地理时空距离的"压缩",区域可达性得以提高,高铁开通带来的时间缩短、空间压缩效应使信息获取成本有效降低。

根据唐斯定律或交通创造理论,新建道路会创造出新的交通需求。有很多证据表明,高铁开通创造出大量新的交通需求,高铁开通激发了城际旅客的探亲、旅游、商务等出行活动。曹炜威(2020)以成渝高铁开通前后为研究情境,运用成都铁路局提供的铁路出行客票数据进行分析发现,高铁开通会显著增加沿线城市的铁路旅客出行量,同时会增加个体的出行次数。武前波等(2018)通过对杭州东站、上海虹桥站、南京南站和宁波东站等4个高铁枢纽站候车乘客的问卷调查发现,受访者在高铁开通后的跨城功能性活动比例由高铁开通前的8.54%提升至18.16%。陈宏胜等(2019)发现"工作出行""旅游休闲""走访亲友"是人们高铁出行的三大目的,高铁出行的大众化、普及化程度正在逐渐提高;

研究还发现,高铁的"时空压缩效应"使异地亲友联系增加,高铁开通后亲友间关系的密切程度显著增加。侯雪等(2011)发现京津高铁运行后,以商务出行、购物、访友为目的的出行相比高铁开通前增加最为显著。

对不同城市而言,高铁对人口流入和流出的影响是不同的。已经有很多研究发现,高铁开通会产生"虹吸效应",对高铁沿线综合实力弱的城市反而会带来负面影响。例如,吴康等(2013)通过对京津城际高铁候车乘客的问卷调查发现,受访者的跨城功能性活动(居住、工作、休闲)比例由城际高铁开通前的23.03%上升到开通后的38.18%,天津所属的天津站和塘沽站的跨城比例上升幅度比北京南站要高很多。高玮(2018)对兰新高铁沿线8个城市的人口流动情况的分析发现,高铁开通导致人口主要流入综合实力强的兰州、西宁、乌鲁木齐,而张掖、嘉峪关、吐鲁番、哈密的常住人口反而在高铁开通后下降了。黄春芳等(2021)对长三角高铁沿线城市的分析发现,高铁开通导致中等城市人口净流出,导致超大城市人口净流入。王磊等(2021)利用2016年长江中游城市群31个城市的银联异地刷卡消费数据研究发现,长江中游城市群内的城际消费关联大都发生在同省城市之间,且以同省的地级市到本省省会城市的流动关联为主。

根据上述研究,高铁开通引致人口大规模的跨城流动,且这种流动性更多表现为低线(三、四线)城市向高线(一、二线)城市以商务、旅游、学习、就医、探亲访友等功能性跨城活动为主要目的的大规模短期流动,低线城市和高线城市的居民间的社会互动逐渐增强,引发了低线城市消费者对高线城市消费者的上行社会比较。近距离的人际关系更容易引发个体自发的社会比较倾向,个体向上的本能使上行社会比较成为更常见的比较形式(Ekström et al.,2009)。

社会比较是日常生活中普遍存在且深具影响力的社会互动和社会进化过程(Collins,1996),可以作为一种社会影响方式引导居民的消费行为。社会比较理论(social comparison theory)认为社会比较对认知、情感和行为等产生影响(邢淑芬等,2006),其中的影响机制包括社会比较方向(Ham et al.,2014)、比较发生的具体社会情境和个体运用比较的方式(邢淑芬等,2006)、情境变量和消费者个体特征(Abrahamse et al.,2013;王建明等,2015)、参照群体(Farrow et al.,2017)。典型的"社会等级论"认为社会情况的复杂性必然会隐形作用于社会群体,进而形成社会阶层,低阶层的个体有向高阶层群体靠拢的驱动力。向上比较的行为会对个体形成一种心理预期,进而形成同化效应,个体更多的消费模式的选择是模仿,从而获取社会认同和主观幸福感(金晓彤和崔宏静,2013)。参照群体是个体形成其购买或消费决策时,用以作为参照、比较的个人或群体。参照群体的价值判断对消费者的评价、欲望和行为产生影响,这些影响对消费者而言是非常重要的。由于产品和品牌有着社会阶层标记或信号功能,White 等(2007)指出产品的购买会受到参考群体的影响。大部分消费者在做出消费决策时,都会从参照群体处获得信息,降低决策风险(Park et al., 1977;Bearden et al., 1989)。个体会借助其所向往的参照群体并通过特定的消费行为来实现自我提升,换句话说,消费者可以通过模仿其所向往的参照群体的消费行为,来与该群体建立联系,或是给别人留下自己属于该群体的印象,从而借助该群体的形象来表达自我并提升自我形象,使实际的自我概念更加接近其理想中的自我概念(Burnkrant et al., 1975;Bearden et al., 1989)。陈家瑶等(2006)认为消费者进行对比的参照群体会对个人的评价、欲望和行为等产生十分深刻的影响。

综上所述,高铁开通引致人口大规模的跨城流动,且这种流动性更多表现为低线(三、四线)城市向高线(一、二线)城市以商务、旅游、学习、就医、探亲访友等功能性跨城活动为主要目的的大规模短期流动,不同城市间人们的社会互动逐渐增强,引发了低线城市消费者对高线城市消费者的上行社会比较,高线城市消费者成为低线城市消费者的参照群体。高线城市消费者的消费模式、价值判断,对低线城市消费者的评价、欲望和行为产生影响,使其成为模仿和追随的对象。低线城市消费者会将其所向往的高线城市消费者作为参照群体并通过特定的消费行为来实现自我提升,换句话说,低线城市消费者会通过模仿其所向往的高线城市消费者的消费行为实现自我提升,并尝试与高线城市消费者群体建立联系,从而获取社会认同和主观幸福感。长期以来,相较于低线城市,高线城市消费者在高涉入度的乘用车消费行为中,在品牌类别的选择上"合资品牌"的比例较高,在颜色类别的选择上"有色相"的比例较高,在支付方式类别的选择上"贷款"的比例较高。因此,高线城市消费者对产品品牌类别、颜色类别、支付方式类别等三个方面选择上的示范效应,就会对低线城市消费者在消费决策中起到重要参考作用,并成为模仿的对象。

由于各省的省会城市与省内地级市存在明显的相对等级差异,所以本研究用省会城市代表高线城市,用省内其他普通地级市代表低线城市。同时考虑到,东部地区有少量与省会城市发展程度接近的地级市,本研究中还在普通地级市样本中剔除了发达程度较高的计划单列市(副省级)[①]或国家级流通节点城市[②]深圳市、厦门市、大连市、青岛市、宁波市、苏州市等 6 个城市。

[①] 计划单列市,全称国家社会与经济发展计划单列市,就是在行政建制不变的情况下,省辖市(区)在国家计划中列入户头。即中国把这些城市(区)视同一级的计划单位,在国家计划中单位列户头,并赋予这些城市相当于省一级的经济管理权限。

[②] 详见 2015 年 5 月商务部等 10 部门联合印发的《全国流通节点城市布局规划(2015—2020 年)》。

据此,通过以上分析提出以下研究假设1和假设2。

H1:高铁开通对趋同消费有显著的正向作用。

相较于未开通高铁的普通地级市,开通高铁的普通地级市消费者的消费偏好显著地趋同于省会城市消费者的消费偏好。

H1a:相较于未开通高铁的普通地级市,开通高铁的普通地级市消费者对品牌类别的消费偏好显著地趋同于省会城市消费者的消费偏好。

H1b:相较于未开通高铁的普通地级市,开通高铁的普通地级市消费者对颜色类别的消费偏好显著地趋同于省会城市消费者的消费偏好。

H1c:相较于未开通高铁的普通地级市,开通高铁的普通地级市消费者对支付方式类别的选择偏好显著地趋同于省会城市消费者的选择偏好。

H2:上行社会比较、参照群体影响在高铁开通对趋同消费的影响中起中介作用。

相较于未开通高铁的普通地级市,开通高铁的普通地级市消费者向省会城市的大规模跨城流动更加容易、频繁,与省会城市消费者间社会互动显著增强,会激发他们更为强烈的与省会城市消费者的上行社会比较意愿,省会城市消费者成为普通地级市消费者的参照群体。省会城市消费者对产品品牌类别(合资品牌)、颜色类别(有色相产品)、支付方式类别(贷款消费)等方面选择上的示范效应就会对普通地级市消费者在消费决策中起到重要参考作用,并成为模仿和追随的对象,从而使开通高铁的普通地级市消费者的消费偏好趋同于省会城市消费者的消费偏好。

城际人口流动水平的高低代表两个城市间社会互动的密切程度。城际人口流动水平受跨城流动的频次、可达性等因素的影响。侯雪等(2011)发现京津高铁开通后,随着人们出行频次的强度逐渐增强,"同城效应"越发明显。吴康等(2013)指出跨城流动的频次反映了两个城市间的密切程度。黄春芳等(2021)发现随着高铁线的增加可达性提升,人口流动的促进效应越明显。可以预期,跨城流动的频次越高、可达性越高,会导致更高的城际人口流动水平,带来更大规模的人口跨城流动和社会互动,从而引发更强烈的上行社会比较和参照群体影响,趋同消费进一步增强。

据此,提出假设3。

H3:城际人口流动水平在高铁开通对上行社会比较、趋同消费的影响中起调节作用。

城际人口流动水平越高的城市,高铁开通引起上行社会比较和趋同消费的上升幅度越大。

H3a:跨城流动频率越高,高铁开通引起上行社会比较和趋同消费的上升幅度越大。

H3b：可达性越高的城市，高铁开通引起上行社会比较和趋同消费的上升幅度越大。

梁淑贞等（2021）指出经济发展水平的异质性程度也会影响居民在群体中的消费互动。通常情况下，在经济发展程度同质性较高的城市，消费者的模仿和跟随的动机更为强烈。具有较高经济发展水平的城市极易成为同群环境中被模仿的对象。人均地区生产总值与省会（高线）城市越接近的普通地级（低线）城市，说明它与省会（高线）城市的经济发展水平同质性越高，普通地级（低线）城市消费者对省会（高线）城市消费者的消费行为进行模仿、跟随的动机更为强烈。

据此，提出假设 4。

H4：经济距离在高铁开通对上行社会比较、趋同消费的影响中起调节作用。

经济发展水平与省会城市越接近的城市，高铁开通引起上行社会比较和趋同消费的上升幅度越大。

符号价值是指除了商品的使用价值外能够体现消费者个性以及权利、声望和地位的价值。商品在消费社会中除了价值和使用价值外，还存在另一种价值——符号价值。消费者倾向于购买能够体现自身社会声望与地位的商品，因为这种商品所具有的符号价值可能会超过其具备的劳动价值，因此消费者个体可以通过消费行为获得商品中的符号价值进而为其带来社会认同（Belk，1988；Elliott et al.，1998）。消费者可以通过符号消费行为中的商品有效连接社会，从而表现社会认同（Elliott，1999），通过商品的符号意义构建的符号消费能够为消费者带来包括"我"的身份地位、审美、个性和认同的表达（王宁，2001）。本研究认为，消费者对象征"省会城市人"身份地位商品的符号价值感知会调节参照群体对趋同消费的影响。

据此，提出假设 5。

H5：符号价值在参照群体对趋同消费的影响中起调节作用。

对象征"省会城市人"消费符号价值的感知越强，参照群体影响使趋同消费的上升幅度越大。

高铁开通对趋同消费影响的理论模型见图 3-1。

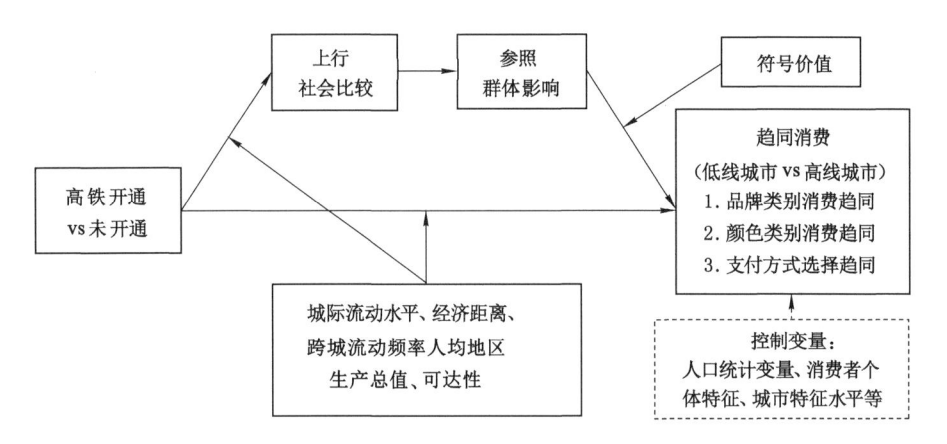

注:1. 使用消费者个体层面的问卷数据检验主效应、中介及部分调节效应。
2. 使用城市层面的客观数据验证主效应、部分调节效应。
3. 人口统计变量包括:年龄、学历、性别、职业、家庭年收入等。
4. 消费者个体特征包括:文化开放性、创新性、独特性、金融素养等。
5. 城市特征水平包括:城市规模、经济发展水平、互联网渗透率、公共交通水平、基础道路设施水平、就业状况等。

图 3-1 高铁开通对趋同消费影响的理论模型

第二节 高铁开通、上行社会比较、感知地位威胁与地位消费

根据上一节的论述,高铁开通带来明显的"空间压缩效应",即对时空距离的大幅压缩,引起了人际交往在时间成本和空间距离上的大幅缩小,对现代社会生活和人际交往等产生了重要作用。高铁开通引致人口大规模的跨城流动,且这种流动性更多表现为低线(三、四线)城市向高线(一、二线)城市以商务、旅游、学习、就医、探亲访友等功能性跨城活动为主要目的的大规模短期流动,低线城市和高线城市的居民间的社会互动逐渐增强,引发了低线城市消费者对高线城市消费者的上行社会比较。近距离的人际关系更容易引发个体自发的社会比较倾向,个体向上的本能使上行社会比较成为更常见的比较形式(Ekström et al., 2009)。

社会比较是日常生活中普遍存在且深具影响力的社会互动和社会进化过程(Collins,1996),可以作为一种社会影响方式引导居民的消费行为。消费者在上行社会比较过程中引发同化效应的同时,也有可能会产生对比效应。虽然上行社会比较会促使个体自我提升,但是比自我提升更为重要的是上行社会比较对

自我威胁的影响(Argo et al.,2006),而自我威胁会使个体降低自我评价(Tesser et al.,1988;Mussweiler et al.,2000)。因此,当低线城市消费者向高线城市消费者的上行社会比较发生后,高线城市较高的经济、社会、政治地位等优越的条件,使低线城市消费者产生了地位威胁感知。由于维持和获取地位是人类的一项基本动机,因此个体会对有关他们地位变化的信号极其敏感,并且基于他们所感知到的地位变化信号采取维持和提升自己地位的应对策略。地位威胁是一种让人厌恶的心理状态,然而个体却可以通过消费来应对这种威胁(Pan et al.,2014)。Kim等(2014)发现个体在接受有关他们地位、能力等特质缺乏的信息时,会消费具有相应象征意义的商品来补偿受损的自我。根据象征性自我完善理论(Wicklund et al.,1982),地位作为构成自我的一个重要变量,当消费者感知到地位受到威胁时,他可能会通过消费具有地位象征意义商品的方式来强化自己对地位的拥有感。购买和使用具有地位象征意义的商品和品牌可以提高别人对其社会地位的评价,获得同高地位群体交流学习的机会(Rege,2008),并通过提高对自己社会地位的感知来提升心理和生理健康(Adler et al.,2000)。借由地位商品所具有的符号功能,他们还可以完成对自己的身份重构(余晓敏等,2008),获得社会认同(金晓彤、崔宏静,2013)。

关于品牌类型与地位消费研究的文献表明,本土品牌或全球品牌对消费者地位消费有显著的影响。Batra等(2000)研究发现产品来源国一定程度上可以代表拥有者的社会地位,消费者通过购买发达国家的品牌来彰显自己的社会地位。Roy等(2011)研究发现消费者对合资品牌的购买与地位寻求相关。相较于本土品牌,消费者通常更青睐全球品牌。是否全球品牌与地位寻求的动机之间存在显著的关联,全球品牌比本土品牌在消费者认知度、产品功能和品牌价值的感知等方面明显突出,因而更多地受到高地位追求动机的人喜爱,而本土品牌则被低地位追求动机的消费群体所偏好。季欣蕾等(2017)利用内隐联想测试方法研究发现,大学生人群通常将本土品牌与消极态度联系在一起,将外国品牌与积极态度联系在一起。以上研究都表明,本土品牌或全球品牌对消费者地位消费有显著的影响。

高档规格的地位产品也常常为高地位追求动机的消费群体所偏好。比如,Gao等(2016)认为液晶电视对消费者来说不仅是一种具有实用功能的物质产品,更是一种家庭生活中的装饰品,代表了一个人的生活品位和社会地位,液晶电视的尺寸越大代表着消费者的社会阶层越高。研究表明,大排量乘用车(通常指排气量在3.0 L以上),因为其动力强劲、性能卓越、安全性高等诸多优势,为高地位追求动机的消费群体所偏好,除了外在展示功能外,更多地用于满足消费者自我奖赏的内在动机。

综上所述,高铁开通引致人口大规模的跨城流动,且这种流动性更多表现为低线(三、四线)城市向高线(一、二线)城市以商务、旅游、学习、就医、探亲访友等功能性跨城活动为主要目的的大规模短期流动,不同城市间人们的社会互动逐渐增强,引发了低线城市消费者与高线城市消费者的上行社会比较,高线城市消费者因较高的经济、社会、政治地位等优越的条件使低线城市消费者产生地位威胁感知。当消费者感知到地位受到威胁时,他可能会通过消费具有地位象征意义商品的方式来强化自己对地位的拥有感,从而获取社会认同和主观幸福感。相较于本土品牌或普通规格产品,合资品牌或高档规格产品在认知度、感知质量和整体品牌价值方面具有更高的象征意义,受到地位追求动机高的人的青睐。所以,可以预期,当高铁开通使上行社会比较增加、低线城市消费者感知地位威胁提升时,可以通过购买和使用具有地位象征意义的合资品牌产品或高档规格产品来提高别人对其社会地位的评价,完成对自己的身份重构,获得社会认同。

据此,通过以上分析提出研究假设6和假设7。

H6:高铁开通对地位消费有显著的正向作用。

相较于未开通高铁的普通地级市,开通高铁的普通地级市的消费者对更能彰显"身份和地位"的合资品牌或高档规格产品的偏好显著增强。

H7:上行社会比较、感知地位威胁在高铁开通对地位消费的影响中起中介作用。

相较于未开通高铁的城市,开通高铁的城市消费者向省会城市或一线城市的大规模跨城流动更加容易、频繁,与省会城市或一线城市消费者间社会互动显著增强,会激发他们更为强烈的上行社会比较意愿,高线城市较高的经济、社会、政治地位等优越的条件引发了低线消费者的地位威胁感知。因合资品牌或高档规格产品在认知度、感知质量和整体品牌价值方面具有更高的象征意义,消费者可以通过购买和使用具有地位象征意义的合资品牌产品或高档规格产品来提高别人对其社会地位的评价,完成对自己的身份重构,获得社会认同。

城际人口流动水平的高低代表两个城市间社会互动的密切程度。城际人口流动水平受跨城流动的频次、地理距离、经济距离、可达性等因素的影响。吴康等(2013)指出跨城流动的频次反映了两个城市间的密切程度。黄春芳等(2021)发现随着高铁线的增加,人口流动的促进效应更明显。可以预期,跨城流动的频次越高、可达性越高,会导致更高的城际人口流动水平,从而引发更强烈的上行社会比较和地位威胁感知,地位消费进一步增强。

据此,提出研究假设8。

H8:城际人口流动水平在高铁开通对地位消费的影响中起调节作用。

城际人口流动水平越高的城市,高铁开通引起地位消费的上升幅度越大。

第三章 理论基础与研究假设

H8a：跨城流动频率越高，高铁开通引起上行社会比较和地位消费的上升幅度越大。

H8b：可达性越高的城市，高铁开通引起上行社会比较和地位消费的上升幅度越大。

消费者倾向于购买能够体现自身社会声望与地位的商品，因为这种商品所具有的符号价值可能会超过其具备的劳动价值，因此消费者个体可以通过消费行为获得商品中的符号价值进而为其带来社会认同（Belk，1988；Elliott et al.，1998）。消费者可以通过符号消费行为中的商品有效连接社会，从而表现社会认同（Elliott，1999），通过商品的符号意义构建的符号消费能够为消费者带来包括"我"的身份地位、审美、个性和认同的表达（王宁，2001）。本研究认为消费者对象征"身份和地位"商品的符号价值感知会调节地位威胁感知对地位消费的影响。

据此，提出研究假设 9。

H9：符号价值在地位威胁感知对地位消费的影响中起调节作用。

对于象征身份地位商品的符号价值感知越强，消费者感知地位威胁使对该地位商品消费的上升幅度越大。

高铁开通对地位消费影响的理论模型见图 3-2。

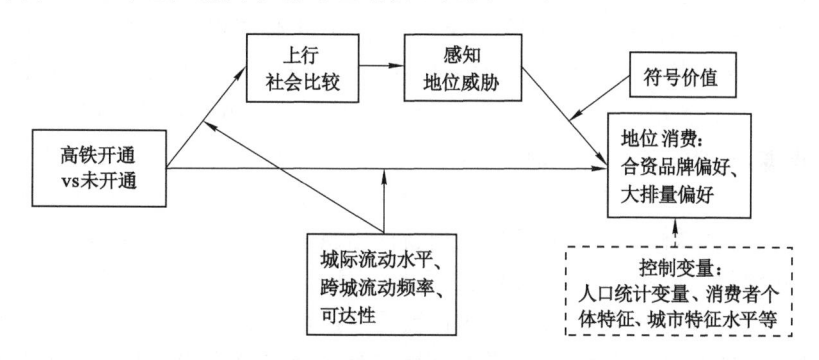

注：1. 使用消费者个体层面的问卷数据检验主效应、中介及部分调节效应。
2. 使用城市层面的客观数据验证主效应、部分调节效应。
3. 人口统计变量包括：年龄、学历、性别、职业、家庭年收入等。
4. 消费者个体特征包括：文化开放性、创新性、独特性、金融素养等。
5. 城市特征水平包括：城市规模、经济发展水平、互联网渗透率、公共交通水平、基础道路设施水平、就业状况等。

图 3-2 高铁开通对地位消费影响的理论模型

第三节　高铁开通、文化多样性、多样化寻求与多样性消费

国内外的研究表明,文化多样性有积极的影响。首先,文化多样性有利于催生创新性的想法和行为。其次,地域文化多样性可以增强地区的包容性。在文化种类较多的地区,具有不同文化背景的个体间的跨文化交流也会更多,这会提升人们对于不同文化背景的人的尊重和包容。刘家悦等(2021)发现由于经济水平、人口规模、制度环境等方面原因,文化种类较多的直辖市和副省级市城市比其他行政级别较低的城市有更高的文化包容性。潘越等(2017)发现不同文化碰撞有利于增加文化包容性。

消费者作为社会人而存在,在潜移默化中受到自己所处的社会环境和人际互动的影响,这种影响被称为社会动机。社会动机对多样化寻求行为有显著的驱动作用,如消费者多样化寻求的动机可能来自展示自我形象、留下美好多样的回忆、自我表达等(王毅等,2020;Ajitha et al.,2017)。

根据上述文化多样性的积极影响分析,城市文化多样性可以从文化价值观维度使消费者多样化寻求的社会动机显著增强。任何社会动机的产生都与整体的社会环境密不可分,社会价值观、文化习俗、生活习惯等都会影响消费者社会动机的产生。多样化的行为被看作一种合乎社会规范的潜在选择(Olsen,2016)。在任何社会环境下,人们对多样化行为(即使是那些不被社会赞许的多样化行为)都有一定的容忍度(Kahn et al.,2005)。也就是说,社会环境对多样化行为的性质评价(正面、负面)以及对多样化行为的容忍程度(社会认可的多样化水平)两个因素直接影响消费者多样化寻求行为的社会动机。由上文分析可知,城市文化多样性不仅有利于催生创新性的想法和行为,使行为和态度中有适度的变化要比一成不变更容易给其他人留下积极的印象,从而使人们对多样化行为给予更积极的评价;城市文化多样性同时还可以增强地区的包容性,人们对多样化行为的容忍程度增加,人们被鼓励表达自己的真实想法从而会产生更多的多样化寻求行为。

综上所述,高铁开通引致的大规模人口流动显著提升了城市的文化多样性,城市文化多样性又使消费者多样化寻求的社会动机显著增强。多样化寻求的社会动机增强,会显著增加为了展示自我形象、留下美好多样的回忆、自我表达等目的的多样化消费行为。可以预期,在考虑购买高涉入度的乘用车时,除了常见的乘用车品牌和主流的黑、白、灰颜色的乘用车外,相对新颖、差异化的乘用车品牌和颜色是一种全新的产品体验,因为文化多样性提升使多样化行为得到了更积极的评价,人们多样化寻求的动机增强,消费者会提升对相对新颖、差异化的

品牌和颜色乘用车的购买意愿。同时,城市文化多样性增强了地区的包容性,增加了人们对多样化行为的容忍度,这种氛围有助于消费者选购相对新颖、差异化的品牌和颜色的乘用车。因此,高铁开通城市乘用车消费的品牌多样性和颜色多样性显著增加。

据此,通过以上分析提出研究假设10和假设11。

H10:高铁开通对多样性消费有显著的正向作用。

相较于未开通高铁的城市,开通高铁城市消费者的多样性消费偏好显著增强。

H10a:相较于未开通高铁的城市,开通高铁城市消费者对品牌多样性的消费偏好显著增强。

H10b:相较于未开通高铁的城市,开通高铁城市消费者对颜色多样性的消费偏好显著增强。

H11:文化多样性、多样化寻求在高铁开通对多样性消费的影响中起中介作用。

相较于未开通高铁的城市,开通高铁带来的大规模人口流动提升了城市文化多样性,城市文化多样性带来人们对多样化行为的积极评价、高容忍度的文化价值观,从而使消费者多样化寻求的社会动机显著增强,进而激发了消费者对多样化寻求的消费行为。

城际人口流动水平的高低,代表两个城市间社会互动的密切程度。城际人口流动水平受跨城流动的频次、可达性等因素的影响。侯雪等(2011)发现京津高铁开通后,随着人们出行频次的强度逐渐增强,使"同城效应"越发明显。吴康等(2013)指出跨城流动的频次反映了两个城市间的密切程度。黄春芳等(2021)发现随着高铁线的增加,人口流动的促进效应越发明显。可以预期,城际人口流动水平越高的城市,即跨城流动频率越高或可达性越高的城市,受到的多元文化冲击越大,人们对多样化寻求的动机也就越强烈,多样性消费的上升幅度越大。

据此,提出研究假设12。

H12:城际人口流动水平在高铁开通对文化多样性和多样性消费的影响中起调节作用。

城际人口流动水平越高的城市,高铁开通引起文化多样性和多样性消费的上升幅度越大。

H12a:跨城流动频率越高,高铁开通引起文化多样性和多样性消费的上升幅度越大。

H12b:可达性越高的城市,高铁开通引起文化多样性和多样性消费的上升幅度越大。

高铁开通对多样性消费影响的理论模型见图3-3。

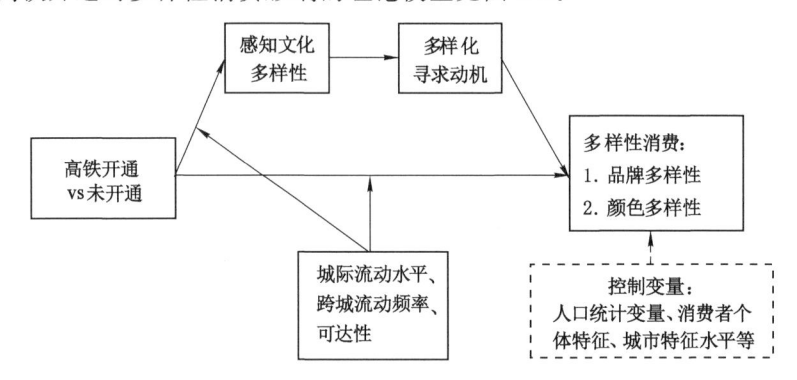

注:1. 使用消费者个体层面的问卷数据检验主效应、中介及部分调节效应;
2. 使用城市层面的客观数据验证主效应、城市文化多样的中介效应以及部分调节效应;
3. 人口统计变量包括:年龄、学历、性别、职业、家庭年收入等;
4. 消费者个体特征包括:文化开放性、创新性、独特性、金融素养等;
5. 城市特征水平包括:城市规模、经济发展水平、互联网渗透率、公共交通水平、基础道路设施水平、就业状况等。

图3-3 高铁开通对多样性消费影响的理论模型

第四章　高铁开通对趋同消费行为的影响研究

本部分研究关注高铁开通引致人口大规模从综合实力较弱的低线城市向实力较强的高线城市的跨城流动增加、不同城市间人们的社会互动显著增强，是否能有效激发低线城市消费者与高线城市消费者的上行社会比较，让高线城市消费者成为低线城市消费者的参照群体，从而使低线城市消费者对高线城市消费者的消费行为进行追随、模仿并产生趋同消费效应。即高铁开通对低线城市（普通地级市）消费者与高线城市（省会城市）消费者的趋同消费的影响研究。

本部分首先通过 Credamo 平台[①]在对全国开通高铁城市和未开通高铁城市的消费者进行分层抽样基础上开展了大规模的问卷调查，得到基于个体消费者的调查问卷数据，以开通高铁城市消费者为实验组，以未开通高铁城市消费者为对照组，检验了高铁开通对趋同消费影响的主效应和可能解释机制；接着，以 2007—2015 年全国城市高铁开通数据和全国乘用车销售的月度数据作为样本数据，利用高铁开通这一"准自然实验"，以开通高铁城市消费者为实验组，以未开通高铁城市消费者为对照组，利用双重差分法（多时点 DID）验证了高铁开通对趋同消费影响的主效应和可能的解释机制，在平行趋势检验的基础上又采用倾向得分匹配-双重差分法（PSM-DID）检验、安慰剂检验、改变样本周期、基于地理环境信息构建工具变量等方式进行了稳健性检验。

由于各省的省会城市与省内地级市存在明显的相对等级差异，所以本部分的研究用省会城市代表高线城市，用省内其他地级市代表低线城市。同时，考虑到东部少数省份有与省会发展程度接近的地级市，本研究中还在普通地级市样本中剔除了发达程度较高的计划单列市（副省级）和国家级流通节点城市（深圳市、厦门市、大连市、青岛市、宁波市、苏州市 6 个城市）。

[①] Credamo 全称为"Creator of Data and Model"，中文名"见数"，提供问卷设计、百万在线被试、可视化统计建模等一站式服务，为全球数千所高校和企业提供调研和管理咨询服务。平台服务全球超过 2 000 所高校的老师和同学以及 3 000 家企业，具有超过 200 万在线被试。

第一节　基于消费者个体调研数据的趋同消费研究设计

一、变量测量

本部分主要采用问卷调查的研究方法,为了保证问卷测量的信度和效度,本研究中所涉及的主要变量题项来自国外成熟的量表。"上行社会比较"量表采用 Gibbons 等(1999)编制的爱荷华-荷兰比较倾向量表(Iowa-Netherlands Comparison Orientation Measure,INCOM)、"参照群体影响"量表参考 Park 等(1977),"消费者文化开放性"量表参考 CCO(Nijssen et al.,2011),"消费者创新性"量表参考 Manning 等(1995),"消费者的独特性"量表参考 Ruvio 等(2008),"消费者的金融素养"量表摘自中国人民银行消费者金融素养调研问卷、"符号价值"量表参考李东进等(2009)。笔者根据文献自设了"与省城消费趋同""流动频率"等量表。本研究变量题项采用李克特 7 级量表、数字式格式、开放性陈述等多种形式。

二、数据收集

本研究在 Credamo 平台采用问卷调查法进行数据收集,在平台"数据集市"对全国省会城市、高铁开通的普通地级市和未高铁开通的普通地级市消费者进行分层抽样、随机投放,样本特征限定为年龄在 26～55 岁之间、有家用车的消费者。

为保证调查质量,笔者采取了六项措施提高被调查者质量和问卷作答质量:

(1) 要求被调查者经验丰富,设定"被调查者已回答问卷的总数大于等于 10"。

(2) 要求被调查者信用分高,设定"被调查者信用分大于等于 70 分"。

(3) 要求被调查者历史采纳率高,设定"历史采纳率即被采纳问卷数/总填答问卷数大于等于 70%"。

(4) 开启作答者需要授权定位才能作答,每个 IP 只能填答一次。

(5) 设置了甄别题,采用自动拒绝不合格问卷。

(6) 人工审核被调查者作答质量,手动拒绝不合格问卷等,帮助用户获得高质量数据。

累计投放问卷 1 600 份,自动拒绝 18 份,手动拒绝 62 份,共得到有效问卷 1 520 份,有效问卷率为 94.2%,并将其得到的数据整理后输入 SPSS 21.0。

三、描述统计分析

(一) 样本基本特征

调查所得的 1 520 份样本的年龄、性别、工作单位、学历、地区分布等详细信息如表 4-1 所示。

表 4-1 样本基本特征

项目	类别	人数	占比
年龄	26~35 岁	712	46.84%
	36~45 岁	425	27.96%
	46~55 岁	383	25.20%
性别	男	778	51.18%
	女	742	48.82%
工作单位	国有企业	385	25.33%
	事业单位	182	11.97%
	公务员	172	11.32%
	民营企业	710	46.71%
	外资企业	71	4.67%
学历	初中及以下	10	0.66%
	普高/中专/技校	80	5.26%
	大专	197	12.96%
	本科	956	62.89%
	硕士	254	16.71%
	博士	23	1.51%
地区	省会城市	276	18.16%
	开通高铁的普通地级市	627	41.25%
	未开通高铁的普通地级市	617	40.59%

(二) 乘用车购买的影响因素分析

乘用车是高涉入度产品,消费者对乘用车的重要性认知、风险性认知,以及消费者个人因素、乘用车功能属性等诸多方面都存在不确定性,使得乘用车购买成为一个复杂的过程。消费者往往花费更多的时间和认知努力考虑乘用车的选择,他们会主动而且积极地搜寻乘用车的相关信息,认真地思考并比较品牌、成本等方面的差异,以做出最符合需要的决策。

乘用车购买的影响因素的调查结果如表4-2所示,在1 520个消费者的选择中,车辆的购买价格和油耗、保养成本等经济因素(1385人次,91.12%)和车辆的舒适性、安全性与操控感等综合性能(1 242人次,81.71%)仍然是最重要的两大因素。车辆的身份地位象征程度、市内公共交通发达程度(公交车密度、有无地铁等)、市际公共交通发达程度(如长途大巴密度、有无高铁等)、亲朋好友们对车辆的推荐度、亲朋好友们的购车情况等因素也在很大程度上影响了消费者的乘用车购买决策。尤其是,在1 520个消费者中有527人次(34.67%)选择了市际公共交通发达程度(如长途大巴密度、有无高铁站等)这一影响因素,这说明高铁开通已经成为影响消费者乘用车购买行为的重要因素。这一发现为后续研究提供了非常好的基础。

表4-2 消费者乘用车购买的影响因素

序号	乘用车购买的影响因素	频次	频率
1	车辆的购买价格和油耗、保养成本等经济因素	1 385	91.12%
2	车辆的舒适性、安全性与操控感等综合性能	1 242	81.71%
3	车辆的品牌、外观等所能代表使用者身份、地位象征程度	883	58.09%
4	市内公共交通发达程度(公交车密度、有无地铁等)	643	42.30%
5	市际公共交通发达程度(如长途大巴密度、有无高铁等)	527	34.67%
6	4S店销售员的引导	188	12.37%
7	自己交际圈内的亲朋好友们的购车情况	470	30.92%
8	自己交际圈内的亲朋好友们对车辆的口碑及相关推荐度	689	45.33%
9	家庭人口数量	569	37.43%
10	其他	13	0.85%

四、信度与效度检验

对于项目间一致性信度常用Cronbach α 来度量,经过检验,测量量表的Cronbach α 值均大于0.7,表明对所有变量的测量结果是可信的。

当然,仅有较高的信度不足以表明测量量表的有效性,信度高的量表也存在无效的可能性,所以又对其进行效度检验,用以衡量测量量表在多大程度上可以反映真实情况。效度主要包括内容效度和构建效度。

在内容效度方面,本研究采用的"上行社会比较量表""参照群体影响量表"

"消费者文化开放性量表""消费者创新性量表""消费者的独特性量表""消费者的金融素养量表""符号价值量表"等7个量表都是参照以前学者们成熟的量表,"与省城消费趋同""流动频率"两个量表为笔者在参考大量该研究领域内的文献基础上自编,所有量表在问卷设计过程中采纳了专家的意见,并进行了反复修改,最终确定而成。因此,本研究是具有较好的内容效度的。

构建效度主要通过聚合效度和区别效度来评价。本研究对构建效度的检验主要通过验证性因子分析来完成。

结果表明,验证性因子分析标准化因子荷载均大于0.7(大于0.5的标准),并且通过了显著性水平测试;组合信度均大于0.9(大于0.8的标准);平均提炼方差也均大于0.9(大于0.5的标准),表明本研究所用量表具有很高的收敛效度。

同时,因子之间的相关系数在95%置信区间内不包含1.0,说明各变量之间具有区别有效性。

以上检验表明,本研究量表具有较高的信度和效度。

五、同源误差控制

为了控制问卷调查中存在的同源误差问题(CMV),我们根据Podsakoff等(2003)的建议采用以下几种方式进行控制:

(1) 研究发现,受试者在面对以第三方身份或匿名进行的调研时更愿意提供准确的信息。基于此,我们在问卷的引导语中通过"红色+加粗"文字呈现方式强调研究只是为了纯粹的学术研究,调查结果将以加总数据以及匿名的方式展现,不会出现填报人相关的身份信息。同时,在问卷的每一个子部分,我们都反复强调所有选项没有所谓的对错或好坏之分,填报人只需要根据自己的真实感受选择认为最为符合实情的1~7数字即可。

(2) 我们对变量的测量采用多种测量方式,比如采用李克特7级量表、语意差别问句、数字式格式(次数)等多种形式。

(3) 确保所有变量测量项都满足Podsakoff等(2003)指出需要避免的最小化模棱两可问题标准(即没有一题两问或复杂问句等情况)。

第二节 基于消费者个体调研数据的趋同消费研究分析

一、高铁开通对趋同消费影响的主效应分析

为了测量高铁开通后普通地级市消费者向省会城市消费者趋同消费的意

愿,问卷中以"高涉入度的乘用车购买"为情境,设置了"购车时,我倾向于购买与省会城市的亲朋好友一样的乘用车品牌"作为"品牌类别趋同"的变量、"购车时,我倾向于购买与省会城市的亲朋好友一样的乘用车颜色"作为"颜色类别趋同"的变量、"购车时,我倾向于与省会城市的亲朋好友一样选择按揭贷款买车"作为"支付方式类别趋同"的变量,将三个变量的平均值作为普通地级市消费者向省会城市消费者趋同消费的总体意愿。量表采用7级,1表示非常不同意,7表示非常同意。

采用单因素 ANOVA 研究高铁开通对普通地级市消费者向省会城市消费者趋同消费的总体意愿。方差同质性检验结果表明,高铁开通的普通地级市(实验组)和高铁未开通的普通地级市(控制组)消费者向省会城市趋同消费总体意愿的方差满足同质性检验的要求(Lenene$=0.927, p=0.336$)。单因素方差分析的结果表明:相较于高铁未开通的普通地级市(控制组)($M=3.96, SD=1.09, n=617$),高铁开通的普通地级市消费者(实验组)向省会城市消费者趋同消费总体意愿更强($M=5.44, SD=1.08, n=627$),$F(1,1243)=580.33, p=0.000, \eta^2=0.266$),表明我国普通地级市消费者向省会城市消费者趋同消费的总体意愿会因所在城市高铁是否开通而有显著的差异。(图4-1)

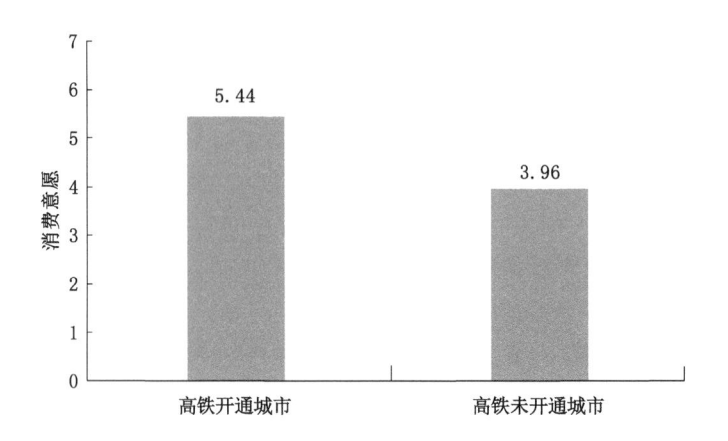

图 4-1 趋同消费的总体意愿的比较分析

进一步单因素 ANOVA 分析表明,相较于高铁未开通的普通地级市,高铁开通对普通地级市消费者向省会城市消费者的品牌类别趋同意愿、颜色类别趋同意愿、支付方式类别趋同意愿等也显著增强。趋同消费的方差分析检验如表 4-3 所示。

表 4-3 趋同消费的方差分析检验

趋同消费意愿		平方和	df	均方	F	p
总体趋同	组间	688.885	1	688.885	580.338	0.000
	组内	1 474.304	1 242	1.187		
	总数	2 163.189	1 243			
品牌类别趋同	组间	424.484	1	424.484	237.698	0.000
	组内	2 217.976	1 242	1.786		
	总数	2 642.460	1 243			
颜色类别趋同	组间	668.016	1	668.016	307.115	0.000
	组内	2 701.514	1 242	2.175		
	总数	3 369.531	1 243			
支付方式类别趋同	组间	1 284.499	1	1 284.499	580.753	0.000
	组内	2 747.034	1 242	2.212		
	总数	4 031.533	1 243			

二、高铁开通对趋同消费影响的中介路径分析

根据前文主效应的分析结果,高铁开通显著促进了普通地级市消费者向省会城市消费者趋同消费意愿。那么,相较于高铁未开通的普通地级市,高铁开通普通地级市向省会城市消费者趋同消费意愿为何会显著提升?接下来,进一步检验其内在作用机制。

高铁开通带来人口从综合实力较弱的低线城市向实力较强的高线城市的大规模跨城流动,不同城市间人们的社会互动逐渐增强,引发了低线城市消费者与高线城市消费者的上行社会比较,高线城市消费者成为低线城市消费者的参照群体。高线城市消费者的消费模式、价值判断对低线城市消费者的评价、欲望和行为产生影响,使其成为模仿的对象,从而导致趋同消费。高铁开通对趋同消费影响的中介路径如图 4-2 所示。

为了探究"上行社会比较"和"参照群体影响"对趋同消费意愿的作用机理,采用 PROCESS V 3.5 程序对"上行社会比较"和"参照群体影响"的中介效应进行检验(Model 6;Hayes,2018),采用 Bootstrapping 程序进行 5 000 次抽样,对 95% 置信区间的中介效应进行分析。同时,被调查者的年龄、学历、性别、职业、家庭年收入、文化开放性、创新性、独特性、金融素养等作为控制变量纳入了计量

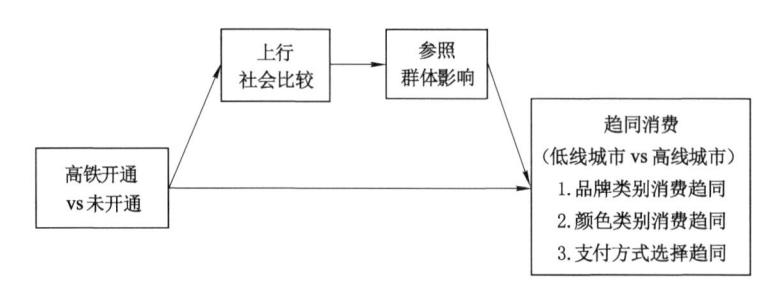

图 4-2　趋同消费的中介路径的理论模型

模型。

首先,考察"上行社会比较"和"参照群体影响"在高铁开通对提升趋同消费总体意愿中的中介效应。

由图 4-3 和表 4-4 分析结果可知,高铁开通对趋同消费总体意愿的直接效应显著为正($\beta=0.849\,5, p=0.000\,0$);表 4-5 中路径 2 分析结果显示:"上行社会比较"和"参照群体影响"的中介分析结果中不包含 0(LLCI$=0.023\,0$,ULCI$=0.071\,0$)效应量大小为 $0.042\,8$,表明"上行社会比较"和"参照群体影响"的中介效应是显著的。Effect 表示效应值,SE 表示标准误,T 表示检验值,p 表示显著性水平,LLCI 表示 95% 置信区间下限,ULCI 表示 95% 置信区间上限,BootSE、BootLLCI 和 BootULCI 分别指通过偏差矫正的百分位 Bootstrap 法估计的间接效应的标准误差、95% 置信区间的下限和上限。***、**、* 分别表示 1%,5% 和 10% 显著性水平。下文类同。

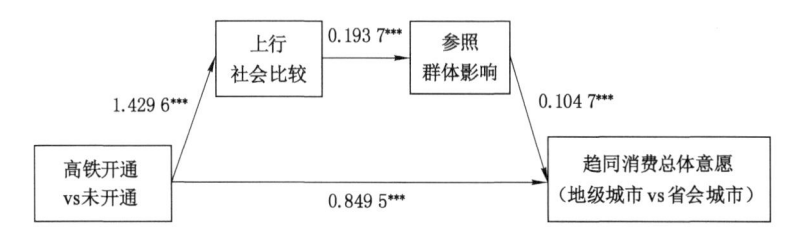

图 4-3　趋同消费总体意愿的中介效应分析结果

表 4-4　高铁开通对趋同消费总体意愿的直接效应

Effect	SE	T	p	LLCI	ULCI
0.849 5***	0.079 2	10.730 8	0.000 0	0.694 2	1.004 9

第四章　高铁开通对趋同消费行为的影响研究

表 4-5　高铁开通对趋同消费总体意愿的间接效应

	Effect	BootSE	BootLLCI	BootULCI
总效应	0.557 1***	0.058 9	0.445 5	0.676 9
路径 1	0.362 3***	0.044 7	0.281 8	0.458 1
路径 2	0.042 8**	0.012 0	0.023 0	0.071 0
路径 3	0.152 0**	0.040 0	0.076 6	0.233 4

注：间接效应路径 1：高铁开通→上行社会比较→趋同消费；路径 2：高铁开通→上行社会比较→参照群体影响→趋同消费；路径 3：高铁开通→参照群体影响→趋同消费。

接着，考察"上行社会比较"和"参照群体影响"分别在高铁开通对提升品牌类别趋同消费意愿、颜色类别趋同消费意愿、支付方式类别趋同消费意愿中的中介效应。

由表 4-6 为分析结果可知，高铁开通对品牌类别趋同、颜色类别趋同、支付方式类别趋同的直接效应均在 1‰的显著性水平上为正；表 4-7 结果显示，"上行社会比较"和"参照群体影响"对品牌类别趋同消费意愿的中介分析结果中不包含 0（LLCI=0.020 9，ULCI=0.075 5），效应量大小为 0.045 9，表明"上行社会比较"和"参照群体影响"的中介效应是显著的；"上行社会比较"和"参照群体影响"对颜色类别趋同消费意愿的中介分析结果中不包含 0（LLCI=0.026 6，ULCI=0.088 1），效应量大小为 0.054 7，表明"上行社会比较"和"参照群体影响"的中介效应是显著的；"上行社会比较"和"参照群体影响"对支付方式类别趋同消费意愿的中介分析结果中不包含 0（LLCI=0.015 9，ULCI=0.078 2），效应量大小为 0.043 3，表明"上行社会比较"和"参照群体影响"的中介效应是显著的。

综上可知，"上行社会比较"和"参照群体影响"在高铁开通对提升品牌类别趋同消费意愿、颜色类别趋同消费意愿、支付方式类别趋同消费意愿中的中介效应均显著成立。

表 4-6　高铁开通对类别趋同消费意愿的直接效应

	Effect	SE	T	p	LLCI	ULCI
品牌类别趋同	0.454 4***	0.098 3	4.620 8	0.000 0	0.261 5	0.647 4
颜色类别趋同	0.744 4***	0.109 7	6.786 0	0.000 0	0.529 2	0.959 6
支付方式趋同	1.450 5***	0.114 4	12.679	0.000 0	1.226 1	1.674 9

表 4-7 高铁开通对类别趋同消费意愿的间接效应

	Effect	BootSE	BootLLCI	BootULCI
路径 1	0.045 9**	0.014 1	0.020 9	0.075 5
路径 2	0.054 7**	0.015 8	0.026 6	0.088 1
路径 3	0.043 3**	0.015 7	0.015 9	0.078 2

注：间接效应路径 1：高铁开通→行比较→参照群体影响→品牌类别趋同消费意愿；路径 2：高铁开通→上行社会比较→参照群体影响→颜色类别趋同消费意愿；路径 3：高铁开通→上行社会比较→参照群体影响→支付方式趋同消费意愿。

三、高铁开通对趋同消费影响的调节路径分析

综合前文的分析结果，高铁开通显著影响了高铁开通地级市消费者与省会城市消费者乘用车趋同购买意愿，且"上行社会比较"和"参照群体影响"的中介效应是显著的。本部分将考察"城际人口流动水平"和"符号价值"在高铁开通对趋同消费影响中的调节作用。

（一）城际人口流动水平的调节作用

城际人口流动水平的高低代表两个城市间社会互动的密切程度。高铁开通带来的人口大规模从低线城市向高线城市跨城流动引发了上行社会比较，继而引起普通地级市居民与高线城市居民的趋同消费。可以预期，跨城流动的频次越高，会导致越高的城际人口流动水平，从而引发更强烈的上行社会比较和参照群体影响，趋同消费进一步增强。

为了测量城际人口流动水平指标，问卷中用 7 级量表测量了被调查者到省会城市公务出差、外出旅游、探亲访友、通勤（指往返于住所与工作单位或学校）的频率，将 4 个指标的平均值作为城际人口流动水平的变量。

为了探究"城际人口流动水平"趋同消费的作用机理，采用 PROCESS V 3.5 程序对"城际人口流动水平"的调节效应进行检验（Model 86；Hayes，2018），采用 Bootstrapping 程序进行 5 000 次抽样，对 95% 置信区间的调节效应进行分析。同时，被调查者的年龄、学历、性别、职业、家庭年收入、文化开放性、创新性、独特性、金融素养等作为控制变量纳入了计量模型。

从"城际人口流动水平"对直接效应的调节分析结果来看，"城际人口流动水平"起到了显著的正调节作用。当"城际人口流动水平"取值低于平均值一个标准差时，趋同效应显著（Effect=0.533 3，LLCI = 0.228 0，ULCI= 0.838 7）；取值高于平均值一个标准差时，趋同效应也显著（Effect=1.017 7，LLCI=0.829 9，ULCI=1.205 5），同时影响系数提高。并且，"高铁开通×城际人口流动水平"

交互项对趋同消费回归系数 $\beta=0.1292$，$p=0.0082$，说明"城际人口流动水平"具有强化消费者趋同的作用。

从"城际人口流动水平"对中介效应的调节分析结果来看，"城际人口流动水平"也起到了显著的正向调节作用。当"城际人口流动水平"取值低于平均值一个标准差时，上行社会比较的中介效应不显著（Effect = 0.0203，LLCI = −0.0080，ULCI=0.0193）；取值高于平均值一个标准差时上行社会比较中介效应显著（Effect=0.0054，LLCI=0.0091，ULCI=0.0344）。并且，"高铁开通×城际人口流动水平"交互项对"上行社会比较"回归系数 $\beta=0.1344$，$p=0.0156$，说明"城际人口流动水平"具有强化消费者产生上行社会比较的作用。

表 4-8 城际人口流动水平在高铁开通对趋同消费的直接效应路径的调节结果

城际人口流动水平	Effect	SE	T	p	LLCI	ULCI
2.2500	0.5333***	0.1557	3.4264	0.0006	0.2280	0.8387
3.5000	0.8562***	0.0822	10.4197	0.0000	0.6950	1.0175
6.0000	1.0177***	0.0957	10.6318	0.0000	0.8299	1.2055

表 4-9 城际人口流动水平在高铁开通对趋同消费的中介效应路径中的调节结果

城际人口流动水平	Effect	BootSE	BootLLCI	BootULCI
2.2500	0.0203	0.0065	−0.0080	0.0193
3.5000	0.0153**	0.0051	0.0065	0.0263
6.0000	0.0054**	0.0067	0.0091	0.0344

表 4-10 城际人口流动水平不同路径的调节作用系数

	Effect	SE	T	p
高铁开通×城际人口流动水平→上行社会比较	0.1344**	0.0555	2.4207	0.0156
高铁开通×城际人口流动水平→趋同消费	0.1292***	0.0488	2.6487	0.0082

（二）符号价值的调节作用

"符号价值"是指除了商品的使用价值之外，能够体现消费者个性、社会地位、权利和声望的商品价值，能够为消费者带来身份认同。可以预期，消费者对象征"省会城市人"身份地位商品的符号价值感知会调节参照群体对趋同消费的影响。

为了测量符号价值变量，问卷中测量了被调查者对"合资品牌购买行为""有色相产品购买行为""贷款支付行为"是否能象征省会城市消费者身份地位的感知,将三个指标的平均值作为符号价值的变量。

为了探究"符号价值"对趋同消费意愿的作用机理,采用 PROCESS V 3.5 程序对"符号价值"的调节效应进行检验(Model 87;Hayes,2018),采用 Bootstrapping 程序进行 5 000 次抽样,对 95% 置信区间的调节效应进行分析。同时,被调查者的年龄、学历、性别、职业、家庭年收入、文化开放性、创新性、独特性、金融素养等作为控制变量纳入了计量模型。

分析结果发现,符号价值起到了显著的正调节作用:当符号价值取值低于平均值一个标准差时,参照群体影响的中介效应不显著(Effect=0.022 5,LLCI=−0.002 4,ULCI=0.048 5);取值高于平均值一个标准差时,中介效应显著(Effect=0.060 2,LLCI=0.030 0,ULCI=0.093 5),同时影响系数提高。并且,"参照群体影响×符号价值"交互项对趋同消费回归系数 $\beta=0.040\ 1$,$p=0.000\ 3$,说明符号价值具有强化消费者产生趋同消费的作用。

表 4-11 符号价值在高铁开通对趋同消费中介路径中的调节效应

符号价值	Effect	BootSE	BootLLCI	BootULCI
2.333 3	0.022 5	0.012 9	−0.002 4	0.048 5
3.600 0	0.042 6**	0.012 2	0.020 2	0.068 1
5.053 3	0.060 2**	0.016 2	0.030 0	0.093 5

表 4-12 "符号价值"的调节作用系数

	Effect	SE	T	p
参照群体影响×符号价值→趋同消费	0.040 1***	0.011 0	3.656 0	0.000 3

第三节 基于城市层面客观数据的趋同消费研究设计

一、模型设定与识别

作为常见的研究政策效果的评估方法,双重差分法(DID)在国内外得到了广泛的应用。双重差分的原理是构造有政策波及的"处理组"和未受政策波及的"对照组",控制相关其他因素,对比政策发生前后处理组和对照组的差异,从而评价政策作用效果。当然,也存在某种情况下,研究对象受政策"处理"的时间存在先后差异,政策分批分次、逐步推广实施,这就构成了一种多时点的双重差分模型（多时点 DID）。

为了估计高铁开通对趋同消费的影响，本研究采用 2008 年以来高铁开通在不同城市产生的"政策处理效应"来进行实证分析。由于各省的省会城市与省内地级市存在明显的相对等级差异，所以本研究用省会城市代表高线城市，用省内其他普通地级市代表低线城市。同时考虑到，东部少数省份有与省会发展程度接近的地级市，本研究还在普通地级市样本中剔除了发达程度较高的计划单列市（副省级）和国家级流通节点城市（深圳市、厦门市、大连市、青岛市、宁波市、苏州市 6 个城市）。

本研究选取的研究对象是普通地级市消费者，剔除了其中发达程度较高的计划单列市（副省级）和国家级流通节点城市，其他普通地级市均为高铁沿线的非节点城市，以排除反向因果带来的内生性干扰。作为国家层面的战略规划，高铁是否开通对于非区域中心高铁沿线的普通城市而言主要取决于其是否位于省会城市或国家流通节点城市间的高铁线上，普通城市的城际人口流动水平不是决定该地区开通高铁的直接原因，高铁的开通是一项"准自然实验"。

一些城市开通了高铁，一些城市却没有开通；或者有些城市开通高铁较早，有些城市开通高铁较晚，这为我们研究高铁在不同地区开通时间上的变异对消费行为的影响提供了难得的机会。本部分正是利用 2008 年之后中国高铁分批分次、逐步推广的数据，来考察高铁开通带来的大规模人口流动是否引起了普通地级市消费者与省会城市消费者的社会比较并产生参照群体效应从而促进普通地级市消费者与省会城市消费者的趋同消费。

高铁开通的趋同消费效应可以划分为"时间效应"和"政策处理效应"，而双重差分法（DID）的主要思想就是将处理组和对照组之间的政策前后差异和时间差异分离出来，从而得到两组变量变化的差异性所带来的"高铁净效应"。我国第一条高速铁路 2008 年 8 月开通运行，在此之后中国高铁如雨后春笋般地迅猛发展。在这种情况下，高铁开通的时间存在差异，这就构成了一种渐进性的双重差分模型（多时点 DID）。本部分以 2007—2015 年全国城市高铁开通数据和全国乘用车销售的月度数据作为样本数据，已开通高铁城市作为处理组，未开通高铁城市作为对照组，参照 Beck 等（2010）的研究，使用多时点 DID 分析来确保高铁开通对趋同消费影响的准确性估计。本研究的多时点双重差分模型设定如下：

$$Y_{it} = \alpha_0 + \alpha_1 \text{hsr}_{it} + \sum \gamma_k \text{controls}_{it} + \mu_{\text{city}} + \nu_{\text{time}} + \varepsilon_{it} \tag{1}$$

其中，Y_{it} 为普通地级市 i 在时间 t 的乘用车合资品牌购买率与其省会城市在同一时间购买率差值的绝对值、有色相购买率与其省会城市在同一时间购买率差值的绝对值、贷款购买率与其省会城市在同一时间购买率差值的绝对值。hsr_{it} 为核心解释变量,表示城市 i 在时间 t 是否开通高铁;某城市在开通高铁的当月及以后各期取值为 1,否则为 0。$controls_{it}$ 为模型中地区的一系列控制变量,包括城市的规模、经济发展水平、公共交通水平、基础道路设施水平、就业状况和互联网渗透率等。μ_{city} 表示城市固定效应,ν_{time} 表示时间固定效应,控制共同的时间趋势,本研究考虑到个体随时间发展不平行的可能性,通过引入个体效应与时间变量的交乘项来控制不平行的时间趋势的干扰。ε_{it} 为随机扰动项。

二、样本选择与数据来源

(一) 城市数据

为了探究高铁开通对趋同消费的影响,本章利用 2007—2015 年的全国各省会城市及其省内地级市(不包含直辖市和计划单列市)平衡面板数据对上述问题进行了分析检验①。各城市乘用车购买数据来自从第三方咨询机构获取的 2007—2015 年我国 330 多个城市的车辆牌照登记信息数据,每条登记信息包括时间(以月为单位)、所在城市(具体到地级市)、车型、品牌、排量、颜色等。由于难以直接获得月度乘用车销售数据,本研究用乘用车上牌数据作为销售量的代理变量,汽车 4S 店通常都有一站式办理乘用车登记上牌的业务,因此两者之间的差异较小,此方法可靠。城市层面的数据主要来源于 2008—2020 年的《中国城市统计年鉴》《中国统计年鉴》,对于部分数据缺失的样本,首先通过搜集各个城市的统计公报和 Wind 数据库获得,对于个别确实无法获得的缺失数据,本研究予以剔除。对于在样本期内撤销或新增的地级市样本,会导致乘用车购买数据口径不一致,我们对此进行了剔除。由于西藏、内蒙古等地区所处地理位置的因素,其与全国高速铁路网并没有形成紧密的联系,为更加精准地捕捉高铁开通所带来的"政策效应",这里删除了这两个省份的城市样本,最终得到我国 260 个地级市的面板数据。

(二) 高铁数据

对于各城市的高铁开通时间数据、高铁站数量,主要手工整理自中国国家铁路集团有限公司网站、国家铁路局相关公告及 12306 网站。同时,根据中国铁路总公司的相关规定,高铁主要是指运营速度在 160～200 km/h,200km/h 及以上的高速铁路,之后中国高速铁路是指设计时速 250 千米(含预留)且初期运营

---

① 由于 2013 年的全国乘用车上牌城市月度数据存在缺失,本研究选取连续的时间趋势样本进行实证研究,并在下文的实证分析模块采用 2014—2015 年的样本数据进行了稳健性检验。

速度不小于200千米的客运列车专线铁路,包括高速动车组(250~350 km/h)、城际高速(250 km/h 以上)和标准动车组(200 km/h)。表4-13报告了年我国各城市高铁开通的相关信息。

表4-13 2008—2020年我国各城市高铁开通时间及线路表

开通年月	新开通高铁线路	高铁线路经过的地级及以上城市	新开通城市数
2008年8月	京津城际铁路	北京、天津	2
2008年12月	胶济客运专线	济南、淄博、潍坊、青岛	4
2009年4月	宁蓉铁路合武段	合肥、六安、黄冈、武汉	4
2009年4月	石太客运专线	石家庄、阳泉	2
2009年9月	杭深铁路甬连段	宁波、台州、温州、宁德、福州	5
2009年12月	京广高速铁路武广段	咸宁、岳阳、长沙、株洲、衡阳、郴州、韶关、清远、广州	9
2010年2月	徐兰高速铁路郑西	郑州、洛阳、三门峡、渭南、西安	5
2010年4月	杭深铁路连厦段	莆田、泉州、厦门	3
2010年5月	成灌客运专线	成都	1
2010年7月	沪宁高速铁路	上海、苏州、无锡、常州、镇江、南京	6
2010年8月	昌九城际铁路	南昌、九江	2
2010年10月	沪昆高速铁路沪杭段	嘉兴、杭州	2
2010年12月	宁蓉铁路宜凉段	宜昌、恩施	2
2010年12月	海南东环铁路	海口、三亚	2
2011年1月	广珠城际铁路	佛山、中山、珠海	3
2011年1月	长吉城际铁路	长春、吉林	2
2011年6月	京沪高速铁路	廊坊、沧州、德州、泰安、济宁、枣庄、徐州、宿州、蚌埠、滁州	10
2011年12月	广深港高速铁路广深段	东莞、深圳	2
2012年6月	杭深铁路厦漳段	漳州	1
2012年7月	宁蓉铁路汉宜段	孝感、荆州	2
2012年9月	京广高速铁路郑武段	许昌、漯河、驻马店、信阳	4
2012年10月	合蚌高速铁路	淮南	1

表4-13(续)

开通年月	新开通高铁线路	高铁线路经过的地级及以上城市	新开通城市数
2012年12月	京哈高速铁路沈哈段	四平、松原、哈尔滨、沈阳、辽阳、鞍山、营口、大连	8
	京广高速铁路京郑段	保定、邢台、邯郸、安阳、鹤壁、新乡	6
2013年7月	杭深铁路	绍兴	1
	宁杭高速铁路	湖州	1
2013年9月	盘营高速铁路	盘锦	1
2013年12月	津秦高速铁路	唐山、秦皇岛	2
	衡柳铁路	永州、桂林、柳州	3
	杭深铁路漳深段	潮州、汕头、揭阳、汕尾、惠州	5
	柳南客运专线	来宾、南宁	2
	宁蓉铁路凉渝段	重庆	1
	钦防铁路	钦州、防城港	2
	徐兰高速铁路西宝段	咸阳、宝鸡	2
	邕北铁路	北海	1
2014年4月	南广铁路南梧段	贵港、梧州	2
2014年6月	武冈城际铁路	鄂州	1
	武石城际铁路	黄石	1
2014年7月	大西高速铁路太西段	太原、晋中、临汾、运城	4
2014年9月	沪昆高速铁路南长段	宜春、新余、萍乡	3
2014年11月	兰新客运专线柳乌段	酒泉、哈密、吐鲁番、乌鲁木齐	4
2014年12月	沪昆高速铁路杭南段	金华、衢州、上饶、鹰潭、抚州	5
	沪昆高速铁路长新段	湘潭、娄底、邵阳、怀化	4
	成贵客运专线成乐段	眉山、乐山	2
	西成客运专线江成段	绵阳、德阳	2
	贵广高速铁路	贵阳、黔南、贺州、肇庆	4
	兰新客运专线兰柳段	兰州、海东、西宁、海北、张掖、天水、嘉峪关	7
	南广铁路梧广段	云浮	1
	青荣城际铁路即荣段	烟台、威海	2
	郑开城际铁路	开封	1

第四章　高铁开通对趋同消费行为的影响研究

表4-13(续)

开通年月	新开通高铁线路	高铁线路经过的地级及以上城市	新开通城市数
2015年6月	沪昆高速铁路新贵段	铜仁、黔东南	2
	郑焦城际铁路	焦作	1
	合福高速铁路	芜湖、铜陵、宣城、黄山、南平	5
2015年8月	哈齐客专哈北齐南段	绥化、大庆、齐齐哈尔	3
2015年9月	沈丹高铁	本溪、丹东	2
	吉图珲高铁	延边	1
2015年12月	宁安城际铁路	马鞍山、池州、安庆	3
	牡绥铁路牡穆段	牡丹江	1
	南昆高铁南百段	百色	1
	成渝高铁	资阳、益阳、内江	3
	赣瑞龙线	赣州、龙岩	2
	兰渝铁路广渝段	广元、南充、广安	3
	新金丽温铁路	丽水	1
	海南西环铁路	儋州	1
2016年5月	宁启铁路南京至南通段	扬州、泰州、南通	3
2016年9月	徐兰高速线郑徐段	商丘	1
2016年12月	沪昆高速铁路贵阳至昆明段	安顺、黔西南、六盘水、曲靖、昆明	2
	昆玉城际铁路	玉溪	1
	云桂铁路昆明至百色	红河、文山	2
2017年7月	宝兰高铁	定西	1
2017年8月	张呼客专线乌呼段	乌兰察布、呼和浩特	2
2017年12月	西成高铁西安至江油	汉中	1
	九景衢铁路	景德镇	1
	石济客运专线	衡水	1
	萧淮客运联络线	淮北	1
2018年9月	广深港高铁香港段	香港	2
2018年12月	青盐高铁	日照、连云港、盐城	3
	京哈高铁承沈段	承德、朝阳、阜新、铁岭	4
	新通高铁	新民、通辽	2

表 4-13(续)

开通年月	新开通高铁线路	高铁线路经过的地级及以上城市	新开通城市数
2019年6月	成贵客运专线乐宜段	宜宾	1
2019年10月	梅汕客专线	梅州	1
2019年11月	日兰高速线日曲段	临沂	1
	武西高速线云十段	随州、十堰	2
2019年12月	郑阜高速线	周口	1
	郑渝高速线郑襄段	平顶山	1
	徐盐客专线	宿迁	1
	连镇客专线董淮段	淮安	1
	昌赣线、黔常线	吉安、常德	2
	银兰客专线银中段	银川、中卫、白银	3
	京包客专线京张段	张家口	1
	张大客专线	大同	1
2020年6月	喀赤客专线	赤峰	1
2020年12月	郑太客专线太焦段	长治、晋城	2
	银西客专线	庆阳、吴忠	2

三、变量选择与说明

(一)核心解释变量:高铁开通

本研究对于核心解释变量高铁开通做出如下定义,若某地级市在某年某月首次开通高铁,则该地级市该年该月及以后各期均取1,否则为0。本研究将地级市是否具有高铁站以及最早通车时间作为该地级市是否开通高铁和首次开通时间的衡量标准。自2008年第一条京津高铁开通以来,中国高铁呈现迅猛增长态势,高铁覆盖地级市数仅用了7年时间就实现过半突破。从开通的区域位置来看,高铁的修建主要表现为西部最后、中部次之、东部率先的特点,但到了2011年,东部高铁修建速度逐渐放缓,中部地区开始迅速崛起并呈现赶超东部地区态势,2013年后西部地区高铁修建速度明显加快(余泳泽等,2019)。

(二)被解释变量

为了估计高铁开通对趋同消费的影响,本研究采用自2008年以来我国第一

第四章 高铁开通对趋同消费行为的影响研究

条高铁开通后不同城市消费者乘用车[①]购买数据来分析。同时考虑到,东部少数省份有与省会发展程度接近的地级市,本研究中还在普通地级市样本中剔除了发达程度较高的计划单列市(副省级)和国家级流通节点城市(深圳市、厦门市、大连市、青岛市、宁波市、苏州市6个城市)。

长期以来,相较于低线的地级市,高线的省会城市消费者在高涉入度的乘用车消费行为中,在品牌类别上选择"合资品牌"的比例较高,在颜色类别上选择"有色相"的比例较高,在支付方式上选择"贷款"的比例较高。因此,高线的省会城市消费者对产品品牌、产品外观、支付方式等三个方面选择上的示范效应就会对低线的地级市消费者在消费决策中起到重要参考作用,并成为模仿的对象。

为准确刻画普通地级市消费者向省会城市消费者趋同消费的行为,本部分的被解释变量是 Y_{it},即普通地级市 i 在时间 t 的乘用车合资品牌购买率、有色相购买率、贷款购买率三个指标上分别与其省会城市在同一时间购买率差值的绝对值。

其中:

合资品牌购买率趋同(conjoint_pro):|普通地级市 i 在时间 t 的乘用车合资品牌购买率与其省会城市在同一时间购买率差值|。

有色相购买率趋同(concolor_pro):|普通地级市 i 在时间 t 的有色相乘用车购买率与其省会城市在同一时间购买率差值|。

根据乘用车购买数据,将车身颜色整理为有色相和无色相两大类[②],进而计算有色相购买率并取普通地级市与其省会城市购买率差值的绝对值。

贷款购买率趋同(conloan_pro):|普通地级市 i 在时间 t 的乘用车贷款购买率与其省会城市在同一时间购买率差值|。

由于 Y_{it} 表示普通地级市 i 在时间 t 的乘用车合资品牌购买率、有色相购买率、贷款购买率与其省会城市在同一时间购买率差值的绝对值,则 Y_{it} 越小趋同消费越明显,高铁开通对|合资品牌购买率差值|、|有色相购买率差值|和|贷款购买率差值|应该表现出负向的影响作用。

(三) 控制变量

考虑到除高铁开通外,地级市的规模、经济发展水平、公共交通水平、基础道

[①] 乘用车(passenger vehicle)是在设计和技术特性上主要用于载运乘客及其随身行李或临时物品的汽车,包括轿车、微型客车以及不超过9座的轻型客车。本研究中乘用车指其中消费者个人产权的非营运车辆。

[②] 将乘用车按颜色分有色相和无色相两大类,其中有色相包含红色、橙色、黄色、青色、蓝色、绿色和紫色;无色相包含黑色、白色和灰色。

路设施水平、就业情况和互联网渗透率等均会对乘用车趋同消费行为产生较大影响,故本研究对上述变量进行控制。对于地级市规模,本研究选择各地级市年末总人口数和人口密度进行刻画。对于地级市经济发展水平,本研究选取各地级市人均地区生产总值、地区生产总值增长率、年末实有公共营运汽电车数量、人均星巴克咖啡连锁门店数量、金融保险业从业人员比率等进行刻画。对于地级市公共交通水平,本研究采用每万人拥有公共汽电车数量以及年末实有出租汽车数量进行刻画。对于地级市基础道路设施水平,本研究采用年末实有铺装道路面积和人均道路铺装面积作为主要衡量指标。对于地级市的就业状况,本研究采用在岗职工人数、职工平均工资以及年末城镇失业(登记)人数进行测度。对于地级市的互联网渗透率,本研究采用国际互联网用户人数占年末总人口的比值进行衡量。

表 4-14 对本研究使用的主要变量的计算方法进行了总结。

表 4-14　主要变量定义与说明

变量类型	变量名称	变量符号	变量定义
被解释变量	合资品牌购买趋同	conjoint_pro	地级市与省会城市合资品牌购买率差值的绝对值
	有色相购买趋同	concolor_pro	地级市与省会城市有色相购买率差值的绝对值
	贷款购买率趋同	conloan_pro	地级市与省会城市贷款购买率差值的绝对值
解释变量	高铁开通	hsr	若地级市在某年某月首次开通高铁,则将该地区该年该月及之后各期均取值为1,否则取值为0
控制变量	地级市规模	population	年末总人口(万人)
		density	人口密度(人/平方公里)
	经济发展水平	pergdp	人均地区生产总值(万元)
		ragdp	地区生产总值增长率
		bus	年末实有公共营运汽电车数量(万辆)
		perstar	人均星巴克咖啡门店数量(万人)
		finance	金融保险业从业人数/年末总人口
	公共交通水平	perbus	每万人拥有公共汽电车数量(辆)
		taxi	年末实有出租汽车数量(万辆)
	基础道路设施水平	road	年末实有铺装道路面积(万平方米)
		perroad	人均铺装道路面积(平方米)
	就业状况	employ	在岗职工人数(万人)
		perincome	职工平均工资(万元)
		umemploy	年末城镇失业(登记)人数(万人)

表 4-14(续)

变量类型	变量名称	变量符号	变量定义
控制变量	互联网渗透率	pernet	国际互联网用户人数/年末总人口
调节变量	城际人口流动水平（可达性）	highstation	地级市(包含所辖县、区以及县级市)的高铁站数量(个)
	经济距离	pergdp%	地级市生产总值占省会城市生产总值比例

四、变量的描述性统计

从表 4-15 对 2008—2012 年省会城市与省辖地级市的合资品牌购买率、有色相乘用车购买率、贷款购买率三个指标的描述统计可以看出,省会城市的合资品牌购买率、有色相乘用车购买率、贷款购买率在 2008—2012 年间均明显高于地级市且基本保持稳定,购买率上下有小幅波动,均控制在 2.7% 以内。在高铁开通的地级市中,合资品牌购买率从 2008 年的 0.572 1 提高到了 2012 年的 0.652 9,有色相乘用车购买率从 2008 年 0.184 4 的提高到了 2012 年的 0.222 7,贷款购买率从 2008 年的 0.084 0 提高到了 2012 年的 0.122 9,分别提高了 8.08%、3.82%、3.89%,增长速度分别是未高铁开通的地级市三个指标的 2.03 倍、2.05 倍、5.55 倍,这说明高铁开通的地级市的这三个消费指标更快地向省会城市趋同,这为本研究的开展提供了一个良好的前提。

表 4-15 2008—2012 年省会城市与地级市消费者的乘用车购买特征描述统计

	城市类别	2008 年	2009 年	2010 年	2011 年	2012 年
合资品牌购买率	省会城市	0.644 2	0.651 9	0.669 2	0.677 3	0.671 2
	开通高铁的地级市	0.572 1	0.596 5	0.622 5	0.641 6	0.652 9
	未开通高铁地级市	0.569 1	0.586 2	0.582 2	0.597 1	0.608 9
有色相乘用车购买率	省会城市	0.205 6	0.208 9	0.211 8	0.225 1	0.227 7
	开通高铁的地级市	0.184 4	0.192 0	0.206 6	0.215 5	0.222 7
	未开通高铁地级市	0.182 3	0.181 3	0.199 9	0.194 8	0.200 8
贷款购买率	省会城市	0.111 6	0.113 8	0.102 2	0.112 4	0.125 8
	开通高铁的地级市	0.084 0	0.101 1	0.091 9	0.102 0	0.123 0
	未开通高铁地级市	0.069 0	0.071 0	0.082 2	0.072 3	0.061 5

表 4-16 报告了计量模型中各变量的描述性统计。从表 4-16 中可以看出,地级市与省会城市合资品牌购买率之差的绝对值、有色相购买率之差的绝对值、

贷款购买率之差的绝对值作为测度乘用车购买行为的被解释变量,极差分别为 0.455、0.461、0.266,标准差分别为 0.070、0.042 和 0.053,表现出明显的差异。这一结果表明我国各地级市与省会城市之间的合资品牌购买率差值的绝对值、有色相购买率差值的绝对值、贷款购买率差值的绝对值有明显差异,说明我国不同地级市消费者之间的乘用车购买偏好都存在较大差异。这为本研究的继续开展提供了一个良好的基础。

表 4-16 描述性统计

变量名称	样本量	平均数	标准差	最小值	下四分位数	中位数	上四分位数	最大值
conjoint_pro	13 500	0.040	0.070	0.000	0.011	0.068	0.081	0.455
concolor_pro	13 500	0.005	0.042	0.000	0.012	0.099	0.131	0.461
conloan_pro	13 500	0.010	0.053	0.000	0.010	0.070	0.116	0.266
hsr	13 620	0.093	0.291	0.000	0.000	0.000	0.000	1.000
population	13 620	414.292	301.579	18.590	234.000	357.210	527.900	3 343.400
density	13 620	414.276	298.367	4.940	189.230	348.340	614.000	2 581.780
pergdp	13 584	3.067	2.047	0.010	1.690	2.515	3.793	14.540
ragdp	13 608	13.182	2.777	−1.200	11.630	13.200	14.700	23.500
bus	13 572	0.064	0.084	0.002	0.023	0.041	0.074	0.867
perstar	13 620	0.017	0.042	0.000	0.000	0.005	0.011	0.332
finance	13 536	0.003	0.002	0.000	0.002	0.003	0.004	0.018
perbus	13 572	6.266	3.908	0.320	3.380	5.680	8.420	44.940
taxi	13 572	0.177	0.253	0.010	0.067	0.122	0.196	3.194
road	13 560	994.732	1 141.656	14.000	397.000	703.000	1 189.000	11 936.000
perroad	13 560	9.932	5.263	0.310	5.830	9.070	12.950	32.520
employ	13 608	30.675	27.477	4.280	16.330	25.070	35.960	325.870
perincome	13 476	3.112	1.195	1.272	2.457	2.997	3.604	32.063
umemploy	13 596	1.946	1.695	0.115	0.967	1.562	2.464	20.400
pernet	12 204	0.286	0.280	0.002	0.131	0.211	0.345	3.096
highstation	3 360	0.899	1.633	0.000	0.000	0.000	1.000	8.000
pergdp%	13 464	0.592	0.369	0.003	0.351	0.515	0.718	2.820

第四节　基于城市层面客观数据的趋同消费研究分析

一、高铁开通对趋同消费影响的主效应分析

表4-17展示了高铁开通对趋同消费影响的分析结果。从实证结果可以看出，高铁开通对于普通地级市消费者与省会城市消费者乘用车消费行为的｜合资品牌购买率差值｜、｜有色相购买率差值｜、｜贷款购买率差值｜的回归系数均显著为负，即随着高铁的开通，普通地级市消费者与省会城市消费者的｜合资品牌购买率差值｜、｜有色相购买率差值｜、｜贷款购买率差值｜三个指标上的差距逐渐缩小。这说明，相较于未开通高铁的地级市，已经开通高铁的普通地级市消费者与省会城市消费者趋同消费的意愿增强，进而在购车决策上表现为更为一致地倾向于省会城市消费者所偏好与选择的合资品牌、有色相、贷款支付等消费特征。尽管随着我国经济社会的发展，大多数地级市消费者对合资品牌、有色相、贷款支付等消费的偏好有所增长，但已经开通高铁的城市消费者比未开通高铁的城市消费者表现出对合资品牌、有色相、贷款支付等更强烈的消费意愿，从而表现为与省会城市消费者趋同消费。

表4-17　高铁开通对趋同消费行为的影响分析

变量	(1) ｜合资品牌购买率差值｜ LSDV	(2) ｜合资品牌购买率差值｜ FE	(3) ｜有色相购买率差值｜ LSDV	(4) ｜有色相购买率差值｜ FE	(5) ｜贷款购买率差值｜ LSDV	(6) ｜贷款购买率差值｜ FE
hsr	−0.004 64** (0.001 95)	−0.004 64** (0.002 15)	−0.002 69** (0.001 23)	−0.002 69** (0.001 35)	−0.008 76** (0.003 51)	−0.008 76*** (0.002 81)
population	−0.000 24*** (0.000 06)	−0.000 24*** (0.000 06)	−0.000 19*** (0.000 03)	−0.000 19*** (0.000 03)	−0.000 72*** (0.000 11)	−0.000 72*** (0.000 11)
density	0.000 01* (0.000 00)	0.000 01 (0.000 01)	0.000 01** (0.000 00)	0.000 01** (0.000 00)	0.000 04*** (0.000 01)	0.000 04*** (0.000 01)
pergdp	0.003 01*** (0.001 12)	0.003 01*** (0.001 12)	−0.006 90*** (0.000 50)	−0.006 90*** (0.000 49)	−0.007 69*** (0.001 65)	−0.007 69*** (0.001 71)
ragdp	0.000 74*** (0.000 22)	0.000 74*** (0.000 20)	−0.000 07 (0.000 13)	−0.000 07 (0.000 12)	−0.002 29*** (0.000 20)	−0.002 29*** (0.000 21)

表 4-17(续)

变量	(1) |合资品牌购买率差值| LSDV	(2) |合资品牌购买率差值| FE	(3) |有色相购买率差值| LSDV	(4) |有色相购买率差值| FE	(5) |贷款购买率差值| LSDV	(6) |贷款购买率差值| FE
bus	0.062 98 (0.045 73)	0.062 98 (0.050 16)	−0.047 90* (0.028 57)	−0.047 90 (0.031 87)	−0.065 41 (0.070 18)	−0.065 41 (0.071 81)
perstar	−1.209 41** (0.513 30)	−1.209 41** (0.517 94)	−1.931 68*** (0.280 27)	−1.931 68*** (0.322 42)	−2.793 20*** (1.016 79)	−2.793 20*** (1.080 68)
finance	−1.825 82*** (0.451 00)	−1.825 82*** (0.517 05)	−0.216 78 (0.260 64)	−0.216 78 (0.319 49)	−2.703 67*** (0.388 94)	−2.703 67*** (0.504 32)
perbus	−0.001 02** (0.000 41)	−0.001 02** (0.000 44)	−0.000 16 (0.000 26)	−0.000 16 (0.000 28)	0.000 85 (0.000 52)	0.000 85 (0.000 56)
taxi	0.036 88*** (0.010 51)	0.036 88*** (0.010 98)	0.029 80*** (0.006 70)	0.029 80*** (0.006 95)	−0.033 87*** (0.012 20)	−0.033 87*** (0.012 00)
road	0.000 01** (0.000 00)	0.000 01** (0.000 00)	−0.000 01*** (0.000 00)	−0.000 01*** (0.000 00)	0.000 02*** (0.000 01)	0.000 02** (0.000 01)
perroad	−0.001 76*** (0.000 39)	−0.001 76*** (0.000 38)	−0.000 15 (0.000 23)	−0.000 15 (0.000 24)	−0.001 61*** (0.000 49)	−0.001 61*** (0.000 56)
employ	0.000 61*** (0.000 11)	0.000 61*** (0.000 13)	−0.000 16** (0.000 07)	−0.000 16* (0.000 08)	0.000 77*** (0.000 21)	0.000 77*** (0.000 22)
perincome	0.001 07** (0.000 44)	0.001 07** (0.000 46)	−0.001 04*** (0.000 26)	−0.001 04*** (0.000 28)	0.001 29*** (0.000 24)	0.001 29*** (0.000 44)
umemploy	−0.000 92 (0.000 97)	−0.000 92 (0.001 01)	−0.001 61** (0.000 65)	−0.001 61** (0.000 65)	0.002 10** (0.001 05)	0.002 10* (0.001 16)
pernet	0.011 75*** (0.002 76)	0.011 75*** (0.003 55)	−0.009 07*** (0.001 89)	−0.009 07*** (0.002 21)	0.015 68*** (0.004 03)	0.015 68*** (0.003 57)
常数项	0.242 78* (0.125 05)	0.136 98*** (0.030 37)	0.506 27*** (0.065 23)	0.151 95*** (0.016 71)	0.786 46*** (0.249 32)	0.370 55*** (0.056 44)
时间效应	Yes	Yes	Yes	Yes	Yes	Yes
城市效应	Yes	Yes	Yes	Yes	Yes	Yes
N	11 772	11 772	11 772	11 772	11 772	11 772

注:括号内数值为回归系数的标准误,下同。

二、高铁开通对趋同消费影响的平行趋势检验

本部分主要利用双重差分法(DID)来实证检验高铁开通对趋同消费的影响,但判断双重差分法能否有效衡量高铁开通这一政策效应的前提是如果不存在高铁开通这一外生冲击事件,处理组和对照组具有共同的发展趋势。为了更加直观地考察高铁开通前和开通后有高铁的城市和没有高铁的城市乘用车购买行为的动态差异,即验证高铁开通城市与未开通城市在高铁开通前的与省会城市消费者的乘用车│合资品牌购买率差值│、│有色相购买率差值│、│贷款购买率差值│上具有共同趋势(即平行趋势检验),本研究参考 Jacobson 等(1993)、Kudamatsu(2012)以及 Newton 等(2019)等文献的做法,利用事件分析法检验平行趋势假设,具体的回归模型如下:

$$Y_{it} = \alpha_0 + \sum_{m \geqslant 6, m=1}^{6} \beta_m \text{hsr\_d}_{i,t-m} + \sum_{n \geqslant 6, n=1}^{6} \lambda_n \text{hsr\_d}_{i,t+n} + \mu_{\text{city}} + \nu_{\text{time}} + \varepsilon_{it} \quad (2)$$

其中,$\text{hsr\_d}_{i,t-m}$ 表示高铁开通第 m 期前项,$\text{hsr\_d}_{i,t+n}$ 表示高铁开通第 n 期后项,前向变量与后向变量各设置了 6 个月的虚拟变量。纳入前项变量是为了考察高铁开通前的效应,以验证平行趋势假设,而纳入后项变量是用于识别高铁开通对乘用车购买行为带来的后续影响。具体而言,仍如上所示,我们用 t 代表城市 i 开通高铁的具体月份。如果 $t-m \leqslant -6$,则 $\text{hsr\_d}_{i,t-m}=1$,否则 $\text{hsr\_d}_{i,t-m}=0$。以此类推,如果 $t-m=k(k \leqslant -1)$,$\text{hsr\_d}_{i,t-m}=1$,否则 $\text{hsr\_d}_{i,t-m}=0$($k=-5,-4,-3,-2,-1$);如果 $t+n=k(k>0)$,$\text{hsr\_d}_{i,t+n}=1$,否则 $\text{hsr\_d}_{i,t+n}=0$($k=1,2,3,4,5$)。最后,如果 $t+n \geqslant 6$,则 $\text{hsr\_d}_{i,t+n}=1$,否则 $\text{hsr}_{i,t+n}=0$。Y_{it} 表示地级市消费者与省会城市消费者的乘用车合资品牌购买趋同、有色相购买趋同、贷款购买趋同。我们将高铁开通的当月作为基准月份,即去除了 $t+0$ 期的虚拟变量。因此,参数 β_m 和 λ_n 的大小就反映了高铁开通 k 月对地级市消费者与省会城市消费者购买趋同行为的影响大小。

图 4-4 至图 4-6 是基于模型(2)在地级市层面进行的平行趋势分析的结果,分别给出了高铁开通对地级市消费者与省会城市消费者的乘用车合资品牌购买趋同、有色相购买趋同、贷款购买趋同行为的相关回归结果的点估计和 95% 置信区间;横轴表示距离城市高铁开通的月份数,如 $t-3$ 表示城市开通高铁前的第 3 月,$t+3$ 表示城市开通高铁后的第 3 月。以图 4-4 中纵向虚线为界,可以看出,在高铁开通之前,地级市消费者与省会城市消费者的乘用车合资品牌购买趋同的差异不能拒绝为零的原假设,即高铁开通前地级市消费者与省会城市消费者的乘用车合资品牌购买行为无显著趋同影响,不存在预期效应,满足平行趋势假设。而从虚线右侧来看,地级市消费者与省会城市消费者的乘用车合资品牌

购买趋同的差异拒绝为零的原假设,即高铁开通后显著促进了地级市消费者与省会城市消费者的乘用车合资品牌购买行为趋同。此外,图4-5和图4-6也表明,高铁的开通对地级市消费者与省会城市消费者的乘用车有色相购买趋同、贷款购买趋同行为都起到了显著的促进作用,这与基准回归结果保持一致。

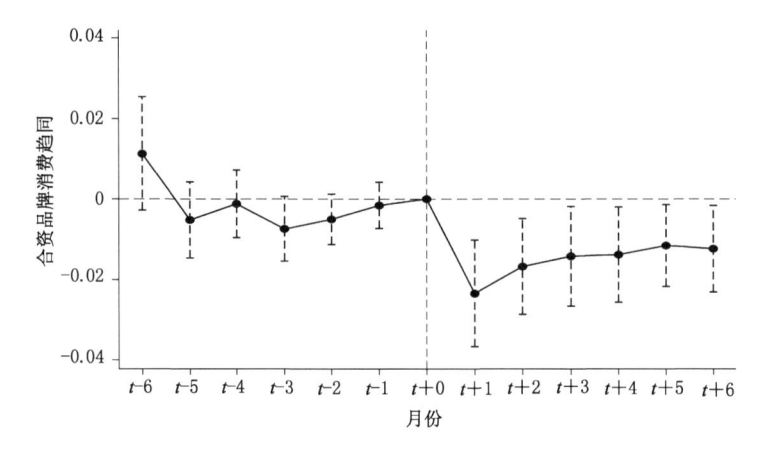

图 4-4 合资品牌购买趋同平行趋势分析结果

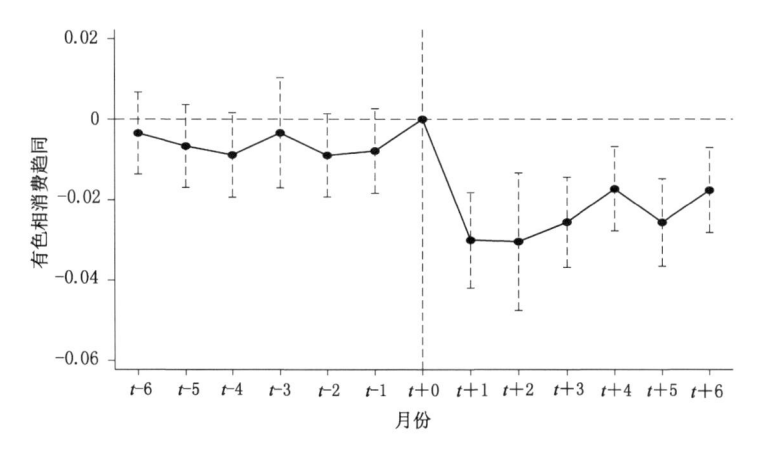

图 4-5 有色相购买趋同平行趋势分析结果

综上所述,高铁开通前6个月对各地级市消费者与省会城市消费者的乘用车合资品牌购买趋同、有色相购买趋同、贷款购买趋同行为的政策影响在95%的置信区间下通过了平行趋势检验。同时,高铁开通后对各地级市消费者与省会城市消费者的乘用车合资品牌购买趋同、有色相购买趋同、贷款购买趋同均产生了显著影响。

第四章　高铁开通对趋同消费行为的影响研究

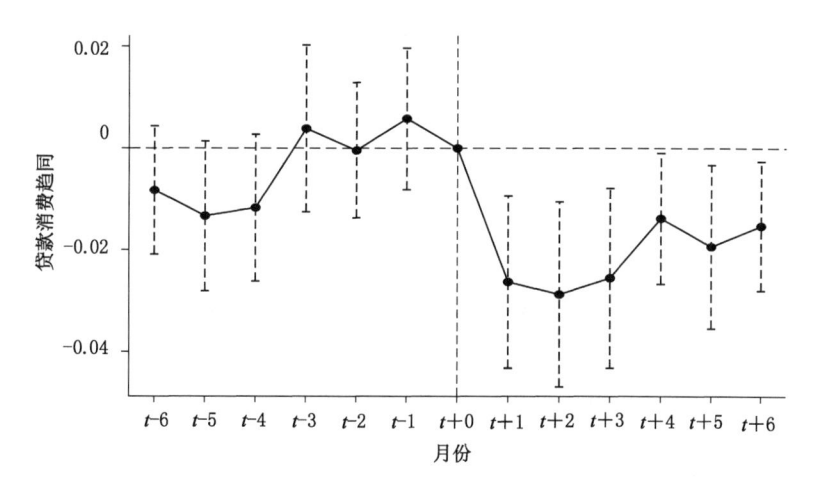

图 4-6　贷款购买趋同平行趋势分析结果

三、高铁开通对趋同消费影响的稳健性检验

（一）PSM-DID 检验

倾向得分匹配（propensityscore matching，PSM），是使用非实验数据或观测数据进行干预效应分析的一类统计方法。倾向得分匹配的理论框架是"反事实推断模型"。"反事实推断模型"假定任何因果分析的研究对象都有两种条件下的结果：观测到的和未被观测到的结果。PSM 是一种统计学方法，用于处理观察研究的数据。在观察研究中，由于种种原因，数据偏差和混杂变量较多，倾向得分匹配的方法正是为了减少这些偏差和混杂变量的影响，以便对实验组和对照组进行更合理的比较。这种方法最早由罗森鲍姆（Rosenbaum）和鲁宾（Rubin）在 1983 年提出，常用于医学、公共卫生、经济学等领域的研究。从统计学角度分析来看，倾向得分匹配能够有效解决实验组和对照组之间产生的系统性偏差。倾向得分匹配就是用来解决这个问题，消除组别之间的干扰因素。

由于不同层级城市、不同地区在经济特征、文化习俗等方面存在着很大的差异，为消除城市特征差异所带来的影响以验证本研究实证结果的稳健性，本研究采用倾向匹配得分方法为处理组配比控制组，对模型（1）重新进行检验。首先，本研究通过 Logit 回归计算倾向得分值，在进行 Logit 回归时以是否开通高铁作为被解释变量，以本研究的控制变量作为解释变量；其次，采用核匹配的方法进行倾向得分匹配为处理组配比控制组，然后删除不匹配的控制组，利用匹配后的处理组和控制组进行 DID 分析，一方面有效解决了样本选择偏误问题，另一方面也很好地克服了模型的内生性，从而可以精确估计高铁开通对城市消费者趋同消费行为的影响。从表 4-18 的实证结果可以看出，高铁开通对地级市消费者与省会城市乘用车消费中的 ｜合资品牌购买率差值｜、｜有色相购买率差值｜、｜贷款购买率差值｜的回归系数均显著为负，与上文结果保持一致，证明本研究的实证结果稳健。

表 4-18 高铁开通对趋同消费行为的影响（PSM-DID）

变量	（1）｜合资品牌购买率差值｜	（2）｜有色相购买率差值｜	（3）｜贷款购买率差值｜
hsr	−0.006 18***	−0.002 34*	−0.008 60***
	(0.00195)	(0.00134)	(0.00279)
常数项	0.292 69**	0.493 17***	0.756 89***
	(0.126 66)	(0.074 88)	(0.261 14)
控制变量	Yes	Yes	Yes
时间效应	Yes	Yes	Yes
城市效应	Yes	Yes	Yes
N	11 184	11 184	11 184
调整后的 R^2	0.658 45	0.308 24	0.486 79

（二）安慰剂检验

"安慰剂"（placebo）一词来自医学上的随机实验，比如要检验某种新药的疗效。此时，可将参加实验的人群随机分为两组，其中一组为实验组，服用真药；另一组为控制组，服用安慰剂（比如，无用的糖丸），并且不让参与者知道自己服用的究竟是真药还是安慰剂，以避免由于主观心理作用而影响实验效果。病人虽然获得无效的治疗，但却"预料"或"相信"治疗有效，而让病患症状得到舒缓的现象被称为"安慰剂效应"（placebo effect）。

对于政策处理效应的安慰剂检验，一般处理就是虚构政策发生时间，其核心思想就是虚构政策处理时间进行回归，若估计量仍旧显著则表明估计结果存在偏误，因变量的变化很可能是其他政策效应和随机性因素导致的。

本部分将全国各地级市的高铁开通时间均提前 1 年，考察高铁开通对合资品牌趋同、有色相购买趋同和贷款购买趋同的影响。具体检验结果如表 4-19 所示，从实证结果可以看出，高铁开通对于普通地级市消费者与省会城市消费者的 ｜合资品牌购买率差值｜、｜有色相购买率差值｜、｜贷款购买率差值｜的回归系数均不显著,再次证明了原有结论的稳健性。

表 4-19　高铁开通对趋同消费行为的影响(安慰剂检验)

变量	(1)｜合资品牌购买率差值｜	(2)｜有色相购买率差值｜	(3)｜贷款购买率差值｜
hsr	−0.002 72 (0.004 53)	0.003 44 (0.003 67)	0.009 24 (0.007 98)
常数项	0.225 33 (0.235 75)	0.305 97 (0.320 49)	0.656 82 (0.969 44)
控制变量	Yes	Yes	Yes
控制变量	Yes	Yes	Yes
时间效应	Yes	Yes	Yes
N	11 772	11 772	11 772
调整后的 R^2	0.655 79	0.397 99	0.488 92

(三) 改变样本周期

我们还采取了更换样本的方式验证实证结果的可靠性。为了进一步探究高铁开通对趋同消费的影响,我们利用 2014—2015 年全国各省会城市及其省内地级市(不包含直辖市和计划单列市)的平衡面板数据对上述问题进行分析。相关回归结果如表 4-20 所示,从实证结果可以看出,高铁开通对｜合资品牌购买率差值｜、｜有色相购买率差值｜、｜贷款购买率差值｜的回归系数均显著为负,均在 5% 的水平上通过了显著性测试。这再次说明,2014—2015 年间,相较于未开通高铁的地级市,已经开通高铁的普通地级市消费者与省会城市消费者趋同消费意愿增强,进而在购车决策上表现为更为一致地倾向于省会城市消费者所偏好与选择的合资品牌、有色相、贷款支付等消费特征。2014—2015 年的实证分析结果与 2008—2012 年实证分析结果保持一致,再次说明高铁开通能显著促进趋同消费的结论是稳健的。

(四) 基于地理环境信息构建工具变量

本部分的内生性问题还有可能来自高铁网络线路规划与建设具有较大的非随机性。已有文献指出,经济发展较好的城市往往更容易连通交通基础设施网络,高铁的建设规划也不例外(戴学珍等,2016;唐宜红等,2019)。城市较高的经济发展水平很可能是决定其能否开通高铁的先决条件,一些城市可能是因为具有较高的经济发展水平从而更容易被纳入国家高铁建设网络中。

表 4-20　高铁开通对趋同消费行为的影响(2014—2015 年)

变量	(1)	(2)	(3)	(4)	(5)	(6)
	|合资品牌购买率差值|		|有色相购买率差值|		|贷款购买率差值|	
	LSDV	FE	LSDV	FE	LSDV	FE
hsr	−0.027 22***	−0.027 22***	−0.011 73*	−0.011 73***	−0.049 55***	−0.049 55***
	(0.008 59)	(0.007 00)	(0.006 45)	(0.002 52)	(0.007 71)	(0.007 55)
常数项	0.237 57***	0.490 22***	0.104 91	0.208 41*	−0.083 70	−0.454 36***
	(0.063 64)	(0.130 68)	(0.071 71)	(0.108 01)	(0.084 07)	(0.140 97)
控制变量	Yes	Yes	Yes	Yes	Yes	Yes
时间效应	Yes	Yes	Yes	Yes	Yes	Yes
城市效应	Yes	Yes	Yes	Yes	Yes	Yes
N	3 808	3 808	3 808	3 808	3 808	3 808
调整后的 R^2	0.879 63	0.705 14	0.474 83	0.942 41	0.746 11	0.712 31

为了解决高铁开通具有很大程度非随机性这一内生性问题,本研究参考唐宜红等(2019)和田梦(2021)的研究,构建高铁开通的工具变量(IV),运用两阶段最小二乘法(2SLS)对本研究的主要结论进行检验。基于地理信息的"最小生成树"不仅具备影响高铁规划建设这一相关性特点,而且具有不受城市经济发展水平影响这一外生性特征。从地理信息中可以获取最低地理开发成本路径,显然地理开发成本越小的城市越容易更早开通高铁,而地理开发成本越大的城市开通高铁的时间会越晚,同时城市的地理开发成本基本不受当地经济发展水平的影响,因此基于地理信息构建工具变量可行。

首先,将中国数字高程模型导入地理信息系统分析软件,利用空间分析模块提取各地级市的水文信息、坡度信息和起伏度信息。其次,运用"栅格计算器"根据给定的地理开发成本公式(张梦婷等,2018;唐宜红等,2019)计算地理开发成本。再次,调用空间分析模块,将所有省会城市设置为靶点城市,按照"地理开发成本最小原则"设定成本路径网络。最后,导出数据,得到各地级市是否应该开通高铁的哑变量("最小生成树"经过的城市为 1,否则为 0)。由于构造的工具变量取决于地理开发成本数据,该变量不随时间变化。因此,将该变量乘以高铁开通率(当年开通高铁的城市数量除以最终年份开通高铁的总数量),最终得到适用于面板数据分析的地理工具变量。

二阶段最小二乘法下的回归结果(第二阶段)如表 4-21 所示,高铁开通对|合资品牌购买率差值|、|有色相购买率差值|、|贷款购买率差值|的回归系数均在 1%的水平上显著为负,再一次验证了本研究实证结果的可靠性。同

时,基于地理信息的"最小生成树"构造的工具变量的"不可识别"和"弱识别"检验中,均表明了工具变量的有效性。

表 4-21 高铁开通对趋同消费行为的影响(2SLS)

变量	(1) |合资品牌购买率差值|	(2) |有色相购买率差值|	(3) |贷款购买率差值|
hsr	0.160 25***	−0.201 40***	−0.386 12***
	(0.031 81)	(0.023 61)	(0.042 71)
常数项	−1.605 84***	0.569 13*	1.170 34**
	(0.391 62)	(0.306 13)	(0.514 67)
控制变量	Yes	Yes	Yes
时间效应	Yes	Yes	Yes
城市效应	Yes	Yes	Yes
K-P rk LM	156.264***	156.264***	156.264***
K-P rk Wald F	151.753	151.753	151.753
N	11 712	11 712	11 712
调整后的 R^2	0.630 44	0.245 75	0.330 67

注:K-P rk LM 统计量均在 1% 的水平上显著,拒绝工具变量"不可识别"的原假设;K-P Wald F 统计量超过 10% 临界值,拒绝工具变量"弱识别"的原假设。

四、高铁开通对趋同消费影响的调节路径分析

(一) 模型设定

综合前文的研究结果,高铁开通显著影响了趋同消费行为。那么,这一趋同消费行为又会受到哪些影响因素的影响?本章对其内在作用机制进行进一步检验。

为了探究高铁开通对趋同消费行为的作用机理,本研究在模型(1)的基础上进一步构建调节效应模型,具体方程如下:

$$Y_{it} = \delta_0 + \delta_1 \mathrm{hsr}_{it} + \delta_2 M_{it} + \delta_3 \mathrm{hsr}_{it} \times M_{it} + \sum \gamma_k \mathrm{controls}_{it} + \mu_{\mathrm{city}} + \nu_{\mathrm{time}} + \varepsilon_{it} \quad (3)$$

假设 hsr_{it} 与 Y_{it} 相关显著,意味着回归系数 α_1 显著(即 $\alpha_1 = 0$ 的假设被拒绝),前文对于模型(1)的实证结果显示,hsr_{it} 与 Y_{it} 存在着显著的负相关关系。本章在此前提下展开对调节变量 M_{it} 的讨论。其中,Y_{it} 为普通地级市 i 与省会城市在时间 t 与其省会城市消费者的|合资品牌购买率差值|、|有色相购买率差值|、|贷款购买率差值|。hsr_{it} 为核心解释变量,表示城市 i 在时间 t 是

否开通高铁:某城市在开通高铁的当月及以后各期取值为 1,否则为 0。M_{it} 为两个调节变量,可达性(accessibility)和经济距离(pergdp%),交互项 $hsr_{it} \times M_{it}$ 的系数 δ_3 用来表示调节变量对趋同消费主效应的调节作用,包含高铁是否开通与高铁站数量的交互项(i.hsr♯i.highstation)、高铁是否开通与地级市 GDP 占省会城市的比例的交互项(i.hsr♯i.pergdp%)。$controls_{it}$ 为模型中地区的一系列控制变量,包括地级市的规模、经济发展水平、公共交通水平、基础道路设施水平、就业状况和互联网渗透率等。μ_{city} 表示城市固定效应,ν_{time} 表示时间固定效应,控制共同的时间趋势,本研究考虑到个体随时间发展不平行的可能性,通过引入个体效应与时间变量的交乘项来控制不平行的时间趋势的干扰,ε_{it} 为随机扰动项。

(二)调节变量

城际人口流动水平的高低代表两个城市间社会互动的密切程度。城际人口流动水平受跨城流动的频次、交通可达性等因素的影响。本研究从可达性和经济距离两个方面来考察城际人口流动水平就高铁开通对趋同消费的影响研究。

1. 可达性(accessibility)

本研究用高铁站数量(highstation)作为可达性(accessibility)的代理变量。考虑到一个地区拥有的高铁站数量在一定程度上能够反映高铁开通的可达性,本研究使用一个地区的高铁站数量来衡量该地区高铁开通带来的可达性,来衡量高铁的开通是否通过增加可达性(到其他城市的便利性)进而影响当地消费者与省会城市消费者的趋同消费行为。通常情况下,城市之间的可达性提高,不仅拉进了城市间的地理距离,也拉进了城市居民间的心理距离,为城市居民间紧密互动提供了可能,预示着居民之间可能会传递更为丰富、更为匹配的信息数据,就越可能促使其消费态度的改变,居民之间的消费相关性也就越强,由此推动消费模式保持一致性。据此,本研究认为,地级市拥有的高铁站数量越多,说明它与省会城市之间的可达性越高,当地居民与省会消费者之间的旅行、商务、探亲等联系就会越密切,消费者之间的消费信息关联也就越强,则地级市消费者越可能会自发地向省会城市消费群体的既有消费模式学习,参照省会居民消费特征做出类似的消费行为,从而趋同效应就会越强。

2. 经济距离(pergdp%)

经济发展水平的差异也会影响群体之间的消费互动。一般情况下,城市之间的经济发展程度同质性越高,其消费者跟随和模仿的动机也会越强。如果消费者所处的城市经济水平与同群中的其他城市一致,那么单个消费者也就更可能认可群体的消费观念,从而与周围同群体的消费水平协同。反之,如果消费者所处的城市经济水平与同群中的其他城市不一致,个体的消费水平就难以和群体的目标水平相匹配,从而导致群体影响个体的程度也会更弱。据此,本研究认为,经济发展水平与省会城市经济发展水平的远近会影响消费者趋同消费,即与省会城市经济距离越接近,消费者趋同消费的偏好越强烈,反之。

(三)调节机制分析

表4-22和表4-23中报告了可达性和经济距离两个调节变量在高铁开通与趋同消费行为之间的调节作用。

表4-22　可达性在高铁开通对趋同消费影响中的调节效应

变量	|合资品牌购买率差值|		|有色相购买率差值|		|贷款购买率差值|	
	LSDV	FE	LSDV	FE	LSDV	FE
hsr	−0.009 14** (0.003 91)	−0.009 14** (0.004 12)	−0.007 66*** (0.003 76)	−0.007 66*** (0.002 95)	−0.015 85*** (0.005 34)	−0.015 85*** (0.004 82)
highstation	−0.009 82*** (0.002 52)	−0.009 82*** (0.004 56)	−0.003 74** (0.003 54)	−0.003 93** (0.004 35)	−0.000 96** (0.005 73)	−0.000 96** (0.005 33)
i.hsr#i.highstation	−0.010 64*** (0.002 69)	−0.010 64*** (0.004 69)	−0.005 10** (0.003 70)	−0.005 37** (0.004 38)	−0.002 75** (0.005 83)	−0.002 75** (0.005 49)
常数项	−1.579 23*** (0.555 54)	−0.183 58 (0.135 27)	0.502 51 (0.462 33)	−0.014 97 (0.055 60)	−0.766 50** (0.309 79)	−0.006 68 (0.158 32)
控制变量	Yes	Yes	Yes	Yes	Yes	Yes
时间效应	Yes	Yes	Yes	Yes	Yes	Yes
城市效应	Yes	Yes	Yes	Yes	Yes	Yes
N	3 264	3 264	3 264	3 264	3 264	3 264
调整后的 R^2	0.717 02	0.301 68	0.244 84	0.358 45	0.514 20	0.386 41

表4-23　经济距离在高铁开通对趋同消费影响中的调节效应

变量	|合资品牌购买率差值|		|有色相购买率差值|		|贷款购买率差值|	
	LSDV	FE	LSDV	FE	LSDV	FE
hsr	−0.017 01*** (0.006 05)	−0.017 01** (0.006 68)	−0.012 57*** (0.004 34)	−0.012 57*** (0.004 34)	−0.021 86*** (0.006 79)	−0.021 86*** (0.006 79)
pergdp%	−0.010 20** (0.012 65)	−0.010 20** (0.011 94)	−0.017 32* (0.009 12)	−0.017 32** (0.007 85)	−0.036 91*** (0.011 54)	−0.036 91*** (0.012 12)

表 4-23(续)

变量	|合资品牌购买率差值|		|有色相购买率差值|		|贷款购买率差值|	
	LSDV	FE	LSDV	FE	LSDV	FE
i.hsr♯i.pergdp%	−0.019 38**	−0.019 38**	−0.013 48***	−0.013 48**	−0.025 53**	−0.025 53***
	(0.007 77)	(0.009 47)	(0.005 21)	(0.006 11)	(0.011 85)	(0.009 62)
常数项	−1.815 20***	−0.296 64***	0.329 56***	0.149 71***	0.483 28*	0.215 15***
	(0.364 98)	(0.058 20)	(0.094 51)	(0.024 48)	(0.250 14)	(0.059 10)
控制变量	Yes	Yes	Yes	Yes	Yes	Yes
时间效应	Yes	Yes	Yes	Yes	Yes	Yes
城市效应	Yes	Yes	Yes	Yes	Yes	Yes
N	11 772	11 772	11 772	11 772	11 772	11 772
调整后的 R^2	0.706 75	0.319 15	0.522 15	0.330 19	0.700 14	0.339 80

由表 4-22 可知,高铁开通对|合资品牌购买率差值|、|有色相购买率差值|和|贷款购买率差值|的影响系数均在 5% 的条件下显著为负,再次证明了高铁开通使趋同消费显著增长的结论。交互项 i.hsr♯i.highstation 的系数为负,这说明地级市开通高铁后拥有的高铁站数量越多,|合资品牌购买率差值|、|有色相购买率差值|和|贷款购买率差值|越小,当地消费者与省会城市消费者乘用车合资品牌购买趋同、有色相购买趋同和贷款购买趋同会越强烈。地级市高铁开通后拥有的高铁站数量越多,说明它与省会城市之间的可达性越高,当地居民与省会居民之间的旅行、商务、探亲等联系就会越密切,居民之间的消费信息关联也就越强,则地级市消费者越可能会自发地向省会城市群体的既有消费模式学习,参照省会居民消费特征做出类似的消费行为,从而趋同效应就会越强。

由以上可知,可达性起到显著的调节作用,即开通高铁后拥有的高铁站数量越多的地级市,当地消费者与省会城市消费者合资品牌购买趋同、有色相购买趋同和贷款购买趋同会越明显。

由表 4-23 可知,高铁开通对|合资品牌购买率差值|、|有色相购买率差值|和|贷款购买率差值|的影响系数均在 5% 的条件下显著为负,再次证明了趋同消费的结论。交互项 i.hsr♯i.pergdp% 的系数为负,这说明开通高铁的地级市与省会城市经济距离越接近(pergdp% 值越大),|合资品牌购买率差值|、|有色相购买率差值|和|贷款购买率差值|越小,当地消费者与省会城市消费者合资品牌购买趋同、有色相购买趋同和贷款购买趋同会越强。开通高铁的地级市与省会城市经济距离越近,说明两个城市的经济发展程度同质性越

高,消费者的模仿和跟随的动机会更为强烈。相反,当居民所处城市的经济发展水平与省会城市差异较大时,则会扩大同群居民的消费品位和模式的差异,由此减缓居民消费决策的融合过程。

由上可知,经济距离起显著的调节作用,即开通高铁的地级市与省会城市经济距离越接近,对提升当地消费者与省会城市消费者合资品牌购买趋同、有色相购买趋同和贷款购买趋同就会越强。

第五节 研究结果与讨论

本部分研究了高铁开通引致人口大规模从综合实力较弱的低线城市向实力较强的高线城市的跨城流动增加、不同城市间人们的社会互动显著增强,是否能有效激发低线城市消费者与高线城市消费者的上行社会比较,让高线城市消费者成为低线城市消费者的参照群体,从而使低线城市消费者对高线城市消费者的消费行为进行追随、模仿并产生趋同消费效应?即高铁开通对趋同消费的影响研究。

本部分首先通过 Credamo 平台,在对全国开通高铁城市和未开通高铁城市的消费者进行分层抽样基础上开展了大规模的问卷调查,得到基于个体消费者的调查问卷数据,以开通高铁城市消费者为实验组,以未开通高铁城市消费者为对照组,检验了高铁开通对趋同消费影响的主效应和可能解释机制。接着,以2007—2015 年全国城市高铁开通数据和全国乘用车销售的月度数据作为样本数据,利用高铁开通这一"准自然实验",以开通高铁城市消费者为实验组,以未开通高铁城市消费者为对照组,利用双重差分法(多时点 DID)验证了高铁开通对趋同消费影响的主效应和可能的解释机制,在平行趋势检验的基础上又采用倾向得分匹配-双重差分法(PSM-DID)检验、安慰剂检验、改变样本周期、基于地理环境信息构建工具变量等方式进行了稳健性检验。

本部分研究主要有以下结论:

第一,高铁开通对趋同消费有显著的正向作用。相较于未开通高铁的普通地级市,开通高铁的普通地级市消费者的消费偏好、选择趋同于省会城市消费者的偏好、选择。进一步来说,相较于未开通高铁的普通地级市,开通高铁的普通地级市居民对品牌类别、颜色类别和支付方式类别等方面的消费偏好、选择趋同于省会城市消费者的偏好、选择。

第二,上行社会比较、参照群体影响在高铁开通对趋同消费的影响中起中介作用。相较于未开通高铁的普通地级市,开通高铁的普通地级市消费者向省会城市的大规模跨城流动更加容易、频繁,与省会城市消费者间社会互动显著增强,会引发他们对省会城市消费者的上行社会比较,省会城市消费者成为普通地级市消费者的参照群体,省会城市消费者在产品品牌类别、颜色类别、支付方式类别等方面选择上的示范效应就会对普通地级市消费者在消费决策中起到重要参考作用,并成为模仿的对象,从而使开通高铁的普通地级市消费者的消费偏好趋同于省会城市消费者的消费偏好。

第三,城际人口流动水平在高铁开通对上行社会比较、趋同消费的影响中起调节作用。城际人口流动水平越高的城市,高铁开通引起上行社会比较和趋同消费的上升幅度越大。进一步说,跨城流动频率越高、可达性越高的城市,高铁开通引起上行社会比较和趋同消费的上升幅度越大。

第四,经济距离在高铁开通对上行社会比较、趋同消费的影响中起调节作用。经济发展水平与省会城市越接近的地级市,高铁开通后引起上行社会比较和趋同消费的上升幅度越大。

第五,符号价值在参照群体影响对趋同消费的影响中起调节作用。对能象征"省会城市人"消费符号价值的感知越强,参照群体影响使趋同消费的上升幅度越大。

高铁开通对趋同消费影响的假设检验结果汇总如表4-24所示。

表4-24 高铁开通对趋同消费影响的假设检验结果汇总

假设检验	检验结果
H1:高铁开通对趋同消费有显著的正向作用	成立
H1a:相较于未开通高铁的普通地级市,开通高铁的普通地级市消费者对品牌类别的消费偏好显著地趋同于省会城市消费者的消费偏好	成立
H1b:相较于未开通高铁的普通地级市,开通高铁的普通地级市消费者对颜色类别的消费偏好显著地趋同于省会城市消费者的消费偏好	成立
H1c:相较于未开通高铁的普通地级市,开通高铁的普通地级市消费者对支付方式类别的选择偏好显著地趋同于省会城市消费者的选择偏好	成立
H2:上行社会比较、参照群体影响在高铁开通对趋同消费的影响中起中介作用	成立
H3:城际人口流动水平在高铁开通对上行社会比较、趋同消费的影响中起调节作用	成立
H3a:跨城流动频率越高,高铁开通引起上行社会比较和趋同消费的上升幅度越大	成立
H3b:可达性越高的城市,高铁开通引起上行社会比较和趋同消费的上升幅度越大	成立
H4:经济距离在高铁开通对上行社会比较、趋同消费的影响中起调节作用	成立
H5:符号价值在参照群体对趋同消费的影响中起调节作用	成立

第五章 高铁开通对地位消费行为的影响研究

本部分研究内容关注高铁开通带来的人口从综合实力较弱的低线城市向综合实力较强的高线城市的大规模跨城流动、城市间人们社会互动显著增强,是否能有效激发低线城市消费者与高线城市消费者的上行社会比较,使低线城市消费者产生地位威胁感知,进而增加对更能彰显"身份和地位"产品的偏好和消费,即高铁开通对地位消费的影响研究。

本部分首先通过 Credamo 平台在对全国开通高铁城市和未开通高铁城市的消费者进行分层抽样基础上开展了大规模的问卷调查,得到基于个体消费者的调查问卷数据,以开通高铁城市消费者为实验组,以未开通高铁城市消费者为对照组,就高铁开通对地位消费的主效应和可能解释机制做了研究。接着,以2007—2015 年全国城市高铁开通数据和全国乘用车销售的月度数据作为样本数据,利用高铁开通这一"准自然实验",以开通高铁城市消费者为实验组,以未开通高铁城市消费者为对照组,利用双重差分法(多时点 DID)验证了高铁开通对地位消费的主效应和可能的解释机制,在平行趋势检验的基础上又采用倾向得分匹配-双重差分法(PSM-DID)检验、安慰剂检验、改变样本周期、基于地理环境信息构建工具变量等四种方式进行了稳健性检验。

相较于本土品牌,合资品牌在认知度、感知质量和整体品牌价值方面具有更高身份和地位的象征意义。在乘用车消费情境下,相较于国产品牌,购买合资品牌的乘用车更能彰显消费者的身份和地位,所以本部分将首先以"合资品牌乘用车购买率"为地位消费的代理变量,考察高铁开通对地位消费的影响。

高档规格的地位产品也常常被视为高地位的象征。大排量乘用车因其动力强劲、性能卓越、安全性高等诸多优势,受到高地位追求动机的消费群体所偏好。相较于乘用车的品牌,乘用车的排量往往难以被消费者观察和模仿,其社会地位展示的外在功能相对较弱。消费者对大排量乘用车这一地位产品的消费较难因社会比较而受到参照群体的影响作用。基于此,为进一步确认高铁开通对地位消费影响效应的存在,剔除社会比较引发的趋同消费机制对地位消费增加的解释作用,本部分接着以"大排量乘用车购买率"为地位消费的代理变量,进一步验证高铁开通对地位消费的影响。

由于各省的省会城市与省内地级市存在明显的相对等级差异,所以本部分的研究用省会城市代表高线城市,用省内其他普通地级市代表低线城市。同时考虑到东部少数省份有与省会发展程度接近的地级市,本研究中在普通地级市样本中剔除了发达程度较高的计划单列市(副省级)和国家级流通节点城市(深圳市、厦门市、大连市、青岛市、宁波市、苏州市6个城市)。

第一节 基于消费者个体调研数据的地位消费研究设计

一、变量测量

本研究主要采用问卷调查的研究方法,为了保证问卷测量的信度和效度,本研究中所涉及的主要变量题项来自国外成熟的量表。"上行社会比较"量表采用Gibbons等(1999)编制的爱荷华-荷兰比较倾向量表(Iowa-Netherlands Comparison Orientation Measure,INCOM),"社会地位感知"量表参照马骏等(2019),"消费者文化开放性"量表参照CCO(Nijssen et al.,2011),"消费者创新性"量表参照Manning等(1995),"消费者的独特性"量表参照Ruvio等(2008),"消费者的金融素养"量表摘自中国人民银行消费者金融素养调研问卷,"符号价值"量表参照李东进等(2009),笔者根据文献自设了"流动频率"等量表。本研究变量题项采用李克特7级量表、数字式格式、开放性陈述等多种形式。

相较于本土品牌,合资品牌在认知度、感知质量和整体品牌价值方面具有更高的象征意义,受到地位追求动机高的消费者青睐。因此,地位消费的代理变量用消费者选择的乘用车品牌类型测量,选择"合资品牌"和"纯进口品牌"的为"1",代表地位消费行为,选择"国产品牌"的为"0"。

二、数据收集

本研究在Credamo平台采用问卷调查法进行数据收集,在平台"数据集市"对全国省会城市、高铁开通的普通地级市和未开通高铁的普通地级市消费者进行分层抽样、随机投放,样本特征限定为年龄在26~55岁之间、有家用车的消费者。

和第四章中问卷调查时一样,为保证调查质量,采取了六项措施来提高被调查者质量和问卷作答质量:

(1)要求被调查者经验丰富,设定"被调查者已回答问卷的总数大于等于10"。

(2) 要求被调查者信用分高,设定"被调查者信用分大于等于70分"。

(3) 要求被调查者历史采纳率高,设定"历史采纳率即被采纳问卷数/总填答问卷数大于等于70%"。

(4) 开启作答者需要授权定位才能作答,每个IP只能填答一次。

(5) 设置了甄别题,采用自动拒绝不合格问卷。

(6) 人工审核被调查者作答质量,手动拒绝不合格问卷等,帮助用户获得高质量数据。

本部分的调查问卷和第四章中的调查问卷同时在Credamo平台投放。累计投放问卷1 600份,自动拒绝18份,手动拒绝62份,共得到有效问卷1 520份,有效问卷率为94.2%,并将其得到的数据整理后输入SPSS 21.0。

三、样本信息

调查所得的1 520份样本的年龄、性别、工作单位、学历、地区分布等详细信息如表4-1所示,这里就不再重复列示。

四、信度与效度检验

对于项目间一致性信度常用Cronbach α来度量,经过检验,测量量表的Cronbach α值均大于0.7,表明对所有变量的测量结果是可信的。

当然,仅有较高的信度不足以表明测量量表的有效性,信度高的量表也存在无效的可能性,所以又对其进行效度检验,用以衡量测量量表在多大程度上可以反映真实情况。效度主要包括内容效度和构建效度。

在内容效度方面,本研究采用的"上行社会比较量表""感知地位感知量表""消费者文化开放性量表""消费者创新性量表""消费者的独特性量表""消费者的金融素养量表""符号价值量表"等7个量表都是参照以前学者们成熟的量表,"流动频率"量表为笔者在参考大量该研究领域内的文献基础上自编,所有量表在问卷设计过程中采纳了专家的意见,并进行了反复修改,最终确定而成。因此,本研究是具有较好的内容效度的。

构建效度主要通过聚合效度和区别效度来评价。本研究对构建效度的检验主要通过验证性因子分析来完成。

结果表明,验证性因子分析标准化因子荷载均大于0.7(大于0.5的标准),并且通过了显著性水平测试;组合信度均大于0.9(大于0.8的标准);平均提炼方差也均大于0.9(大于0.5的标准),表明本研究所用量表具有很高的收敛效度。

同时,因子之间的相关系数在95%置信区间内不包含1.0,说明各变量之间具有区别有效性。

以上检验表明,本研究量表具有较高的信度和效度。

五、同源误差控制

为了控制问卷调查中存在的同源误差问题(CMV),和第四章中控制方法相同,根据Podsakoff等(2003)的建议,我们在问卷的引导语中通过"红色＋加粗"文字呈现方式强调研究目的只是为了纯粹的学术研究,调查结果将以加总数据以及匿名的方式展现;采用多种测量方式进行变量的测量;确保所有变量测量项都满足Podsakoff等(2003)指出需要避免的最小化模棱两可问题标准。具体内容在此不再赘述。

第二节 基于消费者个体调研数据的地位消费研究分析

一、高铁开通对地位消费影响的主效应分析

为了测量高铁开通对地位消费意愿的影响,问卷中以"高涉入度的乘用车购买"为情境,设置了"您现有乘用车品牌类型"题项,将已经购买"合资品牌"和"纯进口品牌"的作为地位消费的代理变量。研究表明,相较于国内自主乘用车品牌,合资乘用车的品牌在认知度、感知质量和整体品牌价值等方面更能彰显消费者的"地位"和"身份",受到地位追求动机高的人的青睐。

首先,将消费者对合资品牌乘用车和国产品牌乘用车的选择进行编码,将选择购买"国产品牌"乘用车的结果编码为"0"、选择购买"合资品牌"和"纯进口品牌"乘用车的结果编码为"1"。其次,以高铁是否开通为自变量(高铁开通的城市为1,高铁未开通的城市为0)。以编码后的品牌偏好为因变量进行二元Logistic回归,结果显示,相较于未开通高铁的城市,高铁开通的城市的消费者选择购买合资品牌乘用车的比例(65.28%)显著地高于高铁未开通的城市的消费者(39.20%),$\beta=1.577$,Wald $\chi^2=160.7$,$p=0.000$这表明高铁开通会导致消费者更高比例的合资品牌乘用车购买行为,假设得到支持。高铁开通城市与未开通城市消费者合资品牌乘用车购买比例和大排量乘用车购买比例如图5-1和图5-2所示。

进一步,通过对问卷中再买(换)一辆新的私家车品牌类型的研究发现,已经高铁开通城市的消费者对合资品牌的购买率从开通前的46.23%上升到开通后的69.24%,上升明显;而与未开通城市消费者近期再购合资品牌比例(42.25%)和之前所购合资品牌比例(38.26%)差别不大。再次证明,高铁开通

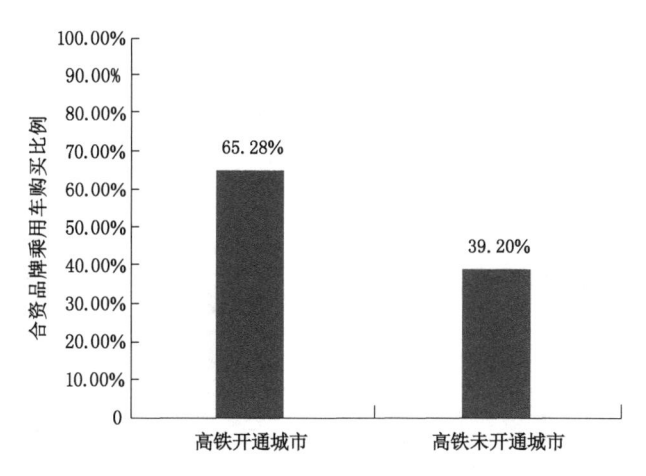

图 5-1 高铁开通城市与未开通城市消费者合资品牌乘用车购买比例

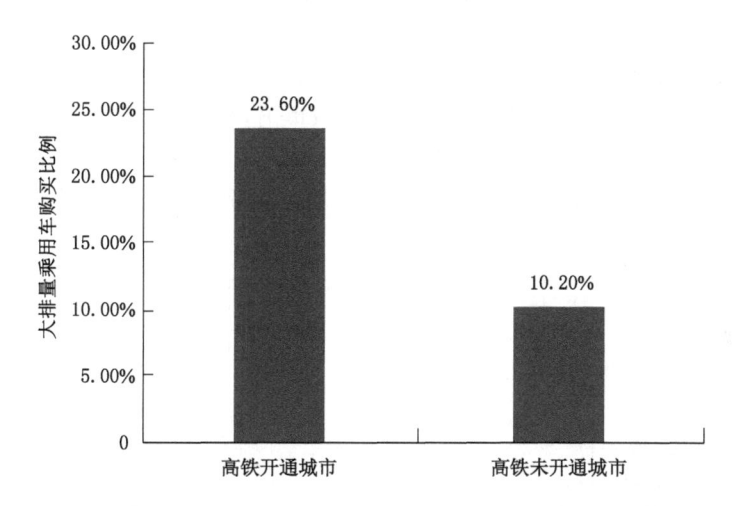

图 5-2 高铁开通城市与未开通城市消费者大排量乘用车购买比例

对消费者合资品牌购买比例产生了显著的正向作用。(图 5-3)

二、高铁开通对地位消费影响的中介路径分析

根据前文主效应的分析结果,高铁开通显著促进了消费者的地位消费意愿。那么,相较于高铁未开通城市,高铁开通城市消费者的地位消费意愿为何会显著提升? 本部分对其内在作用机制进一步检验。

高铁开通导致居民的跨城功能性活动日益增加,且这种流动增加更多表现为从综合实力弱的城市往综合实力强的城市流动。普通地级市向高线城市的跨

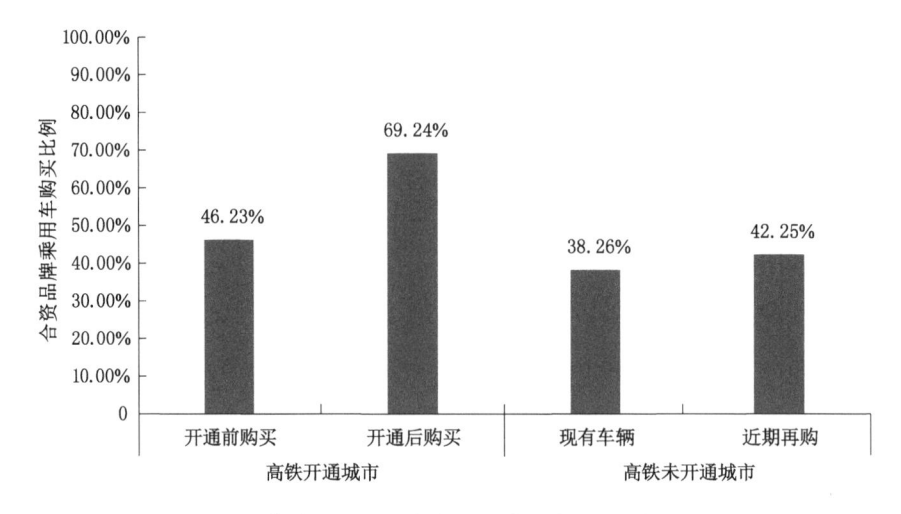

图 5-3 高铁开通前后合资品牌乘用车购买比例对比图

城流动会引发普通地级市居民的上行社会比较,即引发普通地级市居民与高线城市居民的社会比较,这种比较会造成低线城市消费者的感知地位威胁,进而增加消费者对更能彰显"地位"和"身份"的产品的偏好,表现为消费者对合资品牌等地位产品的购买快速增加。高铁开通对地位消费影响的中介路径如图 5-4 所示。

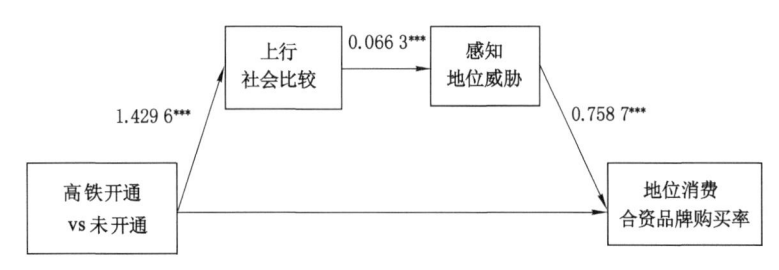

图 5-4 高铁开通对地位消费(合资品牌)影响的中介路径分析结果

为了探究"上行社会比较"和"感知地位威胁"在高铁开通对提升消费者地位消费意愿的作用机理,采用 PROCESS V 3.5 程序对"上行社会比较"和"感知地位威胁"的中介效应进行检验(Model 6;Hayes,2018),采用 Bootstrapping 程序进行 5 000 次抽样,分析 95% 置信区间的中介效应。同时,被调查者的年龄、学历、性别、职业、家庭年收入、文化开放性、创新性、独特性、金融素养等作为控制变量纳入了计量模型。

由表 5-1 分析结果可知,高铁开通对地位消费的直接效应不显著($\beta =$

$-0.4946, p=0.1501$）；由表 5-2 分析结果可知，"上行社会比较"和"感知地位威胁"的中介分析结果中不包含 0（LLCI＝0.0288，ULCI＝0.1278），效应量大小为 0.0719，表明"上行社会比较"和"感知地位威胁"在高铁开通对地位消费的影响中起到完全中介效应。

表 5-1　高铁开通对地位消费的直接效应

Effect	SE	T	p	LLCI	ULCI
−0.4946	0.2524	−1.9594	0.1501	−0.9894	0.0002

表 5-2　高铁开通对地位消费的间接效应

	Effect	Boot SE	BootLLCI	BootULCI
总效应	2.3241***	0.3204	1.6435	2.9094
路径 1	0.2910**	0.0760	0.1407	0.4406
路径 2	0.0719**	0.0255	0.0288	0.1278
路径 3	1.9612***	0.3035	1.3157	2.5133

注：间接效应路径 1：高铁开通→上行社会比较→地位消费；路径 2：高铁开通→上行社会比较→感知地位威胁→地位消费；路径 3：高铁开通→感知地位威胁→地位消费。

三、高铁开通对地位消费影响的调节路径分析

综合前文的分析结果，高铁开通显著影响了高铁开通城市消费者地位消费行为，且"上行社会比较"和"感知地位威胁"的中介效应是显著的。本部分将考察"城际人口流动水平"和"符号价值"在高铁开通对地位消费影响中的调节作用。

（一）城际人口流动水平的调节作用

"城际人口流动水平"的高低代表两个城市间社会互动的密切程度。高铁开通带来的大量低线城市向高线城市跨城人口流动引发了上行社会比较，继而引起普通地级市居民的感知地位威胁进而增加地位消费。可以预期，跨城流动的高频次会导致更高的城际人口流动水平，从而引发更强烈上行社会比较和感知地位威胁，地位消费进一步增强。

为了测量城际人口流动水平指标，问卷中用 7 级量表测量了被调查者到省会城市公务出差、外出旅游、探亲访友、通勤（指往返于住所与工作单位或学校）的频率，将四个指标的平均值作为城际人口流动水平的变量。

为了探究"城际人口流动水平"在高铁开通对提升普通地级市消费者地位消

费意愿的作用机理,采用 PROCESS V 3.5 程序对"城际人口流动水平"的调节效应进行检验(Model 86;Hayes,2018),采用 Bootstrapping 程序进行 5 000 次抽样,分析 95% 置信区间的调节效应。同时,被调查者的年龄、学历、性别、职业、家庭年收入、文化开放性、创新性、独特性、金融素养等作为控制变量纳入了计量模型。

因为"上行社会比较"和"感知地位威胁"完全对直接效应起中介作用,所以我们直接分析"城际人口流动水平"在中介路径中的效应,结果显示"城际人口流动水平"起到了显著的正调节作用:当"城际人口流动水平"取值低于平均值一个标准差时,上行社会比较的中介效应不显著(Effect=0.009 6,LLCI=−0.008 0,ULCI=0.030 3);取值高于平均值一个标准差时,上行社会比较中介效应显著(Effect=0.048 6,LLCI=0.019 3,ULCI=0.086 8)。并且,"高铁开通×城际人口流动水平"交互项对"上行社会比较"的回归系数 $\beta=0.25, p=0.000\ 0$,说明"城际人口流动水平"具有强化消费者产生上行社会比较的作用。城际人口流动水平在高铁开通对地位消费中介路径中的调节效应和调节作用系数如表 5-3 和表 5-4 所示。

表 5-3　城际人口流动水平在高铁开通对地位消费中介路径中的调节效应

城际人口流动水平	Effect	Boot SE	BootLLCI	BootULCI
2.000 0	0.009 6	0.009 5	−0.008 0	0.030 3
3.250 0	0.036 4**	0.012 6	0.014 8	0.065 0
6.000 0	0.048 6**	0.017 0	0.019 3	0.086 8

表 5-4　城际人口流动水平的调节作用系数

	Effect	SE	T	p
高铁开通×城际人口流动水平→上行社会比较	0.250 0***	0.056 9	4.389 8	0.000 0

(二)符号价值的调节作用

"符号价值"是指除了商品的使用价值之外,能够体现消费者个性、社会地位、权利和声望的商品价值,能够为消费者带来身份认同。本研究认为,消费者对象征高线城市消费者身份地位商品的符号价值感知会调节感知地位威胁对地位消费的影响。

为了测量符号价值变量,问卷中测量了被调查者对"合资品牌乘用车购买行为"是否能象征省会城市消费者身份地位的感知,将其作为符号价值的变量。

为了探究"符号价值"在高铁开通对提升普通地级市消费者地位消费意愿

的作用机理,采用PROCESS V 3.5程序对"符号价值"的调节效应进行检验(Model 87;Hayes,2018),采用Bootstrapping程序进行5 000次抽样,分析95%置信区间的调节效应。同时,被调查者的年龄、学历、性别、职业、家庭年收入、文化开放性、创新性、独特性、金融素养等作为控制变量纳入了计量模型。

分析结果发现符号价值起到了显著的正向调节作用:当符号价值取值低于平均值一个标准差时,感知地位威胁的中介效应显著(Effect=0.023 5,LLCI=0.005 7,ULCI=0.046 8);取值高于平均值一个标准差时,中介效应也显著(Effect=0.034 6,LLCI=0.008 9,ULCI=0.066 6),同时影响系数提高。并且,"感知地位威胁×符号价值"交互项对"地位消费"的回归系数β=0.082 4,p=0.011 2,说明符号价值具有强化消费者产生地位消费的作用。符号价值在高铁开通对地位消费中介路径中的调节效应和调节作用系数如表5-5和表5-6所示。

表5-5 符号价值在高铁开通对地位消费中介路径中的调节效应

符号价值	Effect	Boot SE	BootLLCI	BootULCI
2.333 3	0.023 5**	0.010 5	0.005 7	0.046 8
3.600 0	0.028 5**	0.012 1	0.007 4	0.055 2
5.133 3	0.034 6**	0.014 6	0.008 9	0.066 6

表5-6 符号价值的调节作用系数

	Effect	SE	T	p
地位感知威胁×符号价值→地位消费(合资品牌购买率)	0.082 4**	0.032 5	2.537 0	0.011 2

第三节 基于城市层面客观数据的地位消费研究设计

一、模型设定与识别

为了估计高铁开通对地位消费的影响,本研究采用2008年以来高铁开通在不同城市产生的"政策处理效应"来进行实证分析。由于各省的省会城市与省内地级市存在明显的相对等级差异,所以本研究用省会城市代表高线城市,用省内其他普通地级市代表低线城市。同时考虑到,东部少数省份有与省会发展程度接近的地级市,本研究在普通地级市样本中剔除了发达程度较高的计划单列市(副省级)和国家级流通节点城市(深圳市、厦门市、大连市、青岛市、宁波市、苏州市6个城市)。

本研究选取的研究对象是普通地级市消费者,剔除了其中发达程度较高的计划单列市(副省级)和国家级流通节点城市,其他普通地级市均为高铁沿线的非节点城市,以排除反向因果带来的内生性干扰。作为国家层面的战略规划,高铁对于非区域中心高铁沿线的普通城市而言,主要取决于其是否位于省会城市或国家流通节点城市间的高铁线上,普通城市的城际人口流动水平不是决定该地区开通高铁的直接原因,高铁的开通是一项"准自然实验"。

一些城市开通了高铁,一些城市却没有开通;或者有些城市开通高铁较早,有些城市开通高铁较晚,这为我们研究高铁在不同地区开通时间上的变异对消费行为的影响提供了难得的机会。本部分正是利用2008年之后中国高铁分批分次、逐步推广的数据,来考察高铁开通带来的大规模人口流动是否引起了普通地级市消费者与省会城市消费者的社会比较并产生感知地位威胁,从而促进普通地级市消费者增加对地位产品的消费。

高铁开通对城市带来的乘用车购买行为效应可以划分为"时间效应"和"政策处理效应",而双重差分法(DID)的主要思想就是将处理组和对照组之间的政策前后差异和时间差异分离出来,从而得到两组变量变化的差异性所带来的"高铁净效应"。我国第一条高速铁路2008年8月开通运行,在此之后中国高铁如雨后春笋般地迅猛发展。在这种情况下,高铁开通的时间存在差异,这就构成了一种渐进性的双重差分模型(多时点DID)。本部分以2007—2015年全国城市高铁开通数据和全国乘用车销售的月度数据作为样本数据,将已开通高铁城市作为处理组,未开通高铁城市作为对照组,参照Beck等(2010)的研究,使用多时点DID分析来确保高铁开通对地位消费影响的准确性估计。本研究的多时点双重差分模型设定如下:

$$Y_{it} = \alpha_0 + \alpha_1 \text{hsr}_{it} + \sum \gamma_k \text{controls}_{it} + \mu_{\text{city}} + \nu_{\text{time}} + \varepsilon_{it} \tag{4}$$

其中,Y_{it}为城市i在时间t的乘用车合资品牌购买率。hsr_{it}为核心解释变量,表示城市i在时间t是否开通高铁:某城市在开通高铁的当月及以后各期取值为1,否则为0。controls_{it}为模型中地区的一系列控制变量,包括地级市的规模、经济发展水平、公共交通水平、基础道路设施水平和就业状况等。μ_{city}表示城市固定效应,ν_{time}表示时间固定效应,控制共同的时间趋势。本研究考虑到个体随时间发展不平行的可能性,通过引入个体效应与时间变量的交乘项来控制不平行的时间趋势的干扰。ε_{it}为随机扰动项。

二、样本选择与数据来源

（一）城市数据

为了探究高铁开通对地级市消费者地位消费行为的影响，本章利用2007—2015年的全国地级市平衡面板数据对上述问题进行了分析检验①。各城市乘用车购买数据来自从第三方咨询机构获取的2007—2015年我国330多个城市的车辆牌照登记信息数据，每条登记信息包括时间（以月为单位）、所在城市（具体到地级市）、车型、品牌、排量、颜色等。由于难以直接获得月度乘用车销售数据，本研究用乘用车上牌量作为销售量的代理变量，汽车4S店通常都有一站式办理乘用车登记上牌的业务，因此两者之间的差异较小，此方法可靠。城市层面的数据主要来源于2008—2018年的《中国城市统计年鉴》《中国统计年鉴》，对于部分数据缺失的样本，首先通过搜集各个城市的统计公报和Wind数据库获得，对于个别确实无法获得的缺失数据，本研究予以剔除。对于在样本期内撤销或新增的地级市样本，会导致乘用车购买数据口径不一致，我们对此进行了剔除。由于西藏、内蒙古等地区所处地理位置的因素，其与全国高速铁路网并没有形成紧密的联系，为更加精准地捕捉高铁开通所带来的"政策效应"，这里删除了这两个省份的城市样本，最终得到我国260个地级市的面板数据。

（二）高铁数据

对于地级市的高铁开通时间数据、高铁站数量，主要手工整理自中国国家铁路集团有限公司网站、国家铁路局相关公告及12306网站。同时，根据中国铁路总公司的相关规定，高铁主要是指运营速度在160～200 km/h，200 km/h及以上的高速铁路，之后中国高速铁路是指设计时速250 km以上（含预留）且初期运营速度不小于200 km/h的客运列车专线铁路，包括高速动车组（250～350 km/h）、城际高速（250 km/h以上）和标准动车组（200 km/h）。具体信息见表4-13。

三、变量选择与说明

（一）核心解释变量：高铁开通

本研究对于核心解释变量高铁开通做出如下定义，若某地级市在某年某月首次开通高铁，则该地级市该年该月及以后各期均取1，否则为0。本研究将地

---

① 由于2013年的全国乘用车上牌城市月度数据存在缺失，本研究选取连续的时间趋势样本进行实证研究，并在下文的实证分析模块采用2014—2015年的样本数据进行了稳健性检验。

级市是否具有高铁站以及最早通车时间作为该地级市是否开通高铁和首次开通时间的衡量标准。自2008年第一条京津高铁开通以来,中国高铁呈现迅猛增长态势,高铁覆盖地级市数仅用了7年时间就实现过半突破。从开通的区域位置来看,高铁的修建主要表现为西部最后、中部次之、东部率先的特点,但到了2011年,东部高铁修建速度逐渐放缓,中部地区开始迅速崛起并呈现赶超东部地区态势,2013年后西部地区高铁修建速度明显加快(余泳泽等,2019)。

(二)被解释变量

本研究的研究目标是考察高铁开通对地位消费的影响。研究表明,相较于国内自主乘用车品牌,合资乘用车的品牌在认知度、感知质量和整体品牌价值等方面更能彰显消费者的"地位"和"身份",受到地位追求动机高的人的青睐,所以本研究采用全国乘用车城市月度销售数据中各地级市的"合资品牌购买率"为地位消费的代理变量,记为Y_{it},即城市i在时间t的乘用车合资品牌购买率。具体来说:

合资品牌购买率(joint_rate):合资品牌购买数量占总销量的比重。

高档规格的地位产品也常常受到高地位追求动机的消费群体所偏好。研究表明,大排量乘用车因为其动力强劲、性能卓越、安全性高等诸多优势,受到高地位追求动机的消费群体所偏好,更多地用于满足消费者自我奖赏的内在动机。相较于乘用车的品牌,乘用车的排量往往难以被消费者观察和模仿,其社会地位展示的外在功能较弱,通常不会因社会比较而受到参照群体的影响作用。

基于此,为了剔除高铁开通带来的趋同消费对地位消费影响的干扰,本部分还构造了"大排量乘用车购买率"作为地位消费的代理变量,进一步确认高铁开通对地位消费影响效应的存在。也记为Y_{it},即城市i在时间t的大排量乘用车购买率。具体来说:

大排量购买率(dis3plus_rate):大排量购买数量占总销量的比重,其中将购买"3.0 L以上排量"(包含3.0 L排量)的乘用车定义为大排量乘用车。

(三)控制变量

考虑到除高铁开通外,地级市的规模、经济发展水平、公共交通水平、基础道路设施水平和就业情况等均会对乘用车购买行为产生较大影响,故本研究对上述变量进行控制。对于地级市规模,本研究选择各地级市年末总人口数和人口密度进行刻画。对于地级市经济发展水平,本研究选取各地级市人均地区生产总值、地区生产总值增长率、年末实有公共营运汽电车数量、人均星巴克咖啡连锁门店数量、金融保险业从业人员比率进行刻画。对于地级市公共交通水平,本研究采用每万人拥有公共汽电车数量以及年末实有出租汽车数量进行刻画。对于地级市基础道路设施水平,本研究采用年末实有铺装道路面积和人均道路铺装面积作为主要衡量指标。对于地级市的就业状况,本研究采用在岗职工人数、职工平均工资以及年末城镇失业(登记)人数进行测度。对于地级市的互联网渗透率,本研究采用国际互联网用户人数占年末总人口的比值进行衡量。

表 5-7 对本研究使用的主要变量的计算方法进行了总结。

表 5-7　主要变量定义与说明

变量类型	变量名称	变量符号	变量定义
被解释变量	合资品牌购买率	joint_rate	合资品牌购买数量/总销量
	大排量购买率	dis3plus_rate	大排量购买数量/总销量
解释变量	高铁开通	hsr	若地级市在某年某月首次开通高铁,则将该地区该年该月及之后各期均取值为1,否则取值为0
控制变量	地级市规模	population	年末总人口(万人)
		density	人口密度/(人/平方公里)
	经济发展水平	pergdp	人均地区生产总值(万元)
		ragdp	地区生产总值增长率
		bus	年末实有公共营运汽电车数量(万辆)
		perstar	人均星巴克咖啡连锁门店数量
		finance	金融保险业从业人数/年末总人口
	公共交通水平	perbus	每万人拥有公共汽电车数量(辆)
		taxi	年末实有出租汽车数量(万辆)
	基础道路设施水平	road	年末实有铺装道路面积(万平方米)
		perroad	人均铺装道路面积(平方米)
	就业状况	employ	在岗职工人数(万人)
		perincome	职工平均工资(万元)
		umemploy	年末城镇失业(登记)人数(万人)
	互联网渗透率	pernet	国际互联网用户人数/年末总人口
调节变量	高铁站数量	highstation	地级市(包含所辖县、区以及县级市)的高铁站数量(个)
	经济距离	pergdp%	地级市生产总值占省会城市生产总值比例

四、变量的描述性统计

表 5-8 报告了各变量的描述性统计。从表中可以看出,各城市合资品牌购买率作为测度地位消费的被解释变量,最小值为 0.126,最大值为 0.864,极差为 0.738,标准差为 0.107,这一结果表明我国各地级市之间的合资品牌购买率有明显差异;各城市大排量购买率最小值为 0.001,最大值为 0.306,极差为 0.305,标准差为 0.003,这一结果表明我国各地级市之间的大排量购买率也存在明显差异,说明我国不同地级市消费者之间的乘用车购买行为都存在较大差异。这为本研究的继续开展提供了一个良好的基础。

表 5-8 描述性统计

变量名称	样本量	平均数	标准差	最小值	下四分位数	中位数	上四分位数	最大值
joint_rate	13 620	0.610	0.107	0.126	0.541	0.615	0.683	0.864
dis3plus_rate	13 620	0.010	0.003	0.001	0.009	0.013	0.210	0.306
hsr	13 620	0.093	0.291	0.000	0.000	0.000	0.000	1.000
population	13 620	414.292	301.579	18.590	234.000	357.210	527.900	3 343.400
density	13 620	414.276	298.367	4.940	189.230	348.340	614.000	2 581.780
pergdp	13 584	3.067	2.047	0.010	1.690	2.515	3.793	14.540
ragdp	13 608	13.182	2.777	−1.200	11.630	13.200	14.700	23.500
bus	13 572	0.064	0.084	0.002	0.023	0.041	0.074	0.867
perstar	13 620	0.017	0.042	0.000	0.000	0.005	0.011	0.332
finance	13 536	0.003	0.002	0.000	0.002	0.003	0.004	0.018
perbus	13 572	6.266	3.908	0.320	3.380	5.680	8.420	44.940
taxi	13 572	0.177	0.253	0.010	0.067	0.122	0.196	3.194
road	13 560	994.732	1 141.656	14.000	397.000	703.000	1 189.000	11 936.000
perroad	13 560	9.932	5.263	0.310	5.830	9.070	12.950	32.520
employ	13 608	30.675	27.477	4.280	16.330	25.070	35.960	325.870
perincome	13 476	3.112	1.195	1.272	2.457	2.997	3.604	32.063
umemploy	13 596	1.946	1.695	0.115	0.967	1.562	2.464	20.400
pernet	12 204	0.286	0.280	0.002	0.131	0.211	0.345	3.096
highstation	3 360	0.899	1.633	0.000	0.000	0.000	1.000	8.000
pergdp%	13 464	0.592	0.369	0.003	0.351	0.515	0.718	2.820

第四节　基于城市层面客观数据的地位消费研究分析

一、高铁开通对地位消费影响的主效应分析

表 5-9 展示了高铁开通与地位消费之间的关系。从实证结果可以看出,在控制了地级市的规模、经济发展水平(人均地区生产总值、地区生产总值增长率、人均星巴克咖啡连锁门店数量等)、就业情况(职工平均工资等)、公共交通水平、基础道路设施水平和互联网渗透率等可能会对乘用车购买行为产生较大影响的变量后,高铁开通对合资品牌乘用车购买率的回归系数均显著为正,这说明相较于未开通高铁城市,高铁开通城市的消费者的地位消费显著增加。

表 5-9　高铁开通对地位消费的影响分析

变量	合资品牌购买率	
	(1) LSDV	(2) FE
hsr	0.009 15**	0.009 15**
	(0.003 98)	(0.004 02)
population	−0.000 40**	−0.000 40**
	(0.000 18)	(0.000 16)
density	−0.000 00	−0.000 00
	(0.000 01)	(0.000 01)
hsr	0.009 15**	0.009 15**
	(0.003 98)	(0.004 02)
pergdp	0.012 69***	0.012 69***
	(0.002 44)	(0.002 45)
ragdp	0.001 30***	0.001 30***
	(0.000 32)	(0.000 30)
bus	0.023 17	0.023 17
	(0.077 74)	(0.092 42)
perstar	−3.276 85	−3.276 85**
	(2.020 82)	(1.555 05)
finance	−1.105 98*	−1.105 98
	(0.638 32)	(0.727 92)

表5-9(续)

变量	合资品牌购买率	
	(1)	(2)
	LSDV	FE
perbus	−0.000 41	−0.000 41
	(0.000 69)	(0.000 75)
taxi	−0.016 99	−0.016 99
	(0.016 11)	(0.017 09)
road	−0.000 00	−0.000 00
	(0.000 01)	(0.000 01)
perroad	0.000 18	0.000 18
	(0.000 75)	(0.000 73)
employ	0.000 46**	0.000 46*
	(0.000 22)	(0.000 25)
perincome	−0.001 45*	−0.001 45**
	(0.000 83)	(0.000 64)
umemploy	0.001 59	0.001 59
	(0.001 65)	(0.001 66)
pernet	−0.014 05***	−0.014 05***
	(0.004 72)	(0.005 05)
常数项	1.365 86***	0.712 11***
	(0.493 18)	(0.083 64)
时间效应	Yes	Yes
城市效应	Yes	Yes
N	118 68	118 68
调整后的 R^2	0.753 63	0.410 01

合资品牌乘用车由中国与国外投资方共同组建公司来生产和运营,但品牌、技术、资金、人才等核心要素都由国外提供。有研究表明,合资品牌乘用车的品牌在认知度、感知质量和整体品牌价值方面受到地位追求动机高的人的青睐,更能彰显消费者的"地位"和"身份"。

高铁开通不仅促进了区域经济发展、出行范围及频次的提高,也促进了消费者对更能彰显"地位"和"身份"产品的偏好,进而表现为消费者在购买乘用车时对合资品牌的购买快速增加。

二、高铁开通对地位消费影响的平行趋势检验

本部分主要利用双重差分法(DID)来实证检验高铁开通对不同城市的消费者地位消费行为的影响,可是判断双重差分法能否有效衡量高铁开通这一政策效应的前提是如果不存在高铁开通这一外生冲击事件,处理组和对照组具有共同的发展趋势。为了更加直观地考察高铁开通前和开通后有高铁的城市和没有高铁的城市乘用车合资品牌购买行为的动态差异,即验证高铁开通城市与未开通城市在高铁开通前的乘用车合资品牌购买行为上具有共同趋势(即平行趋势检验),本研究参考 Jacobson 等(1993)、Kudamatsu(2012)以及 Newton 等(2019)等文献的做法,利用事件分析法检验平行趋势假设,具体的回归模型如下:

$$Y_{it} = \alpha_0 + \sum_{m \geqslant 6, m=1}^{6} \beta_m \text{hsr\_d}_{i,t-m} + \sum_{n \geqslant 6, n=1}^{6} \lambda_n \text{hsr\_d}_{i,t+n} + \mu_{\text{city}} + \nu_{\text{time}} + \varepsilon_{it} \quad (5)$$

其中,$\text{hsr\_d}_{i,t-m}$ 表示高铁开通第 m 期前项,$\text{hsr\_d}_{i,t+n}$ 表示高铁开通第 n 期后项,前向变量与后向变量各设置了 6 个月的虚拟变量。纳入前项变量是为了考察高铁开通前的效应,以验证平行趋势假设,而纳入后项变量是用于识别高铁开通对乘用车购买行为带来的后续影响。具体而言,仍如上所示,我们用 t 代表城市 i 开通高铁的具体月份。如果 $t-m \leqslant -6$,则 $\text{hsr\_d}_{i,t-m} = 1$,否则 $\text{hsr\_d}_{i,t-m} = 0$,以此类推,$t-m = k(k \leqslant -1)$ 时,$\text{hsr\_d}_{i,t-m} = 1$,否则 $\text{hsr\_d}_{i,t-m} = 0(k = -5, -4, -3, -2, -1)$;$t+n = k(k > 0)$ 时,$\text{hsr\_d}_{i,t+n} = 1$,否则 $\text{hsr\_d}_{i,t+n} = 0(k = 1, 2, 3, 4, 5)$。最后,如果 $t+n \geqslant 6$,则 $\text{hsr\_d}_{i,t+n} = 1$,否则 $\text{hsr\_d}_{i,t+n} = 0$。Y_{it} 表示乘用车合资品牌购买率。我们将高铁开通的当月作为基准月份,即去除了 $t+0$ 期的虚拟变量。因此,我们主要关注参数 β_m 和 λ_n 的大小就反映了高铁开通 k 月对乘用车合资品牌购买率的影响大小。

图 5-5 是基于模型(5)在地级市层面进行的平行趋势分析的结果,分别给出了高铁开通对地级市乘用车合资品牌购买率相关回归结果的点估计和 95% 置信区间;横轴表示距离城市高铁开通的月数,如 $t-4$ 表示城市开通高铁前的第 4 个月,$t+4$ 表示城市开通高铁后的第 4 个月。以图 5-5 中纵向虚线为界,可以看出,在高铁开通之前,地级市的乘用车合资品牌购买率的差异不能拒绝为零的原假设,即高铁开通前地级市乘用车合资品牌购买率无显著影响,不存在预期效应,满足平行趋势假设。而从虚线右侧来看,地级市乘用车合资品牌购买率的差异拒绝为零的原假设,即高铁开通后显著促进了地级市乘用车合资品牌购买率的提升。这与基准回归结果保持一致。

综上所述,高铁开通前 6 个月对乘用车合资品牌购买行为的政策影响在

95%的置信区间下通过了平行趋势检验。同时,高铁开通后对乘用车合资品牌购买行为产生了显著影响。

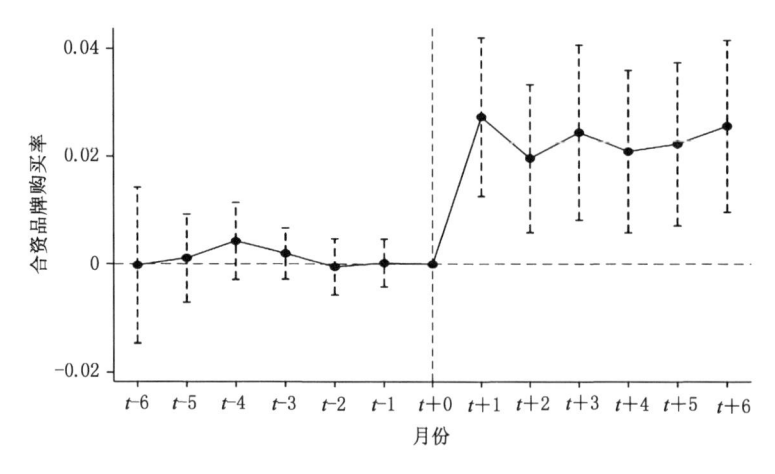

图 5-5 合资品牌购买率平行趋势分析结果

三、高铁开通对地位消费影响的稳健性检验

(一)PSM-DID 检验

由于不同层级城市、不同地区在经济特征、文化习俗等方面存在着很大的差异,为消除城市特征差异所带来的影响以验证本研究实证结果的稳健性,本研究采用倾向匹配得分方法为处理组配比控制组,对模型(4)重新进行检验。首先,通过 Logit 回归计算倾向得分值,在进行 Logit 回归时以是否开通高铁作为被解释变量,以本研究的控制变量作为解释变量。其次,采用核匹配的方法进行倾向得分匹配为处理组配比控制组,然后删除不匹配的控制组,利用匹配后的处理组和控制组进行 DID 分析,一方面有效解决了样本选择偏误问题,另一方面也很好地克服了模型的内生性,从而可以精确估计高铁开通对地位消费行为的影响。从表 5-10 的实证结果可以看出,高铁开通对合资品牌购买率的回归系数均在 1% 的水平上显著为正,与前文结果保持一致,证明本研究的实证结果稳健。

表 5-10 高铁开通对地位消费的影响分析(PSM-DID)

变量	合资品牌购买率
hsr	0.008 38**
	(0.004 03)

第五章　高铁开通对地位消费行为的影响研究

表5-10(续)

变量	合资品牌购买率
常数项	1.261 62**
	(0.498 00)
控制变量	Yes
时间效应	Yes
城市效应	Yes
N	11 280
调整后的 R^2	0.753 71

(二) 安慰剂检验

与上一章安慰剂检验的做法一致,我们将开高铁开通时间较真实开通时间提前一年,来测试高铁开通对地位消费的影响,结果如表5-11所示。

表5-11　高铁开通对地位消费的影响分析(安慰剂检验)

变量	合资品牌购买率
hsr	0.002 41
	(0.003 41)
常数项	0.685 67***
	(0.062 48)
控制变量	Yes
时间效应	Yes
城市效应	Yes
N	11 868
调整后的 R^2	0.753 53

由表5-11可知,我们将开高铁开通时间较真实开通时间提前一年后,高铁开通对地位消费的影响系数不再显著。这证明了高铁开通对地位消费的影响具有较高的稳健性。

(三) 改变样本周期

我们采取了更换样本的方式验证实证结果的可靠性。为了进一步探究高铁开通对地位消费的影响,我们利用2014—2015年的全国各地级及以上城市平衡面板数据对上述问题进行了分析。相关回归结果如表5-12所示,从实证结果可以看出,高铁开通对于乘用车合资品牌购买率的回归系数显著为正,在1%的水平上通过了显著性测试。这再次说明,2014—2015年间,相较于未开通高铁的地级市,已经开通高铁的城市消费者的地位消费意愿增强,进而在购车决策上表现为增加更能彰显"地位"和"身份"的合资品牌乘用车的购买。2014—2015年的实证分析结果与2008—2012年的实证分析结果保持一致,再次说明高铁开通能显著增加地位消费的结论是稳健的。

表5-12 高铁开通对地位消费的影响分析(2014—2015年)

变量	合资品牌购买率	
	(1)	(2)
	LSDV	FE
hsr	0.022 07***	0.022 07***
	(0.004 30)	(0.004 35)
常数项	0.187 83***	0.254 12***
	(0.043 98)	(0.033 21)
控制变量	Yes	Yes
时间效应	Yes	Yes
城市效应	Yes	Yes
N	3 808	3 808
调整后的 R^2	0.705 14	0.502 24

(四)基于地理环境信息构建工具变量的稳健性检验

本部分的内生性问题还有可能来自高铁网络线路规划与建设具有较大的非随机性。已有文献指出,经济发展较好的城市往往更容易连通交通基础设施网络,高铁的建设规划也不例外(戴学珍等,2016;唐宜红等,2019)。城市较高的经济发展水平很可能是决定其能否开通高铁的先决条件,一些城市可能是因为具有较高的经济发展水平从而更容易被纳入国家高铁建设网络中。

为了解决高铁开通具有很大程度非随机性这一内生性问题,本研究参考唐宜红等(2019)和田梦(2021)的研究,构建高铁开通的工具变量(IV),运用两阶段最小二乘法(2SLS)对本研究的主要结论进行检验。基于地理信息的"最小生成树"不仅具备影响高铁规划建设这一相关性特点,还具有不受城市经济发展水平影响这一外生性特征。从地理信息中可以获取最低地理开发成本路径,显然地理开发成本越小的城市越容易更早开通高铁,而地理开发成本越大的城市开通高铁的时间会越晚,同时城市的地理开发成本基本不受当地经济发展水平的影响,因此基于地理信息构建工具变量可行。

首先,将中国数字高程模型入地理信息系统分析软件,利用空间分析模块提取各地级市的水文信息、坡度信息和起伏度信息。其次,运用"栅格计算器"根据给定的地理开发成本公式(张梦婷等,2018;唐宜红等,2019)计算地理开发成本。再次,调用空间分析模块,将所有省会城市设置为靶点城市,按照"地理成本最小原则"设定成本路径网络。最后,导出数据,得到各地级市是否应该开通高铁的哑变量("最小生成树"经过的城市为1,否则为0)。由于构造的工具变量取决于地理开发成本数据,该变量不随时间变化。因此,将该变量乘以高铁开通率(当年开通高铁的城市数量除以最终年份开通高铁的总数量),最终得到适用于面板数据分析的地理工具变量。

二阶段最小二乘法下的回归结果(第二阶段)如表 5-13 所示,高铁开通对地级市乘用车合资品牌购买率的回归系数在1%的水平上显著为正,再一次验证了本研究实证结果的可靠性。同时,基于地理信息的"最小生成树"构造的工具变量的"不可识别"和"弱识别"检验,均表明了工具变量的有效性。

表 5-13 高铁开通对地位消费的影响(2SLS)

变量	合资品牌购买率
hsr	0.409 80***
	(0.051 82)
常数项	0.734 36
	(0.686 38)
控制变量	Yes
时间效应	Yes
城市效应	Yes
K-P rk LM	153.742***
K-P rk Wald F	149.169
N	11 808
调整后的 R^2	0.536 32

注:K-P rk LM 统计量均在1%的水平上显著,拒绝工具变量"不可识别"的原假设;K-P Wald F 统计量超过10%临界值,拒绝工具变量"弱识别"的原假设。

四、高铁开通对地位消费影响的调节路径分析

(一)模型设定

综合前文的回归结果,高铁开通显著增加了消费者的地位消费行为。那么

这一地位消费行为,又会受到哪些影响因素的影响?本章对其内在作用机制做进一步检验。

为了探究高铁开通影响地位消费行为的作用机理,本研究在模型(4)的基础上进一步构建调节效应模型,具体方程如下:

$$Y_{it} = \delta_0 + \delta_1 \text{hsr}_{it} + \delta_2 M_{it} + \delta_3 \text{hsr}_{it} * M_{it} + \sum \gamma_k \text{controls}_{it} + \mu_{city} + \nu_{time} + \varepsilon_{it}$$
(6)

假设 hsr_{it} 与 Y_{it} 相关显著,意味着回归系数 α_1 显著(即 $\alpha_1 = 0$ 的假设被拒绝),前文对于模型(4)的实证结果显示,hsr_{it} 与 Y_{it} 存在着显著的正相关关系。本章在此前提下展开对调节变量 M_{it} 的讨论。其中,Y_{it} 为普通地级市 i 在时间 t 的乘用车合资品牌购买率。hsr_{it} 为核心解释变量,表示城市 i 在时间 t 是否开通高铁:某城市在开通高铁的当月及以后各期取值为 1,否则为 0。M_{it} 为调节变量"可达性"(accessibility),交互项 $\text{hsr}_{it} \times M_{it}$ 的系数 δ_3 用来表示调节变量对地位消费主效应的调节作用,包含高铁是否开通与高铁站数量的交互项(i.hsr #i.highstation)。controls_{it} 为模型中地区的一系列控制变量,包括地级市的规模、经济发展水平、公共交通水平、基础道路设施水平、就业状况和互联网渗透率等。μ_{city} 表示城市固定效应,ν_{time} 表示时间固定效应,控制共同的时间趋势,本研究也考虑到个体随时间发展不平行的可能性,通过引入个体效应与时间变量的交乘项来控制不平行的时间趋势的干扰,ε_{it} 为随机扰动项。

(二)调节变量

本研究从可达性带来的城际人口流动水平方面考察高铁开通对地位消费的影响。

本研究用高铁站数量(highstation)作为可达性(accessibility)的代理变量。考虑到一个地区拥有的高铁站数量与其高铁开通有着显著的正向联系,一定程度上能够反映高铁开通的通达性,对此,本研究使用一个地区的高铁站数量来衡量该地区高铁开通带来的可达性,来衡量高铁的开通是否通过增加可达性(到其他城市的便利性)进而影响当地居民的地位消费行为。通常情况下,城市之间的可达性提高,不仅拉近了城市间的地理距离,也拉近了城市居民间的心理距离,为城市居民间紧密互动提供了可能,可以促使两地消费者的上行社会比较,给低线城市居民带来地位感知威胁。据此,本研究认为,地级市拥有的高铁站数量越多,说明它与省会城市之间的可达性越高,当地居民与省会居民之间的旅行、商务、探亲等联系就会越密切,居民之间的比较就越发强烈,则地级市消费者越可能会感受到来自省会城市的群体地位威胁,从而地位消费的意愿就会越强。

(三)调节机制分析

表 5-14 中报告了可达性对高铁开通与地位消费行为之间关系的调节作用。

表 5-14　可达性在高铁开通对地位消费影响中的调节效应

变量	合资品牌购买率	
	(1)	(2)
	LSDV	FE
hsr	0.013 85**	0.013 85**
	(0.006 88)	(0.006 47)
highstation	0.015 80***	0.015 81***
	(0.007 67)	(0.007 52)
i. hsr#i. highstation	0.010 64***	0.011 23***
	(0.002 69)	(0.003 20)
常数项	0.579 66***	0.842 35**
	(0.034 78)	(0.050 87)
控制变量	Yes	Yes
时间效应	Yes	Yes
城市效应	Yes	Yes
N	3 360	3 360
调整后的 R^2	0.867 40	0.549 55

由表 5-14 可知,高铁开通对消费者乘用车合资品牌购买率影响系数在 5% 的水平上显著为正,再次证明了高铁开通增加地位消费的结论。交互项 i.hsr#i.highstation 的系数为正,这说明城市开通高铁后拥有的高铁站数量越多,对提升当地消费者乘用车合资品牌购买率的效应会越强烈。低线城市高铁开通后拥有的高铁站数量越多,说明它与高线城市之间的可达性越高,当地居民与高线居民之间的旅行、商务、探亲等联系就会越密切,居民之间的信息关联越强,居民之间的比较就越发强烈,则低线城市消费者越可能会感受到来自高线城市的群体地位威胁,从而地位消费的意愿就会越强。由上可知,可达性正向调节高铁开通对地位消费的影响,即低线城市开通高铁后拥有的高铁站数量越多,对提升当地消费者地位消费行为越显著。

第五节　高铁开通对地位消费(大排量乘用车)影响的分析

因乘用车的品牌标识对消费者来说具有较高的可见性、易于观察,消费者对于合资品牌产品的购买一定程度上会受到参照群体趋同消费的影响,有可能会弱化其作为地位消费的心理补偿效应的影响。

高档规格的地位产品也常常为高地位追求动机的消费群体所偏好。研究表明,大排量乘用车因其动力强劲、性能卓越、安全性高等诸多优势,受到高地位追求动机的消费群体的偏好,更多地用于满足消费者自我奖赏的内在动机。相较于乘用车的品牌,乘用车的排量往往难以被消费者观察和模仿,其社会地位展示的外在功能较弱,通常不会因社会比较而受到参照群体的影响作用。

因此,通过考察高铁开通对大排量乘用车消费的影响,可以进一步确认高铁开通对地位消费影响效应的存在,剔除社会比较引发的趋同消费机制对地位消费增加的解释作用。

一、基于问卷数据的高铁开通对大排量乘用车消费影响的分析

为了测量高铁开通对大排量乘用车这一地位产品消费的影响,问卷中以"高涉入度的乘用车购买"为情境,设置了"您现有乘用车排量"题项,将已经购买"3.0 L以下排量"和"3.0 L以上排量"的作为地位消费的代理变量[①]。研究表明,相较于3.0 L以下排量,3.0 L以上排量更能彰显消费者的"地位"和"身份",受到地位追求动机高的人的青睐。

首先,将消费者对"3.0 L以下排量"和"3.0 L以上排量"乘用车的选择进行编码,将选择购买"3.0 L以下排量"乘用车的结果编码为"0"、选择购买"3.0 L以上排量"乘用车的结果编码为"1"。

其次,以高铁是否开通为自变量(高铁开通的城市为1,高铁未开通的城市为0)。

以编码后的大排量乘用车偏好为因变量,进行二元Logistic回归。

结果显示,相较于未开通高铁的城市,高铁开通的城市消费者选择购买大排量乘用车的比例(23.6%)显著地高于高铁未开通的城市消费者(10.2%),$\beta=1.342$,Wald $\chi^2=140.2$,$p=0.000$ 这表明高铁开通会导致消费者更高比例的大排量乘用车购买行为。高铁开通城市与未开通城市消费者大排量乘用车购买比例如图5-6所示。

二、基于客观数据的高铁开通对大排量乘用车消费影响的分析

表5-15展示了高铁开通与地位消费(大排量乘用车)之间的关系。从实证结果可以看出,在控制了地级市的规模、经济发展水平(人均地区生产总值、地区生产总值增长率、人均星巴克咖啡连锁门店数量等)、就业情况(职工平均工资等)、公共交通水平、基础道路设施水平和互联网渗透率等可能会对乘用车购买

---

① 根据乘用车行业标准,大排量乘用车通常是指排气量在3.0 L以上的汽车。

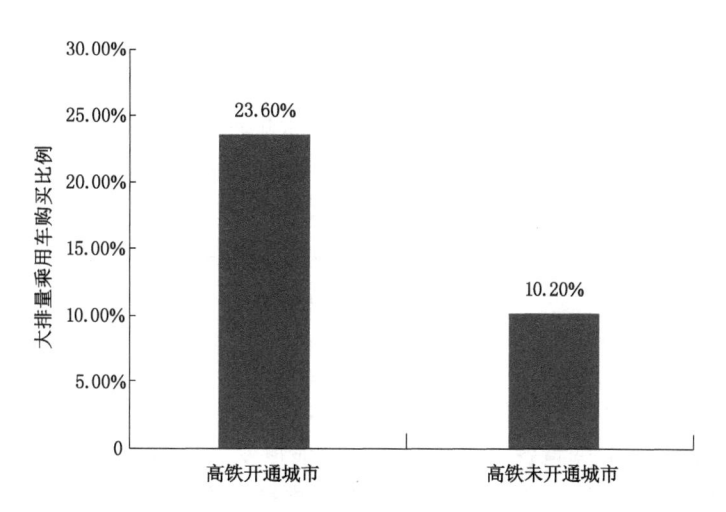

图 5-6　高铁开通城市与未开通城市消费者大排量乘用车购买比例

行为产生较大影响的变量后,高铁开通对大排量乘用车购买率的回归系数均显著为正,这说明相较于未开通高铁城市,高铁开通城市的消费者对大排量乘用车的购买率显著增加。再次说明,高铁开通不仅促进了区域经济发展、出行范围、频率的提高,也促进了消费者对更能彰显"地位"和"身份"产品的偏好。

表 5-15　高铁开通对地位消费(大排量乘用车)的影响分析

变量	大排量购买率	
	(1)	(2)
	LSDV	FE
hsr	0.000 54**	0.000 54*
	(0.000 24)	(0.000 32)
常数项	0.030 20	−0.004 39
	(0.030 32)	(0.006 72)
时间效应	Yes	Yes
城市效应	Yes	Yes
N	11 868	11 868
调整后的 R^2	0.283 25	0.046 72

三、高铁开通对大排量乘用车消费影响的平行趋势检验

本章主要利用双重差分法(DID)来实证检验高铁开通对不同城市消费者地

位消费行为的影响,可是判断双重差分法能否有效衡量高铁开通这一政策效应的前提是如果不存在高铁开通这一外生冲击事件,处理组和对照组具有共同的发展趋势。为了更加直观地考察高铁开通前和开通后有高铁的城市和没有高铁的城市乘用车大排量购买行为的动态差异,即验证高铁开通城市与未开通城市在高铁开通前的乘用车大排量购买行为上具有共同趋势(即平行趋势检验),本研究参考 Jacobson 等(1993)、Kudamatsu(2012)以及 Newton 等(2019)等文献的做法,我们利用事件分析法检验平行趋势假设,具体的回归模型如下:

$$Y_{it} = \alpha_0 + \sum_{m \geq 6, m=1}^{6} \beta_m \text{hsr\_d}_{i,t-m} + \sum_{n \geq 6, n=1}^{6} \lambda_n \text{hsr\_d}_{i,t+n} + \mu_{\text{city}} + \nu_{\text{time}} + \varepsilon_{it} \quad (7)$$

其中,$\text{hsr\_d}_{i,t-m}$ 表示高铁开通第 m 期前项,$\text{hsr\_d}_{i,t+n}$ 表示高铁开通第 n 期后项,前向变量与后向变量各设置了 6 个月的虚拟变量。纳入前项变量是为了考察高铁开通前的效应,以验证平行趋势假设,而纳入后项变量是用于识别高铁开通对乘用车购买行为带来的后续影响。具体而言,仍如上所示,我们用 t 代表城市 i 开通高铁的具体月份。如果 $t-m \leq -6$,则 $\text{hsr\_d}_{i,t-m} = 1$,否则 $\text{hsr\_d}_{i,t-m} = 0$,以此类推,如果 $t-m = k(k \leq -1)$,$\text{hsr\_d}_{i,t-m} = 1$,否则 $\text{hsr\_d}_{i,t-m} = 0$($k = -5, -4, -3, -2, -1$);如果 $t+n = k(k > 0)$,$\text{hsr\_d}_{i,t+n} = 1$,否则 $hsr\_d_{i,t+n} = 0$($k = 1, 2, 3, 4, 5$)。最后,如果 $t+n \geq 6$,则 $\text{hsr\_d}_{i,t+n} = 1$,否则 $\text{hsr}_{i,t+n} = 0$。Y_{it} 表示乘用车大排量购买率。我们将高铁开通的当月作为基准月份,即去除了 $t+0$ 期的虚拟变量。因此,我们主要关注参数 β_m 和 λ_n 的大小就反映了高铁开通 k 月对乘用车大排量购买率的影响大小。

图 5-7 是基于模型(7)在地级市层面进行的平行趋势分析的结果,分别给出了高铁开通对地级市乘用车大排量购买率相关回归结果的点估计和 95% 置信区间;横轴表示距离城市高铁开通的月数,如 $t-2$ 表示城市开通高铁前的第 2 个月,$t+2$ 表示城市开通高铁后的第 2 个月。以图 5-7 中纵向虚线为界,可以看出,在高铁开通之前,地级市的乘用车大排量购买率的差异不能拒绝为零的原假设,即高铁开通前地级市乘用车大排量购买率无显著影响,不存在预期效应,满足平行趋势假设。而从虚线右侧来看,地级市乘用车大排量购买率的差异拒绝为零的原假设,即高铁开通后显著促进了地级市乘用车大排量购买率的提升。这与基准回归结果保持一致。

综上所述,高铁开通前 6 个月对乘用车大排量购买行为的政策影响在 95% 的置信区间下通过了平行趋势检验。同时,高铁开通后对乘用车大排量购买行为产生了显著影响。

第五章　高铁开通对地位消费行为的影响研究

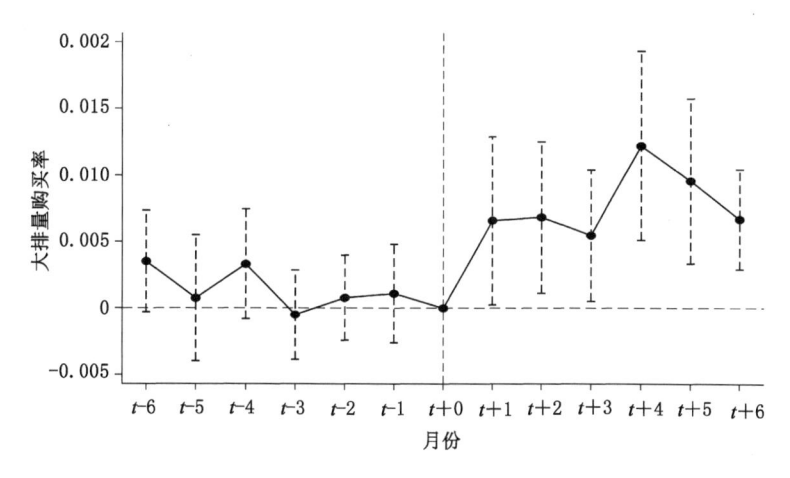

图 5-7　大排量购买率平行趋势分析结果

四、高铁开通对大排量乘用车消费影响的稳健性检验

（一）PSM-DID 检验

由于不同层级城市、不同地区在经济特征、文化习俗等方面存在着很大的差异，为消除城市特征差异所带来的影响以验证本研究实证结果的稳健性，本研究采用倾向匹配得分方法为处理组配比控制组，对模型(4)重新进行检验。首先，通过 Logit 回归计算倾向得分值，在进行 Logit 回归时以是否开通高铁作为被解释变量，以本研究的控制变量作为解释变量。其次，采用核匹配的方法进行倾向得分匹配，为处理组配比控制组，然后删除不匹配的控制组，利用匹配后的处理组和控制组进行 DID 分析，一方面有效解决了样本选择偏误问题，另一方面也很好地克服了模型的内生性，从而可以精确估计高铁开通对城市居民乘用车购买行为的影响。从表 5-16 的实证结果可以看出，高铁开通对大排量乘用车购买率的回归系数均在 1% 的水平上显著为正，与前文结果保持一致，证明本研究的实证结果是稳健的。

表 5-16　高铁开通对地位消费(大排量乘用车)的影响分析(PSM-DID)

变量	大排量购买率
hsr	0.000 56**
	(0.000 24)

表5-16(续)

变量	大排量购买率
常数项	0.016 76
	(0.030 52)
控制变量	Yes
时间效应	Yes
城市效应	Yes
N	11 280
调整后的 R^2	0.304 03

(二) 改变样本周期

我们采取更换样本的方式验证实证结果的可靠性。为了进一步探究高铁开通对地位消费(大排量)行为的影响,我们利用2014—2015年的全国各地级及以上城市平衡面板数据对上述问题进行了分析。相关回归结果如表5-17所示,从实证结果可以看出,高铁开通对于大排量乘用车购买率的回归系数显著为正,在1‰的水平上通过了显著性测试。这再次说明,2014—2015年间,相较于未开通高铁的地级市,已经开通高铁的城市消费者地位消费意愿增强,进而在购车决策上表现为增加更能彰显"地位"和"身份"的大排量乘用车乘用车的购买。2014—2015年的实证分析结果与2008—2012年的实证分析结果保持一致,再次说明高铁开通能显著增加地位消费的结论是稳健的。

表5-17 高铁开通对地位消费(大排量乘用车)的影响分析(2014—2015年)

变量	大排量购买率	
	(1)	(2)
	LSDV	FE
hsr	0.000 55***	0.000 55***
	(0.000 14)	(0.000 14)
常数项	−0.000 03	−0.002 26
	(0.004 75)	(0.005 65)
控制变量	Yes	Yes
时间效应	Yes	Yes
城市效应	Yes	Yes
N	3 808	3 808
调整后的 R^2	0.705 14	0.502 24

(三)基于地理环境信息构建工具变量

本部分的内生性问题还有可能来自高铁网络线路规划与建设具有较大的非随机性。已有文献指出,经济发展较好的城市往往更容易连通交通基础设施网络,高铁的建设规划也不例外(戴学珍等,2016;唐宜红等,2019)。城市较高的经济发展水平很可能是决定其能否开通高铁的先决条件,一些城市可能是因为具有较高的经济发展水平从而更容易被纳入国家高铁建设网络中。

为了解决高铁开通具有很大程度非随机性这一内生性问题,本研究参考唐宜红等(2019)和田梦(2021)的研究,构建高铁开通的工具变量(IV),运用两阶段最小二乘法(2SLS)对本研究的主要结论进行检验。基于地理信息的"最小生成树"不仅具备影响高铁规划建设这一相关性特点,还具有不受城市经济发展水平影响这一外生性特征。从地理信息中可以获取最低地理开发成本路径,显然地理开发成本越小的城市越容易更早开通高铁,而地理开发成本越大的城市开通高铁的时间会越晚,同时城市的地理开发成本基本不受当地经济发展水平的影响,因此是一个合适的工具变量。

首先,将中国数字高程模型入地理信息系统分析软件,利用空间分析模块提取各地级市的水文信息、坡度信息和起伏度信息;其次,运用"栅格计算器"根据给定的地理开发成本公式(张梦婷等,2018;唐宜红等,2019)计算地理开发成本。再次,调用空间分析模块,将所有省会城市设置为靶点城市,按照"地理成本最小原则"设定成本路径网络;最后,导出数据,得到各地级市是否应该开通高铁的哑变量("最小生成树"经过的城市为1,否则为0)。由于构造的工具变量取决于地理开发成本数据,该变量不随时间变化。因此,将该变量乘以高铁开通率(当月开通高铁的城市数量除以最终月份开通高铁的总数量),最终得到适用于面板数据分析的地理工具变量。

二阶段最小二乘法下的回归结果(第二阶段)如表5-18所示,高铁开通对地级市乘用车大排量购买率的回归系数在1%的水平上显著为正,再一次验证了本研究实证结果的可靠性。同时,基于地理信息的"最小生成树"构造的工具变量的"不可识别"和"弱识别"检验,均表明了工具变量的有效性。

表5-18 高铁开通对地位消费(大排量乘用车)的影响(2SLS)

变量	大排量购买率
hsr	0.075 38***
	(0.006 86)

表5-19(续)

变量	大排量购买率
常数项	−0.087 92
	(0.096 77)
城市效应	Yes
时间效应	Yes
K-P rk LM	153.742***
K-P rk Wald F	149.169
N	11 808
调整后的 R^2	0.401 64

注：K-P rk LM统计量均在1%的水平上显著，拒绝工具变量"不可识别"的原假设；K-P Wald F统计量超过10%临界值，拒绝工具变量"弱识别"的原假设。

五、剔除趋同消费作用干扰的结论

因为大排量乘用车的社会地位展示功能相对较弱、内在自我奖赏功能较强，消费者对大排量乘用车的消费往往是出于对地位产品追求的内在强烈动机，通常不会因社会比较而受到参照群体的影响作用，所以本部分考察了高铁开通对大排量乘用车消费的影响，可以进一步确认高铁开通对地位消费影响效应的存在，同进可以剔除受参照群体影响的趋同效应。

基于问卷数据和城市层面客观数据，通过二元Logistic回归分析、多时点DID计量分析、平行趋势检验、PSM-DID、安慰剂检验、改变样本周期、基于地理环境信息构建工具变量等多种分析和检验，我们发现高铁开通对地位消费（大排量乘用车）有显著的积极影响，即相较于未开通高铁的城市，开通高铁的城市消费对地位消费（大排量乘用车）显著增加。

因此，本部分通过考察高铁开通对地位消费（大排量乘用车）的影响，进一步确认了高铁开通对地位消费影响效应的存在，剔除了受参照群体影响的趋同效应。

第六节 研究结果与讨论

本部分研究了高铁开通带来的人口从综合实力较弱的低线城市向综合实力较强的高线城市的大规模跨城流动、城市间人们社会互动显著增强，激发了低线城市消费者与高线城市消费者的上行社会比较，使低线城市消费者产生感知地

第五章 高铁开通对地位消费行为的影响研究

位威胁,进而增加对更能彰显"身份和地位"产品的偏好,即研究了高铁开通对地位消费的影响。

本部分首先通过 Credamo 平台在对全国开通高铁城市和未开通高铁城市的消费者进行了分层抽样基础上开展了大规模的问卷调查,得到基于个体消费者的调查问卷数据,以开通高铁城市消费者为实验组,以未开通高铁城市消费者为对照组,就高铁开通对地位消费的主效应和可能解释机制做了研究。接着,以 2007—2015 年全国城市高铁开通数据和全国乘用车销售的月度数据作为样本数据,利用高铁开通这一"准自然实验",以开通高铁城市消费者为实验组,以未开通高铁城市消费者为对照组,利用双重差分法(多时点 DID)验证了高铁开通对地位消费的主效应和可能的解释机制,在平行趋势检验的基础上又采用倾向得分匹配-双重差分法(PSM-DID)检验、安慰剂检验、改变样本周期、基于地理环境信息构建工具变量等方式进行了稳健性检验。

相较于乘用车的品牌,乘用车的排量往往难以被消费者观察和模仿,其社会地位展示的外在功能较弱。消费者对大排量乘用车这一地位产品的消费不会因社会比较而受到参照群体的影响作用。本部分研究还发现,高铁开通对地位消费(大排量乘用车)有显著的正向影响,进一步确认了高铁开通对地位消费影响效应的存在,同时剔除了受参照群体影响的趋同效应。

本部分研究主要有以下结论:

第一,高铁开通对"地位消费"有显著的正向影响。相较于未开通高铁的普通地级(低线)城市,开通高铁的普通地级(低线)城市消费者对地位产品的消费偏好显著增强。进一步来说,相较于未开通高铁的普通地级(低线)城市,开通高铁的普通地级(低线)城市消费者对具有合资品牌或高档规格产品等更能彰显"地位和身份"产品的消费偏好显著增强。

第二,上行社会比较、感知地位威胁在高铁开通对地位消费的影响中起中介作用。相较于未开通高铁的普通地级(低线)城市,开通高铁的普通地级(低线)城市向省会(高线)城市大规模的人口流动使普通地级市(低线)消费者会自发地强化与省会(高线)城市消费者的上行社会比较,进而使开通高铁的普通地级(低线)城市消费者的感知地位威胁显著增强,导致开通高铁的普通地级(低线)城市消费者增加对地位消费的需求。

第三,城际人口流动水平是影响高铁开通对上行社会比较、地位消费的调节变量。即城际人口流动水平越高的城市,高铁开通引起上行社会比较和地位消费的上升幅度越大。进一步说,跨城流动频率越高、可达性越高,高铁开通引起上行社会比较和地位消费的上升幅度越大。

第四,符号价值是地位威胁感知对地位消费的影响的调节变量。即对于象征身份地位商品的符号价值感知越强,消费者地位威胁感知使对该地位商品消费的上升幅度越大。

高铁开通对地位消费影响的假设检验结果汇总如表5-19所示。

表5-19　高铁开通对地位消费影响的假设检验结果汇总

假设检验	检验结果
H6:高铁开通对地位消费有显著的正向作用	成立
H7:上行社会比较、感知地位威胁在高铁开通对地位消费的影响中起中介作用。	成立
H8:城际人口流动水平在高铁开通对地位消费的影响中起调节作用	成立
H8a:跨城流动频率越高,高铁开通引起上行社会比较和地位消费的上升幅度越大	成立
H8b:可达性越高的城市,高铁开通引起上行社会比较和地位消费的上升幅度越大	成立
H9:符号价值在地位威胁感知对地位消费的影响中起调节作用	成立

第六章　高铁开通对多样性消费行为的影响研究

本部分研究内容关注高铁开通带来的大规模人口跨城流动、城市间人们社会互动显著增强,是否能有效提升城市的文化多样性,进而激发了开通高铁城市消费者对多样性消费的行为? 即高铁开通对多样性消费的影响研究。

本章首先通过 Credamo 平台在对全国开通高铁城市和未开通高铁城市的消费者进行分层抽样基础上开展了大规模的问卷调查,得到基于个体消费者的调查问卷数据,以开通高铁城市消费者为实验组,以未开通高铁城市消费者为对照组,就高铁开通对多样性消费的主效应和可能解释机制做了研究。接着,以 2007—2015 年全国城市高铁开通数据和全国乘用车销售的月度数据作为样本数据,利用高铁开通这一"准自然实验",以开通高铁城市消费者为实验组,以未开通高铁城市消费者为对照组,利用双重差分法(多时点 DID)验证了高铁开通对多样性消费的主效应和可能的解释机制,在平行趋势检验的基础上又采用倾向得分匹配-双重差分法(PSM-DID)检验、安慰剂检验、改变样本周期、基于地理环境信息构建工具变量等方式进行了稳健性检验。

为剔除社会比较引发的趋同消费机制对普通地级市消费者品牌多样性消费偏好、颜色多样性消费偏好增加的解释作用,本部分还将考察高铁开通对普通地级市消费者的品牌多样性消费、颜色多样性消费向省会城市消费者趋同的影响。若这一影响不显著,则可以进一步确认文化多样性、多样化寻求在高铁开通对多样性消费影响中作用的存在,剔除社会比较引发的趋同效应对多样性消费的影响。

考虑到不同类型、级别城市存在巨大的差异,为了更精确地研究高铁开通对多样性消费的影响,本研究以普通地级市消费者为研究对象。同时考虑到东部少数省份有与省会发展程度接近的地级市,本研究中还在普通地级市样本中剔除了发达程度较高的计划单列市(副省级)和国家级流通节点城市(深圳市、厦门市、大连市、青岛市、宁波市、苏州市 6 个城市)。

第一节　基于消费者个体调研数据的多样性消费研究设计

一、变量测量

本研究主要采用问卷调查的研究方法,为了保证问卷测量的信度和效度,本研究中所涉及的变量题项基本来自国外成熟的量表。"消费者文化开放性"量表参照 CCO(Nijssen et al.,2011),"消费者创新性"量表参照 Manning 等(1995),"消费者的独特性"量表参照 Ruvio 等(2008),"消费者的金融素养"量表摘自中国人民银行消费者金融素养调研问卷,"符号价值"量表参照李东进等(2009)。笔者根据文献自设了"城市文化多样性""多样化寻求""流动频率"等量表。本研究变量题项采用李克特 7 级量表、数字式格式、开放性陈述等多种形式。

二、数据收集

本研究在 Credamo 平台采用问卷调查法进行数据收集,在平台"数据集市"对全国省会城市、高铁开通的普通地级市和未高铁开通的普通地级市消费者进行分层抽样、随机投放,样本特征限定为年龄在 26~55 岁之间、有家用车的消费者。

和第四章、第五章中问卷调查时一样,为保证调查质量,采取了六项措施来提高被调查者质量和问卷作答质量:

(1)要求被调查者经验丰富,设定"被调查者已回答问卷的总数大于等于 10"。

(2)要求被调查者信用分高,设定"被调查者信用分大于等于 70 分"。

(3)要求被调查者历史采纳率高,设定"历史采纳率即被采纳问卷数/总填答问卷数大于等于 70%"。

(4)开启作答者需要授权定位才能作答,每个 IP 只能填答一次。

(5)设置了甄别题,采用自动拒绝不合格问卷。

(6)人工审核被调查者作答质量,手动拒绝不合格问卷等,帮助用户获得高质量数据。

本部分的调查问卷和第四章、第五章中的调查问卷同时在 Credamo 平台投放。累计投放问卷 1 600 份,自动拒绝 18 份,手动拒绝 62 份,共得到有效问卷 1 520 份,有效问卷率为 94.2%,并将其得到的数据整理后输入 SPSS 21.0。

三、样本信息

调查所得的 1 520 份样本的年龄、性别、工作单位、学历、地区分布等详细信息如表 4-1 所示,这里不再重复列示。

四、信度与效度检验

对于项目间一致性信度,常用 Cronbach α 来度量,经过检验,测量量表的 Cronbach α 值均大于 0.7,表明对所有变量的测量结果是可信的。

当然,仅有较高的信度不足以表明测量量表的有效性,信度高的量表也存在无效的可能性,所以又对其进行效度检验,用以衡量测量量表在多大程度上可以反映真实情况。效度主要包括内容效度和构建效度。

在内容效度方面,由于本研究采用的"消费者文化开放性"量表、"消费者创新性"量表、"消费者的独特性"量表、"消费者的金融素养"量表、"符号价值"量表等 5 个量表都是参照以前学者们成熟的量表,"城市文化多样性""多样化寻求""流动频率"3 个量表为笔者在参考大量该研究领域内的文献基础上自编,所有量表在问卷设计过程中采纳了专家的意见,并进行了反复修改最终确定。因此,本研究是具有较好的内容效度的。

构建效度主要通过聚合效度和区别效度来评价。本研究对构建效度的检验主要是通过验证性因子分析来完成的。

结果表明,验证性因子分析标准化因子荷载均大于 0.7(大于 0.5 的标准),并且通过了显著性水平测试;组合信度均大于 0.9(大于 0.8 的标准);平均提炼方差也均大于 0.9(大于 0.5 的标准),表明本研究所用量表具有很高的收敛效度。

同时,因子之间的相关系数在 95% 置信区间内不包含 1.0,说明各变量之间具有区别有效性。

以上检验表明,本研究量表具有较高的信度和效度。

五、同源误差控制

为了控制问卷调查中存在的同源误差问题(CMV),和第四章、第五章中控制方法相同,根据 Podsakoff 等(2003)的建议,我们在问卷的引导语中通过"红色+加粗"文字呈现方式、强调只是为了纯粹的学术研究、调查结果将以加总数据以及匿名的方式展现等;采用多种测量方式进行变量的测量;确保所有变量测量项都满足 Podsakoff 等(2003)指出需要避免的最小化模棱两可问题标准。具体内容在此不再赘述。

第二节　基于消费者个体调研数据的多样性消费研究分析

一、高铁开通对多样性消费影响的主效应分析

为了测量高铁开通对消费者多样性消费的影响,问卷中以"高涉入度的乘用车购买"为情境,询问了被调查者现有乘用车品牌和颜色的详细信息、多样性消费意愿。

首先,根据问卷中被调查者现有乘用车品牌和颜色的数据,借鉴 Ottaviano 等(2006)的分离指数作为多样性计算公式,分别计算高铁开通城市和未开通城市的品牌多样性、颜色多样性。从问卷数据中整理出不同品牌及相应数量作为品牌多样性指标,品牌数取值从 1 到 m;整理出 12 种主要的车身颜色如红色、橙色、黄色、棕色、蓝色、绿色、紫色、黑色、白色、灰色、银色、金色等及相应数量作为颜色多样性指标,颜色种类取值从 1 到 n。多样性取值范围在 0~1 之间,越接近于 1 说明多样性越高。

$$品牌多样性 = 1 - \sum_{m}\left(\frac{m\ 品牌车的数量}{总数量}\right)^2$$

其中,m 为不同种类乘用车的品牌。

$$颜色多样性 = 1 - \sum_{n}\left(\frac{n\ 颜色车的数量}{总数量}\right)^2$$

其中,n 为不同种类乘用车的颜色。

根据以上多样性计算公式,高铁开通地区的消费者品牌多样性为 0.773 1,高铁未开通地区的消费者品牌多样性为 0.729 6;高铁开通地区的消费者颜色多样性为 0.932 0,高铁未开通地区的消费者颜色多样性为 0.892 1。高铁开通地区消费者比高铁未开通地区消费者表现出更高的品牌多样性和颜色多样性偏好。

接着,检验高铁开通对个体消费者多样性消费意愿的影响。问卷中询问了被调查者近期如果准备再买(换)一辆新的乘用车时对品牌和颜色的选择,将其与被调查者现有乘用车品牌和颜色进行对比后编码,将"拟新购车辆和现有车辆品牌、颜色"相一致的编码为"0",代表低多样性消费意愿;将"拟新购车辆和现有车辆品牌、颜色"不一致的编码为"1",代表高多样性消费意愿。同时,以高铁是否开通为自变量(高铁开通的城市为 1,高铁未开通的城市为 0),以编码后的品牌多样性消费意愿和颜色多样性消费意愿为因变量进行二元 Logistic 回归。结果显示,相较于未开通高铁的城市,高铁开通的城市消费者新购乘用车时品牌转

换意愿的比例(81.02%)显著地高于高铁未开通的城市消费者(52.33%),$\beta=2.817$,Wald $\chi^2=211.604$,$p=0.000$,这表明高铁开通会导致消费者更高比例的品牌转换意愿;相较于未开通高铁的城市,高铁开通的城市消费者新购乘用车时颜色转换意愿的比例(66.28%)显著地高于高铁未开通的城市消费者(46.86%),$\beta=2.310$,Wald $\chi^2=173.957$,$p=0.000$,这表明高铁开通会导致消费者更高比例的颜色转换意愿。由此,高铁开通显著增加多样性消费意愿的假设得到支持。

二、高铁开通对多样性消费影响的中介路径分析

根据前文主效应的分析结果,高铁开通显著促进了消费者的多样性消费意愿。那么,相较于高铁未开通城市,高铁开通城市消费者的多样性消费意愿为何会显著提升?本部分对其内在作用机制进一步检验。

高铁开通导致大规模的人口流动,给开通城市带来多元文化的冲击,提升了城市的文化多样性。城市文化多样性不仅有利于催生创新性的想法和行为,使行为和态度中有适度的变化,要比一成不变更容易给其他人留下积极的印象,从而使人们对多样化行为给予更积极的评价。城市文化多样性同时还可以增强地区的包容性,人们对多样化行为的容忍程度增加,人们被鼓励表达自己的真实想法从而会产生更多的多样化寻求行为。因此,城市文化多样性越高,越有利于形成人们对多样化行为的积极评价和高容忍度的文化价值观,从而使消费者多样化寻求的社会动机显著增强,进而激发了消费者的多样性消费行为。

"文化多样性感知"和"多样化寻求"变量来自问卷中文化多样性感知量表、多样化寻求动机量表,多样性消费意愿根据问卷中被调查者拟新购车辆和现有乘用车品牌和颜色的对比进行编码,将"拟新购车辆和现有车辆品牌、颜色"相一致的编码为"0",代表低多样性消费意愿;将"拟新购车辆和现有车辆品牌、颜色"不一致的编码为"1",代表高多样性消费意愿。

为了探究"文化多样性感知"和"多样化寻求"在高铁开通对提升消费者多样性消费意愿中的作用机理,采用 PROCESS V 3.5 程序对"文化多样性感知"和"多样化寻求"的中介效应进行检验(Model 6;Hayes,2018),采用 Bootstrapping 程序进行 5 000 次抽样,分析 95% 置信区间的中介效应。同时,被调查者的年龄、学历、性别、职业、家庭年收入、文化开放性、创新性、独特性、金融素养等作为控制变量纳入计量模型。

首先,考察"文化多样性感知"和"多样化寻求"在高铁开通对提升品牌多样性消费中的中介效应。

由表 6-1 和表 6-2 分析结果可知:高铁开通对品牌多样性消费的直接效应

显著为正($\beta=3.1159, p=0.0000$);"文化多样性感知"和"多样化寻求"的中介效应(路径3)结果中不包含0(LLCI=0.1361,ULCI=0.3665)效应量大小为0.2385,表明"文化多样性感知"和"多样化寻求"的中介效应是显著的。品牌多样性消费的中介路径分析结果如图6-1所示。

表6-1 高铁开通对品牌多样性消费的直接效应

Effect	SE	T	p	LLCI	ULCI
3.1195	0.2578***	12.0990	0.0000	2.6142	3.6249

表6-2 高铁开通对品牌多样性消费的间接效应

	Effect	Boot SE	BootLLCI	BootULCI
总效应	1.5325***	0.2072	1.1759	1.9957
路径1	−0.0047	0.1293	−0.3009	0.2156
路径2	1.3410***	0.1658	1.0693	1.7190
路径3	0.2385**	0.0589	0.1361	0.3665

注:间接效应路径1:高铁开通→文化多样性感知→品牌多样性消费;路径2:高铁开通→多样化寻求→品牌多样性消费;路径3:高铁开通→文化多样性感知→多样化寻求→品牌多样性消费。

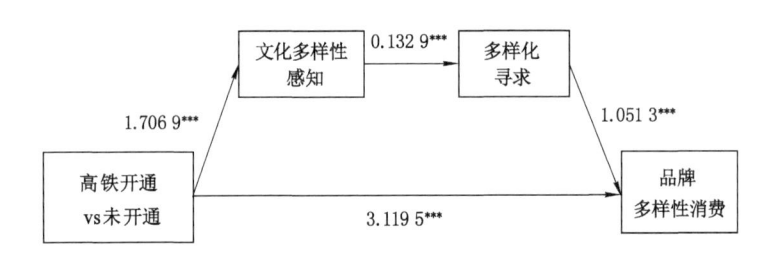

图6-1 品牌多样性消费的中介路径分析结果图

接着,考察"文化多样性感知"和"多样化寻求"在高铁开通对提升颜色多样性消费中的中介效应。

由表6-3和表6-4分析结果可知:高铁开通对颜色多样性消费的直接效应显著为正($\beta=2.8111, p=0.0000$);"文化多样性感知"和"多样化寻求"的中介效应(路径3)结果中不包含0(LLCI=0.1201,ULCI=0.3450),效应量大小为0.2214,表明"文化多样性感知"和"多样化寻求"的中介效应是显著的。

颜色多样性消费的中介路径分析结果如图6-2所示。

第六章　高铁开通对多样性消费行为的影响研究

表 6-3　高铁开通对颜色多样性消费的直接效应

Effect	SE	T	p	LLCI	ULCI
2.811 1***	0.232 0	12.115 0	0.000 0	2.356 3	3.265 8

表 6-4　高铁开通对颜色多样性消费的间接效应

	Effect	Boot SE	BootLLCI	BootULCI
总效应	1.504 7***	0.188 4	1.182 5	1.933 9
路径 1	0.316 7**	0.131 2	0.070 4	0.589 0
路径 2	0.966 6***	0.135 6	0.741 6	1.281 1
路径 3	0.221 4**	0.057 7	0.120 1	0.345 0

注:间接效应路径1:高铁开通→文化多样性感知→颜色多样性消费;路径2:高铁开通→多样化寻求→颜色多样性消费;路径3:→高铁开通→文化多样性感知→多样化寻求→颜色多样性消费。

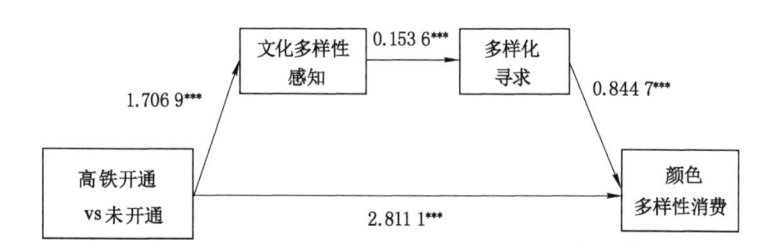

图 6-2　颜色多样性消费的中介路径分析结果图

综上分析可知,"文化多样性感知"和"多样化寻求"在高铁开通对多样性消费的影响中起到显著的中介效应。

三、高铁开通对多样性消费影响的调节路径分析

综合前文的分析结果,高铁的开通显著增加了消费者的多样性消费行为,且"文化多样性"的中介效应是显著的。本部分将考察"城际人口流动水平"在高铁开通对多样性消费影响中的调节作用。

"城际人口流动水平"的高低代表两个城市间社会互动的密切程度。高铁开通带来的大量人口跨城流动提升了开通城市的"文化多样性",继而引起消费者的多样性消费。可以预期,跨城流动的频次越高,会导致越高的城际人口流动水平,从而引发更高水平的"文化多样性",多样性消费意愿和行为进一步增强。

为了测量城际人口流动水平指标,问卷中用7级量表测量了被调查者到省会城市公务出差、外出旅游、探亲访友、通勤(指往返于住所与工作单位或学校)

的频率,将4个指标的平均值作为城际人口流动水平的变量。

为了探究"城际人口流动水平"在高铁开通对提升消费者多样性意愿中的作用机理,采用 PROCESS V 3.5 程序对"城际人口流动水平"的调节效应进行检验(Model 8;Hayes,2018),采用 Bootstrapping 程序进行 5 000 次抽样,分析 95% 置信区间的调节效应。同时,被调查者的年龄、学历、性别、职业、家庭年收入、文化开放性、创新性、独特性、金融素养等作为控制变量纳入计量模型。

如表 6-5 所示,从"城际人口流动水平"对直接效应路径的调节结果来看,"城际人口流动水平"起到了显著的正调节作用:当"城际人口流动水平"取值低于平均值一个标准差时,多样性消费效应不显著(Effect = 0.326 4,LLCI= −0.034 7,ULCI=0.687 6);取值高于平均值一个标准差时,多样性消费效应显著(Effect=0.808 1,LLCI=0.600 4,ULCI=1.015 9)。并且,"高铁开通×城际人口流动水平"交互项对"多样性消费消费"的回归系数 $\beta=0.120\ 4, p=0.032\ 7$,说明"城际人口流动水平"具有强化消费者多样性消费的作用。

表 6-5 城际人口流动水平在高铁开通对多样性消费直接效应路径的调节结果

城际人口流动水平	Effect	SE	T	P	LLCI	ULCI
2.000 0	0.326 4	0.184 1	1.773 2	0.076 4	−0.034 7	0.687 6
3.250 0	0.657 6**	0.086 0	7.646 2	0.000 0	0.488 9	0.826 3
6.000 0	0.808 1**	0.105 9	7.630 5	0.000 0	0.600 4	1.015 9

如表 6-6 所示,从"城际人口流动水平"对中介效应路径的调节结果来看,"城际人口流动水平"起到了显著的正调节作用:当"城际人口流动水平"取值低于平均值一个标准差时,"文化多样性"的中介效应显著(Effect=0.214 8,LLCI= 0.126 9,ULCI=0.307 2);取值高于平均值一个标准差时,"文化多样性"中介效应显著(Effect=0.411 5,LLCI=0.145 7,ULCI=0.428 3),效应系数明显提高。并且,"高铁开通×城际人口流动水平"交互项对"文化多样性"回归系数 $\beta=0.094\ 7, p=0.018\ 2$,说明"城际人口流动水平"具有强化消费者产生文化多样性的作用。

表 6-6 城际人口流动水平在高铁开通对多样性消费中介效应路径的调节结果

城际人口流动水平	Effect	Boot SE	BootLLCI	BootULCI
2.000 0	0.214 8**	0.046 8	0.126 9	0.307 2
3.250 0	0.313 8**	0.046 9	0.137 2	0.364 8
6.000 0	0.411 5**	0.054 6	0.145 7	0.428 3

城际人口流动水平不同路径的调节作用系数如表 6-7 所示。

表 6-7 城际人口流动水平不同路径的调节作用系数

	Effect	SE	T	p
高铁开通×城际人口流动水平→文化多样性感知	0.094 7**	0.040 0	2.364 6	0.018 2
高铁开通×城际人口流动水平→多样性消费意愿	0.120 4**	0.056 3	2.137 8	0.032 0

第三节 基于城市层面客观数据的多样性消费研究设计

一、模型设定与识别

为了估计高铁开通对品牌多样性和颜色多样性消费行为的影响，本研究采用 2008 年以来高铁开通在不同城市产生的"政策处理效应"来进行实证分析。考虑到不同类型、级别城市存在巨大的差异，为了更精确地研究高铁开通对多样性消费的影响，本研究以普通地级市消费者为研究对象。同时考虑到，东部少数省份有与省会发展程度接近的地级市，本研究还在普通地级市样本中剔除了发达程度较高的计划单列市（副省级）和国家级流通节点城市（深圳市、厦门市、大连市、青岛市、宁波市、苏州市 6 个城市）。

本研究选取的研究对象是普通地级市消费者，剔除了其中发达程度较高的计划单列市（副省级）和国家级流通节点城市，其他普通地级市均为高铁沿线的非节点城市，以排除反向因果带来的内生性干扰。作为国家层面的战略规划，高铁对于非区域中心高铁沿线的普通城市而言主要取决于其是否位于省会城市或国家流通节点城市间的高铁线上，普通城市的城际人口流动水平不是决定该地区开通高铁的直接原因，高铁的开通是一项"准自然实验"。

一些城市开通了高铁，一些城市却没有开通；或者有些城市开通高铁较早，有些城市开通高铁较晚，这为我们研究高铁在不同地区开通时间上的变异对消费行为的影响提供了难得的机会。本部分正是利用 2008 年之后中国高铁分批分次、逐步推广的数据，来考察高铁的开通是否提升了城市的文化多样性进而促进当地乘用车品牌多样性和颜色多样性购买行为变化的作用。

高铁开通对城市消费者带来的品牌多样性和颜色多样性消费行为效应可以划分为"时间效应"和"政策处理效应"，而双重差分法的主要思想就是将处理组和对照组之间的政策前后差异和时间差异分离出来，从而得到两组变量变化的差异性所带来的"高铁净效应"。我国第一条高速铁路 2008 年 8 月开通运行，在此之后中国高铁如雨后春笋般地迅猛发展。在这种情况下,高铁开通的时间存在差异,这就构成了一种渐进性的双重差分模型(多时点DID)。本部分以2007—2015年全国城市高铁开通数据和全国乘用车销售的月度数据作为样本数据,将已开通高铁城市作为处理组,未开通高铁城市作为对照组,参照Beck等(2010)的研究,使用多时点DID分析来确保高铁开通对多样性消费行为影响的准确性估计。本研究的多时点双重差分模型设定如下:

$$Y_{it} = \alpha_0 + \alpha_1 \text{hsr}_{it} + \sum \gamma_k \text{controls}_{it} + \mu_{\text{city}} + \nu_{\text{time}} + \varepsilon_{it} \tag{8}$$

其中,Y_{it}为城市i在时间t的乘用车品牌多样性和颜色多样性。hsr_{it}为核心解释变量,表示城市i在时间t是否开通高铁:某城市在开通高铁的当月及以后各期取值为1,否则为0。controls_{it}为模型中地区的一系列控制变量,包括地级市的规模、经济发展水平、公共交通水平、基础道路设施水平、就业状况和互联网渗透率等。μ_{city}表示城市固定效应,ν_{time}表示时间固定效应,控制共同的时间趋势,本研究也考虑到个体随时间发展不平行的可能性,通过引入个体效应与时间变量的交乘项来控制不平行的时间趋势的干扰,ε_{it}为随机扰动项。

二、样本选择与数据来源

(一)城市数据

为了探究高铁开通对不同城市消费者品牌多样性和颜色多样性消费行为的影响,本章利用2007—2015年的全国地级市平衡面板数据对上述问题进行了分析检验①。各城市乘用车购买数据来自从第三方咨询机构获取的2007—2015年间我国330多个城市的车辆牌照登记信息数据,每条登记信息包括时间(以月为单位)、所在城市(具体到地级市)、车型、品牌、排量、颜色等。由于难以直接获得月度乘用车销售数据,本研究用乘用车上牌量作为销售量的代理变量,汽车4S店通常都有一站式办理乘用车登记上牌的业务,因此两者之间的差异较小,此方法可靠。城市层面的数据主要来源于2008—2015年的《中国城市统计年鉴》《中国统计年鉴》,对于部分数据缺失的样本,首先通过搜集各个城市的统计公报和Wind数据库获得,对于个别确实无法获得的缺失数据,本研究予以剔除。对于在样本期内撤销或新增的地级市样本,会导致乘用车购买数据口径不一致,所以我们对此进行了剔除。由于西藏、内蒙古等地区所处地理位置的因素,其与全国高速铁路网并没有形成紧密的联系,为更加精准地捕捉高铁开通所

---

① 由于2013年的全国乘用车上牌城市月度数据存在缺失,本研究选取连续的时间趋势样本进行实证研究,并在下文的实证分析模块采用2014—2015年的样本数据进行稳健性检验。

带来的"政策效应",这里删除了这两个省份的城市样本,最终得到我国 260 个地级市的平衡面板数据。

(二)高铁数据

对于地级市的高铁开通时间、高铁站数量,主要手工整理自中国国家铁路集团有限公司网站、国家铁路局相关公告及 12306 网站。同时,根据中国铁路总公司的相关规定,高铁主要是指运营速度在 160~200 km/h,200 km/h 及以上的高速铁路,之后中国高速铁路是指设计时速 250 km 以上(含预留)且初期运营速度不小于 200 km/h 的客运列车专线铁路,包括高速动车组(250~350 km/h)、城际高速(250 km/h 以上)和标准动车组(200 km/h)。具体信息同表 4-13。

三、变量选择与说明

(一)核心解释变量:高铁开通

本研究对于核心解释变量高铁开通做出如下定义,若某地级市在某年某月首次开通高铁,则该地级市该年该月及以后各期均取 1,否则为 0。本研究将地级市是否具有高铁站以及最早通车时间作为该地级市是否开通高铁和首次开通时间的衡量标准。自 2008 年第一条京津高铁开通以来,中国高铁呈现迅猛增长态势,高铁覆盖地级市数仅用了 7 年时间就实现过半突破。从开通的区域位置来看,高铁的修建主要表现为西部最后、中部次之、东部率先的特点,但到了 2011 年,东部高铁修建速度逐渐放缓,中部地区开始迅速崛起并呈现赶超东部地区态势,2013 年后西部地区高铁修建速度明显加快(余泳泽等,2019)。

(二)被解释变量

本研究的研究目标是考察高铁开通对多样性(diversity,简称 DIV)消费的影响,由于采用全国各地级市乘用车月度销售数据,所以本部分研究中以各地级市乘用车的"品牌多样性"和"颜色多样性"为多样性消费的代理变量。

借鉴 Ottaviano 等(2006)的分离指数作为多样性计算公式,计算"品牌多样性"和"颜色多样性"。

$$\text{DIV}_{it} = 1 - \sum_{j=1}^{J} (e_{jt}^{i})^2$$

1. 品牌多样性

用不同品牌及销量作为品牌多样性指标,我们可以计算出品牌多样性指标的月度指标。本研究对上牌登记数据进行了清理,仅保留了非营运的乘用车,删除了用于营运、军事或政府用车等目的的数据。同时,为控制异常值的影响,本研究剔除了 2008—2012 年间累计市场份额不足 0.02% 的 104 个乘用车品牌。

其中，e_{jt}^i 代表 j 品牌乘用车 t 月销量占 t 月城市 i 乘用车总销量的比重，J 为样本中所有可能的品牌。DIV_{it} 的取值范围在 0 与 1 之间，若城市 i 在 t 月的所有乘用车销量都来自同一品牌，则取值为 0；若城市 i 在 t 月没有乘用车来自同一品牌，则取值为 1。该指标的数值越大，表明城市 i 的品牌多样性越强。

2. 颜色多样性。

用不同颜色及销量作为颜色多样性指标，我们可以计算出颜色多样性指标的月度指标。本研究对上牌登记数据进行了清理，仅保留了非营运的乘用车，删除了用于营运、军事或政府用车等目的的条目。同时，本研究剔除了缺失值，并将所有颜色值整理为 12 种主要的颜色：红色、橙色、黄色、棕色、蓝色、绿色、紫色、黑色、白色、灰色、银色、金色。

其中，e_{jt}^i 代表 j 颜色乘用车 t 月销量占 t 月城市 i 乘用车总销量的比重，J 为样本中所有可能的颜色。DIV_{it} 的取值范围在 0 与 1 之间，若城市 i 在 t 月所有乘用车销量都来自同一颜色，则取值为 0；若城市 i 在 t 月没有乘用车来自同一颜色，则取值为 1。该指标的数值越大，表明城市 i 的颜色多样性越强。

（三）控制变量

考虑到除高铁开通外，地级市的规模、经济发展水平、公共交通水平、基础道路设施水平和就业情况等均会对乘用车购买行为产生较大影响，故本研究对上述变量进行控制。对于地级市规模，本研究选择各地级市年末总人口数和人口密度进行刻画。对于地级市经济发展水平，本研究选取各地级市人均地区生产总值、地区生产总值增长率、年末实有公共营运汽电车数量、人均星巴克咖啡连锁门店数量、金融保险业从业人员比率进行刻画。对于地级市公共交通水平，本研究采用每万人拥有公共汽电车数量以及年末实有出租汽车数量进行刻画。对于地级市基础道路设施水平，本研究采用年末实有铺装道路面积和人均道路铺装面积作为主要衡量指标。对于地级市的就业状况，本研究采用在岗职工人数、职工平均工资以及年末城镇失业（登记）人数进行测度。对于地级市的互联网渗透率，本研究采用国际互联网用户人数占年末总人口的比值进行衡量。

表 6-8 对本研究使用的主要变量的计算方法进行了总结。

表 6-8　主要变量定义与说明

变量类型	变量名称	变量符号	变量定义
被解释变量	品牌多样性	DIV-brand	见"品牌多样性"计算公式
	颜色多样性	DIV－color	见"颜色多样性"计算公式

表6-8(续)

变量类型	变量名称	变量符号	变量定义
解释变量	高铁开通	hsr	若地级市在某年某月份首次开通高铁,则将该地区该年该月份及之后各期均取值为1,否则取值为0
控制变量	地级市规模	population	年末总人口(万人)
		density	人口密度(人/平方公里)
	经济发展水平	pergdp	人均地区生产总值(万元)
		ragdp	地区生产总值增长率
		bus	年末实有公共营运汽电车数量(万辆)
		perstar	人均星巴克咖啡连锁门店数量
		finance	金融保险业从业人数/年末总人口
	公共交通水平	perbus	每万人拥有公共汽电车数量(辆)
		taxi	年末实有出租汽车(万辆)
	基础道路设施水平	road	年末实有铺装道路面积(万平方米)
		perroad	人均铺装道路面积(平方米)
	就业状况	employ	在岗职工人数(万人)
		perincome	职工平均工资(万元)
		umemploy	年末城镇失业(登记)人数(万人)
	互联网渗透率	pernet	国际互联网用户人数/年末总人口
中介变量	文化多样性	DIV-cultrue	详细说明参见"中介机制分析"部分中的"文化多样性"计算公式
调节变量	可达性	highstation	地级市(包含所辖县、区以及县级市)的高铁站数量(个)
	经济距离	pergdp%	地级市生产总值占省会城市生产总值比例

四、变量的描述性统计

表6-9报告了各变量的描述性统计。从表6-9中可以看出,各城市品牌多样性和颜色多样性作为测度多样性消费行为的被解释变量,品牌多样性的最小值为0.444,最大值为0.960,极差为0.516,标准差为0.019,这一结果也表明我国各城市之间的品牌多样性有明显差异;颜色多样性的最小值为0.005,最大值为0.861,极差为0.856,标准差为0.055,这一结果也表明我国各城市之间的颜色多样性有明显差异。同时,文化多样性的最小值为0.000,最大值为0.730,极

差为 0.730,标准差为 0.157,这一结果也表明我国各城市之间的文化多样性有明显差异。由上可知,我国不同城市消费者之间对品牌多样性消费和颜色多样性消费都存在较大差异,城市间文化多样性也表现出明显的差异。这为本研究的继续开展提供了一个良好的基础。

表 6-9 描述性统计

变量名称	样本量	平均数	标准差	最小值	下四分位数	中位数	上四分位数	最大值
品牌多样性	13 620	0.926	0.019	0.444	0.919	0.930	0.938	0.960
颜色多样性	13 620	0.736	0.055	0.005	0.710	0.745	0.768	0.861
hsr	13 620	0.093	0.291	0.000	0.000	0.000	0.000	1.000
文化多样性	2 824	0.117	0.157	0.000	0.009	0.053	0.150	0.730
population	13 620	414.292	301.579	18.590	234.000	357.210	527.900	3 343.400
density	13 620	414.276	298.367	4.940	189.230	348.340	614.000	2 581.780
pergdp	13584	3.067	2.047	0.010	1.690	2.515	3.793	14.540
ragdp	13 608	13.182	2.777	−1.200	11.630	13.200	14.700	23.500
bus	13 572	0.064	0.084	0.002	0.023	0.041	0.074	0.867
perstar	13 620	0.017	0.042	0.000	0.000	0.005	0.011	0.332
finance	13 536	0.003	0.002	0.000	0.002	0.003	0.004	0.018
perbus	13 572	6.266	3.908	0.320	3.380	5.680	8.420	44.940
taxi	13 572	0.177	0.253	0.010	0.067	0.122	0.196	3.194
road	13 560	994.732	1 141.656	14.000	397.000	703.000	1 189.000	11 936.000
perroad	13 560	9.932	5.263	0.310	5.830	9.070	12.950	32.520
employ	13 608	30.675	27.477	4.280	16.330	25.070	35.960	325.870
perincome	13 476	3.112	1.195	1.272	2.457	2.997	3.604	32.063
umemploy	13 596	1.946	1.695	0.115	0.967	1.562	2.464	20.400
pernet	12 204	0.286	0.280	0.002	0.131	0.211	0.345	3.096
highstation	3 360	0.899	1.633	0.000	0.000	0.000	1.000	8.000
pergdp%	13 464	0.592	0.369	0.003	0.351	0.515	0.718	2.820

第四节 基于城市层面客观数据的多样性消费研究分析

一、高铁开通对多样性消费影响的主效应研究

表 6-10 展示了高铁开通与多样性消费之间的关系。从实证结果可以看出，在控制了地级市的规模、经济发展水平、就业情况、公共交通水平、基础道路设施水平和互联网渗透率等可能会对乘用车购买行为产生较大影响的变量后，高铁开通对品牌多样性和颜色多样性的回归系数均显著为正，通过了 5% 条件下的显著性检验。这说明相较于未开通高铁城市，高铁开通城市的消费者对乘用车购买的品牌多样性和颜色多样性显著增加。

研究表明，文化多样性有积极的影响。地域文化多样性可以增强地区的包容性。在文化种类较多的地区，具有不同文化背景的个体间的跨文化交流也会更多，这会提升人们对于不同文化背景的人的尊重和包容。因此，在文化越多样的地区，思想越开放和包容，这种氛围有助于提升消费者选择多样化品牌和多样化颜色的乘用车的意愿。

表 6-10 高铁开通对多样性消费的影响

变量	(1) 品牌多样性 LSDV	(2) 品牌多样性 FE	(3) 颜色多样性 LSDV	(4) 颜色多样性 FE
hsr	0.002 09*** (0.000 69)	0.002 09** (0.000 98)	0.007 94** (0.003 19)	0.007 94** (0.003 24)
population	−0.000 02 (0.000 07)	−0.000 02 (0.000 04)	−0.000 51*** (0.000 14)	−0.000 51*** (0.000 13)
density	−0.000 01*** (0.000 00)	−0.000 01*** (0.000 00)	−0.000 01** (0.000 00)	−0.000 01* (0.000 01)
pergdp	−0.000 92* (0.000 49)	−0.000 92* (0.000 55)	0.024 90*** (0.001 87)	0.024 90*** (0.001 97)
ragdp	0.000 28*** (0.000 08)	0.000 28*** (0.000 08)	−0.002 45*** (0.000 27)	−0.002 45*** (0.000 24)
bus	0.039 92** (0.016 80)	0.039 92* (0.022 77)	0.073 82 (0.071 53)	0.073 82 (0.074 41)

表6-10(续)

变量	(1) 品牌多样性 LSDV	(2) 品牌多样性 FE	(3) 颜色多样性 LSDV	(4) 颜色多样性 FE
perstar	0.484 68 (0.421 14)	0.484 68 (0.432 33)	−3.877 93*** (1.153 08)	−3.877 93*** (1.252 07)
finance	0.200 00* (0.115 68)	0.200 00 (0.160 90)	0.433 77 (0.336 41)	0.433 77 (0.586 09)
perbus	−0.000 02 (0.000 14)	−0.000 02 (0.000 18)	−0.001 06* (0.000 62)	−0.001 06* (0.000 60)
taxi	−0.001 30 (0.004 08)	−0.001 30 (0.005 30)	−0.057 43*** (0.012 75)	−0.057 43*** (0.013 76)
road	−0.000 00 (0.000 00)	−0.000 00 (0.000 00)	−0.000 00 (0.000 00)	−0.000 00 (0.000 01)
perroad	0.000 23 (0.000 14)	0.000 23 (0.000 18)	0.000 85 (0.000 57)	0.000 85 (0.000 59)
employ	−0.000 16*** (0.000 04)	−0.000 16*** (0.000 06)	0.000 96*** (0.000 19)	0.000 96*** (0.000 20)
perincome	0.000 01 (0.000 07)	0.000 01 (0.000 14)	0.001 07** (0.000 43)	0.001 07** (0.000 51)
umemploy	0.000 67* (0.000 37)	0.000 67 (0.000 42)	0.001 22 (0.001 47)	0.001 22 (0.001 33)
pernet	0.004 65*** (0.000 88)	0.004 65*** (0.001 26)	0.010 19*** (0.003 07)	0.010 19** (0.004 06)
常数项	0.784 44*** (0.102 70)	0.916 40*** (0.022 75)	1.605 74*** (0.280 21)	0.920 20*** (0.067 34)
城市效应	Yes	Yes	Yes	Yes
时间效应	Yes	Yes	Yes	Yes
N	118 68	118 68	118 68	118 68
调整后的 R^2	0.681 99	0.217 78	0.380 35	0.321 14

二、高铁开通对多样性消费影响的平行趋势检验

本章主要利用双重差分法(DID)来实证检验高铁开通对不同城市消费者品牌多样性和颜色多样性消费行为的影响,可是判断双重差分法能否有效衡量高铁开通这一政策效应的前提是如果不存在高铁开通这一外生冲击事件,处理组和对照组具有共同的发展趋势。为了更加直观地考察高铁开通前和开通后有高铁的城市和没有高铁的城市乘用车品牌多样性和颜色多样性消费的动态差异,即验证高铁开通城市与未开通城市在高铁开通前的乘用车品牌多样性和颜色多样性消费上具有共同趋势(即平行趋势检验),本研究参考 Jacobson 等(1993)、Kudamatsu(2012)以及 Newton 等(2019)等文献的做法,利用事件分析法检验平行趋势假设,具体的回归模型如下:

$$Y_{it} = \alpha_0 + \sum_{m \geqslant 6, m=1}^{6} \beta_m \text{hsr\_d}_{i,t-m} + \sum_{n \geqslant 6, n=1}^{6} \lambda_n \text{hsr\_d}_{i,t+n} + \mu_{\text{city}} + \nu_{\text{time}} + \varepsilon_{it} \quad (9)$$

其中,$\text{hsr\_d}_{i,t-m}$ 表示高铁开通第 m 期前项,$\text{hsr\_d}_{i,t+n}$ 表示高铁开通第 n 期后项,前向变量与后向变量各设置了 6 个月的虚拟变量。纳入前项变量是为了考察高铁开通前的效应,以验证平行趋势假设,而纳入后项变量是用于识别高铁开通对乘用车购买行为带来的后续影响。具体而言,仍如上所示,我们用 t 代表城市 i 开通高铁的具体月份。如果 $t-m \leqslant -6$,则 $\text{hsr\_d}_{i,t-m} = 1$,否则 $\text{hsr\_d}_{i,t-m} = 0$,以此类推,如果 $t-m = k(k \leqslant -1)$,$\text{hsr\_d}_{i,t-m} = 1$,否则 $\text{hsr\_d}_{i,t-m} = 0$($k = -5, -4, -3, -2, -1$);如果 $t+n = k(k>0)$,$\text{hsr\_d}_{i,t+n} = 1$,否则 $\text{hsr\_d}_{i,t+n} = 0$($k = 1, 2, 3, 4, 5$)。最后,如果 $t+n \geqslant 6$,则 $\text{hsr\_d}_{i,t+n} = 1$,否则 $\text{hsr}_{i,t+n} = 0$。Y_{it} 分别表示乘用车品牌多样性和颜色多样性。我们将高铁开通的当月作为基准月份,即去除了 $t+0$ 期的虚拟变量。因此,参数 β_m 和 λ_n 的大小就反映了高铁开通 k 月对乘用车多样性消费的影响大小。

图 6-3 和图 6-4 是基于模型(9)在地级市层面进行的平行趋势分析的结果,分别给出了高铁开通对地级市乘用车品牌多样性和颜色多样性的相关回归结果的点估计和 95% 置信区间;横轴表示距离城市高铁开通的月份数,$t-3$ 表示城市开通高铁前的第 3 个月,$t+3$ 表示城市开通高铁后的第 3 个月。

以图 6-3 中纵向虚线为界,可以看出,在高铁开通之前,地级市的乘用车品牌多样性的差异不能拒绝为零的原假设,即高铁开通前地级市乘用车品牌多样性无显著影响,不存在预期效应,满足平行趋势假设。而从虚线右侧来看,地级市乘用车品牌多样性的差异拒绝为零的原假设,即高铁开通后显著促进了地级市乘用车品牌多样性的提升。

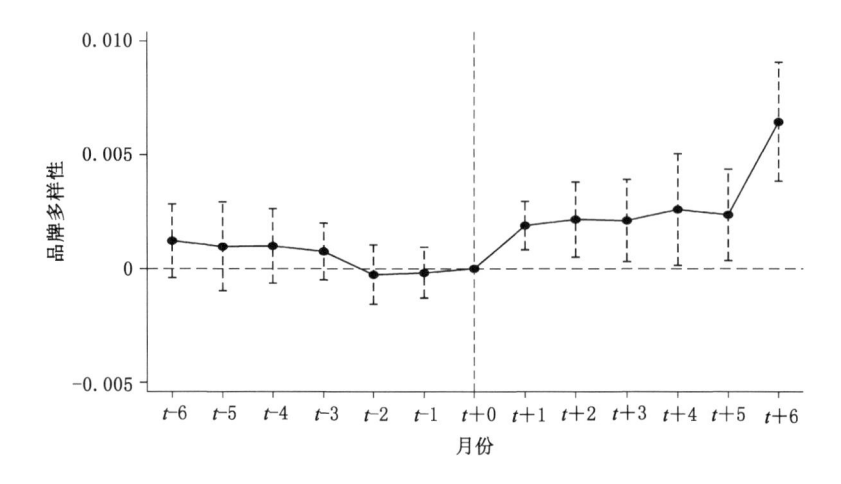

图 6-3 品牌多样性平行趋势分析结果

此外,图 6-4 也表明,高铁的开通对地级市乘用车颜色多样性也起到了显著的促进作用,这与基准回归结果保持一致。

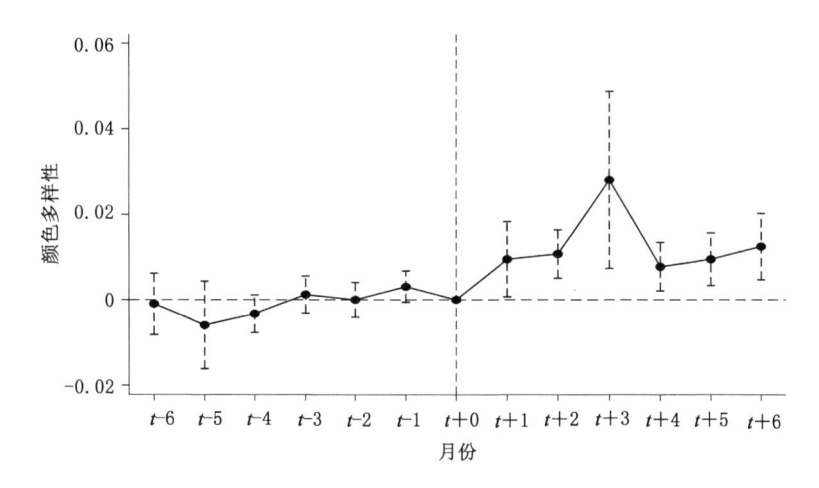

图 6-4 颜色多样性平行趋势分析结果

综上所述,高铁开通前 6 个月对乘用车品牌多样性和颜色多样性消费行为的政策影响在 95% 的置信区间下通过了平行趋势检验。同时,高铁开通后对乘用车品牌多样性和颜色多样性消费行为产生了显著的变化。

三、高铁开通对多样性消费影响的稳健性检验

(一) PSM-DID 检验

由于不同层级城市、不同地区在经济特征、文化习俗等方面存在着很大的差异,为消除城市特征差异所带来的影响以验证本研究实证结果的稳健性,本研究采用倾向匹配得分方法为处理组配比控制组,对模型(8)重新进行检验。首先,本研究通过 Logit 回归计算倾向得分值,在进行 Logit 回归时以是否开通高铁作为被解释变量,以本研究的控制变量作为解释变量。其次,采用核匹配的方法进行倾向得分匹配为处理组配比控制组,然后删除不匹配的控制组,利用匹配后的处理组和控制组进行 DID 分析,一方面有效解决了样本选择偏误问题,另一方面也很好地克服了模型的内生性,从而可以精确估计高铁开通对城市居民乘用车品牌多样性和颜色多样性消费行为的影响。从表 6-11 的实证结果可以看出,高铁开通对多样性消费的回归系数均显著为正,与上文结果保持一致,证明本研究的实证结果稳健。

表 6-11　高铁开通对多样性消费行为的影响(PSM-DID)

变量	(1) 品牌多样性	(2) 颜色多样性
hsr	0.002 49** (0.000 99)	0.008 05** (0.003 19)
常数项	0.808 81*** (0.107 39)	1.585 62*** (0.284 90)
控制变量	Yes	Yes
时间效应	Yes	Yes
城市效应	Yes	Yes
N	112 80	112 80
调整后的 R^2	0.684 76	0.378 67

(二) 安慰剂检验

与上一章安慰剂检验的做法一致,我们将开高铁开通时间较真实开通时间提前一年,来测试高铁开通对多样性消费的影响,结果如表 6-12 所示。

表 6-12　高铁开通对多样性消费行为的影响(安慰剂检验)

变量	(1) 品牌多样性	(2) 颜色多样性
hsr	0.000 46 (0.000 62)	−0.005 43 (0.006 40)
常数项	0.832 98*** (0.104 67)	1.689 43* (0.954 10)
控制变量	Yes	Yes
时间效应	Yes	Yes
城市效应	Yes	Yes
N	11 868	11 868
调整后的 R^2	0.663 20	0.380 22

由表 6-12 可知,我们将开高铁开通时间较真实开通时间提前一年后,来测试高铁开通对多样性消费的影响系数不再显著。这证明了高铁开通对多样性消费的影响具有较高的稳健性。

(三) 改变样本周期

我们采取更换样本的方式验证实证结果的可靠性。为了进一步探究高铁开通对多样性消费的影响,我们利用 2014—2015 年的全国各地级及以上城市平衡面板数据对上述问题进行了分析。相关回归结果如表 6-13 所示,从实证结果可以看出,高铁开通对于乘用车品牌多样性和颜色多样性消费的回归系数显著为正,在 1‰ 的水平上通过了显著性测试。这再次说明,2014—2015 年,相较于未开通高铁的地级市,已经开通高铁的城市消费者多样性消费意愿增强,进而在购车决策上表现为品牌多样性和颜色多样性消费行为。2014—2015 年的实证分析结果与 2008—2012 年实证分析的结果保持一致,再次说明高铁开通能显著增加多样性消费的结论是稳健的。

表 6-13　高铁开通对多样性消费行为的影响(2014—2015 年)

变量	(1) 品牌多样性 LSDV	(2) 品牌多样性 FE	(3) 颜色多样性 LSDV	(4) 颜色多样性 FE
hsr	0.019 46*** (0.002 06)	0.019 46*** (0.002 04)	0.016 87*** (0.002 55)	0.016 87*** (0.002 52)

表6-13(续)

变量	(1) 品牌多样性 LSDV	(2) 品牌多样性 FE	(3) 颜色多样性 LSDV	(4) 颜色多样性 FE
常数项	1.906 13*** (0.299 71)	1.008 36*** (0.069 09)	0.580 43*** (0.058 00)	0.418 70*** (0.085 98)
控制变量	Yes	Yes	Yes	Yes
时间效应	Yes	Yes	Yes	Yes
城市效应	Yes	Yes	Yes	Yes
N	3 808	3 808	3 808	3 808
调整后的 R^2	0.552 57	0.552 57	0.395 30	0.338 26

(四) 基于地理环境信息构建工具变量

本部分的内生性问题还有可能来自高铁网络线路规划与建设具有较大的非随机性。已有文献指出,经济发展较好的城市往往更容易连通交通基础设施网络,高铁的建设规划也不例外(戴学珍等,2016;唐宜红等,2019)。城市较高的经济发展水平很可能是决定其能否开通高铁的先决条件,一些城市可能是因为具有较高的经济发展水平从而更容易被纳入国家高铁建设网络中。

为了解决高铁开通具有很大程度非随机性这一内生性问题,本研究参考唐宜红等(2019)和田梦(2021)的研究,构建高铁开通的工具变量(Ⅳ),运用两阶段最小二乘法(2SLS)对本研究的主要结论进行检验。基于地理信息的"最小生成树"不仅具备影响高铁规划建设这一相关性特点,且具有不受城市经济发展水平影响这一外生性特征。从地理信息中可以获取最低地理开发成本路径,显然地理开发成本越小的城市越容易更早开通高铁,而地理开发成本越大的城市开通高铁的时间会越晚,同时城市的地理开发成本基本不受当地经济发展水平的影响,因此基于地理信息构建工具变量可行。

首先,将中国数字高程模型入地理信息系统分析软件,利用空间分析模块提取各地级市的水文信息、坡度信息和起伏度信息。其次,运用"栅格计算器"根据给定的地理开发成本公式(张梦婷等,2018;唐宜红等,2019)计算地理开发成本。再次,调用空间分析模块,将所有省会城市设置为靶点城市,按照"地理成本最小原则"设定成本路径网络。最后,导出数据,得到各地级市是否应该开通高铁的哑变量("最小生成树"经过的城市为1,否则为0)。由于构造的工具变量取决于地理开发成本数据,该变量不随时间变化,因此,将该变量乘以高铁开通率(当月开通高铁的城市数量除以最终月份开通高铁的总数量),最终得到适用于面板数据分析的地理工具变量。

二阶段最小二乘法下的回归结果(第二阶段)如表 6-14 所示,高铁开通对地级市乘用车品牌多样性与颜色多样性的回归系数均在 1% 的水平上显著为正,再一次验证了本研究实证结果的可靠性。同时,基于地理信息的"最小生成树"构造的工具变量的"不可识别"和"弱识别"检验中,均表明了工具变量的有效性。

表 6-14 高铁开通对多样性消费行为的影响(2SLS)

变量	(1) 品牌多样性	(2) 颜色多样性
hsr	0.101 48*** (0.011 29)	0.454 37*** (0.041 60)
常数项	0.680 83*** (0.179 32)	0.891 64 (0.618 19)
控制变量	Yes	Yes
时间效应	Yes	Yes
城市效应	Yes	Yes
K-P rk LM	153.742***	153.742***
K-P rk Wald F	149.169	149.169
N	11 808	11 808
调整后的 R^2	0.237 72	0.655 11

注:K-P rk LM 统计量均在 1% 的水平上显著,拒绝工具变量"不可识别"的原假设;K-P Wald F 统计量超过 10% 临界值,拒绝工具变量"弱识别"的原假设。

四、高铁开通对多样性消费影响的中介路径分析

(一) 模型设定

综合前文的回归结果,高铁的开通显著影响了消费者品牌多样性和颜色多样性的消费行为。那么,对于高铁开通城市,消费者如何获得在品牌多样性和颜色多样性消费行为上的显著提升,本章对其内在作用机制进一步检验。为了探究高铁开通影响乘用车品牌多样性和颜色多样性消费行为的作用机理,本研究借鉴温忠麟等(2014)的研究方法,在模型(8)的基础上进一步构建中介效应模型,具体方程如下:

$$M_{it} = \beta_0 + \beta_1 \text{hsr}_{it} + \sum \gamma_k \text{controls}_{it} + \mu_{\text{city}} + \nu_{\text{time}} + \varepsilon_{it} \tag{10}$$

第六章 高铁开通对多样性消费行为的影响研究

$$Y_{it} = \delta_0 + \delta_1 \text{hsr}_{it} + \delta_2 M_{it} + \sum \gamma_k \text{controls}_{it} + \mu_{\text{city}} + \nu_{\text{time}} + \varepsilon_{it} \quad (11)$$

假设 hsr_{it} 与 Y_{it} 相关显著,意味着回归系数 α_1 显著(即 $\alpha_1=0$ 的假设被拒绝),前文对于模型(8)的实证结果显示,hsr_{it} 与 Y_{it} 存在着显著的正相关关系。本章在此前提下展开对中介变量 M_{it} 的讨论。其中,Y_{it} 为城市 i 在时间 t 的乘用车品牌多样性指标和颜色多样性指标;hsr_{it} 为核心解释变量,表示城市 i 在时间 t 是否开通高铁:某城市在开通高铁的当月及以后各期取值为 1,否则为 0。controls_{it} 为模型中地区的一系列控制变量,包括地级市的规模、经济发展水平、公共交通水平、基础道路设施水平、就业状况和互联网渗透率等。μ_{city} 表示城市固定效应,ν_{time} 表示时间固定效应,控制共同的时间趋势,本研究也考虑到个体随时间发展不平行的可能性,通过引入个体效应与时间变量的交乘项来控制不平行的时间趋势的干扰,ε_{it} 为随机扰动项。

上述方程中,M_{it} 为中介变量,本部分指"文化多样性"作用机制,是否具有中介效应以及具有何种程度的中介效应,需要进一步加以鉴别。具体而言,验证中介变量 M 的作用的方法为:依次检验回归系数。如果下面两个条件成立,则中介效应显著:① 自变量显著影响因变量;② 在因果链中任一个变量,当控制了它前置的变量(包括自变量)后,显著影响它的后继变量。这是 Baron 等(1986)定义的(部分)中介过程。如果进一步要求:③ 在控制了中介变量后,自变量对因变量的影响不显著,变成了 Judd 等(1981)定义的完全中介过程。因此,在模型(9)中 β_1 系数显著的前提下,我们主要观察模型(10)中 δ_1 和 δ_2 的回归系数,用以判断"文化多样性"是完全中介还是部分中介。

(二) 中介变量

由之前分析可知,本部分以"文化多样性"作为中介变量。在文化越多样的地区,思想越开放和包容,这种氛围有助于消费者选购不同品牌和不同颜色的乘用车。

我们用劳动力的来源地作为其文化识别(cultural identity),仍然借鉴 Ottaviano 等(2006)的分离指数作为多样性计算公式,采用中国劳动力动态调查数据,来计算高铁开通对各城市文化多样性的影响指标。

$$\text{DIV}_{it} = 1 - \sum_{j=1}^{J}(e_{jt}^i)^2$$

其中,e_{jt}^i 代表 j 省劳动力在 t 年占城市 i 总劳动力的比重,J 为所有可能的省份。DIV_{it} 的取值范围在 0 与 1 之间,若城市 i 的所有劳动力都来自同一省份,则取值为 0;若城市 i 没有任何劳动力来自同一省份,则取值为 1。只保留离开户籍所在地半年以上人口,以剔除尚未融入城市的"不稳定"劳动力;识别其流出地和流入地,判别是否为本地劳动力,并且奇数年取相邻两年的平均值。在与城市出口产品质量数据匹配后,最终得到 218 个城市的数据。

(三) 中介机制分析

表 6-15 展示了文化多样性的中介机制检验。

表 6-15 文化多样性在高铁开通对多样性消费影响中的中介效应

变量	(1) 文化多样性 LSDV	(2) 文化多样性 FE	(3) 品牌多样性 LSDV	(4) 品牌多样性 FE	(5) 颜色多样性 LSDV	(6) 颜色多样性 FE
hsr	0.005 71** (0.002 82)	0.005 71** (0.003 84)	0.002 71** (0.001 22)	0.002 71** (0.001 32)	0.008 14** (0.006 98)	0.008 14** (0.00929)
文化多样性			0.020 39*** (0.006 96)	0.020 39** (0.009 72)	0.147 59* (0.084 62)	0.147 59** (0.065 16)
常数项	0.174 31* (0.095 40)	0.323 73 (0.225 23)	0.811 68*** (0.041 13)	0.796 16*** (0.076 83)	0.594 07* (0.340 03)	0.793 66 (0.564 73)
控制变量	Yes	Yes	Yes	Yes	Yes	Yes
时间效应	Yes	Yes	Yes	Yes	Yes	Yes
城市效应	Yes	Yes	Yes	Yes	Yes	Yes
N	2 824	2 824	2 824	2 824	2 824	2 824
调整后的 R^2	0.969 99	0.583 26	0.851 46	0.283 75	0.641 73	0.313 68

由方程(3)(4)(5)(6)可知,高铁开通对消费者乘用车品牌多样性和颜色多样性消费影响的系数在5%的条件下显著为正,再次证明了高铁开通促进了多样性消费的结论。

从表 6-16 中方程(1)(2)可以看出,高铁开通对城市文化多样性的回归系数在 5% 的水平上显著正相关,说明高铁的开通促进了城市文化多样性的提升。据此,在方程(1)(2)高铁开通对城市文化多样性回归系数显著的基础上进一步讨论文化多样性的中介效应。

进一步观察方程(3)(4)。方程(3)(4)报告了文化多样性在高铁开通对品牌多样性消费影响中的中介效应,文化多样性对乘用车品牌多样性消费的回归系数在 5% 的水平上显著为正,说明文化多样性对于乘用车品牌多样性消费的提升具有显著的促进作用;同时,高铁开通对乘用车品牌多样性消费的回归系数在

5%的水平上显著为正。据此,依据中介效应的原理,文化多样性对于乘用车品牌多样性消费的提升是一个部分中介变量,这意味着高铁的开通部分通过品牌多样性消费的提升促进了乘用车品牌多样性消费的提升,并且 Sobel 检验结果也通过了中介效应的检验。

进一步观察方程(5)(6)。方程(5)(6)报告了文化多样性在高铁开通对颜色多样性消费影响中的中介效应,文化多样性对乘用车颜色多样性消费的回归系数显著为正,说明文化多样性对于乘用车颜色多样性消费的提升具有显著的促进作用;同时,高铁开通对乘用车颜色多样性消费的回归系数在 5% 的水平上显著为正。据此,依据中介效应的原理,文化多样性对于乘用车颜色多样性消费的提升是一个部分中介变量,这意味着高铁的开通部分通过颜色多样性消费的提升促进了乘用车颜色多样性消费的提升,并且 Sobel 检验结果也通过了中介效应的检验。

五、高铁开通对多样性消费影响的调节路径分析

(一)模型设定

综合前文的回归结果,高铁的开通显著增加了消费者对品牌多样性和颜色多样性的消费,文化多样性起了中介作用。那么这种多样性消费行为,又会受到哪些调节因素的影响呢?本章对其内在调节作用机制做进一步检验。

为了探究高铁开通影响品牌多样性和颜色多样性消费行为的调节作用机理,本研究在模型(8)的基础上进一步构建调节效应模型,具体方程如下:

$$Y_{it} = \delta_0 + \delta_1 \text{hsr}_{it} + \delta_2 M_{it}^0 + \delta_3 \text{hsr}_{it} \times M_{it}^0 + \sum \gamma_k \text{controls}_{it} + \mu_{\text{city}} + \nu_{\text{time}} + \varepsilon_{it}$$

(12)

假设 hsr_{it} 与 Y_{it} 相关显著,意味着回归系数 α_1 显著(即 $\alpha_1 = 0$ 的假设被拒绝),前文对于模型(8)的实证结果显示,hsr_{it} 与 Y_{it} 存在着显著的正相关关系。本章是在此前提下展开对调节变量 M_{it}^0 的讨论。其中,Y_{it} 为城市 i 在时间 t 的乘用车品牌多样性消费指标和颜色多样性消费指标。hsr_{it} 为核心解释变量,表示城市 i 在时间 t 是否开通高铁:某城市在开通高铁的当月及以后各期取值为 1,否则为 0。M_{it}^0 为调节变量"可达性(accessibility)",交互项 $\text{hsr}_{it} \times M_{it}^0$ 的系数 δ_3 用来表示调节变量对多样性消费主效应的调节作用,包含高铁是否开通与高铁站数量的交互项(i. hsr♯i. highstation)。controls$_{it}$ 为模型中地区的一系列控制变量,包括地级市的规模、经济发展水平、公共交通水平、基础道路设施水平和就业状况等。μ_{city} 表示城市固定效应,ν_{time} 表示时间固定效应,控制共同的时间趋势,本研究考虑到个体随时间发展不平行的可能性,通

过引入个体效应与时间变量的交乘项来控制不平行的时间趋势的干扰,ε_{it}为随机扰动项。

(二)调节变量

本研究用高铁站数量(highstation)作为可达性(accessibility)的代理变量。考虑到一个地区拥有的高铁站数量与其高铁开通有着显著的正向联系,一定程度上能够反映高铁开通的通达性。对此,本研究使用一个地区的高铁站数量来衡量该地区高铁开通带来的可达性,来衡量高铁的开通是否通过增加可达性(到其他城市的便利性)进而影响当地消费者多样性消费行为。通常情况下,城市之间的可达性提高,不仅拉进了城市间的地理距离,也拉进了城市居民间的心理距离,为城市居民间紧密互动提供了可能,就越可能促使两地消费者的城际自由流动,从而提升城市的文化多样性。据此,本研究认为,城市拥有的高铁站数量越多,说明它与其他城市之间的可达性越高,这个城市与其他城市之间的人口流动就会越便利、越频繁,不同地区来源的人口则会使城市的文化多样性增加,从而多样性消费的意愿就会越强。

(三)调节机制分析

由表 6-16 可知,高铁开通对消费者乘用车品牌多样性和颜色多样性消费的影响系数在 1% 的条件下显著为正,再次证明了高铁开通增加地位消费的结论。

表 6-16 可达性在高铁开通对多样性消费影响中的调节效应

变量	(1) 品牌多样性	(2) 颜色多样性
hsr	0.005 31*** (0.001 98)	0.010 23*** (0.002 24)
highstation	0.057 97*** (0.003 30)	0.000 21*** (0.000 03)
i.hsr#i.highstation	0.066 89*** (0.003 69)	0.073 42*** (0.007 42)
常数项	0.455 54*** (0.011 65)	0.107 99*** (0.009 76)
控制变量	Yes	Yes
时间效应	Yes	Yes

表6-16(续)

变量	(1)	(2)
	品牌多样性	颜色多样性
城市效应	Yes	Yes
N	3 360	3 360
调整后的 R^2	0.867 40	0.549 55

交互项 i.hsr♯i.highstation 的系数为正,这说明城市开通高铁后拥有的高铁站数量越多,对提升当地消费者乘用车品牌多样性和颜色多样性消费越明显。低线城市高铁开通后拥有的高铁站数量越多,说明它与其他城市之间的可达性越高,这个城市与其他城市之间的人口流动就会越便利、越频繁,不同地区来源的人口则会使城市的文化多样性增加,从而多样性消费的意愿就会越强。由上可知,可达性正向调节高铁开通对多样性消费的影响,即开通高铁后拥有的高铁站数量越多,对提升当地消费者的品牌多样性和颜色多样性消费越明显。

第五节 剔除趋同消费作用的干扰

本章之前的部分研究表明,相较于未开通高铁的普通地级市,开通高铁的普通地级市消费者的品牌多样性消费偏好、颜色多样性消费偏好显著增强,文化多样性、多样化寻求在高铁开通对多样性消费的影响中起中介解释作用。

为剔除社会比较引发的趋同消费机制对普通地级市消费者品牌多样性消费偏好、颜色多样性消费偏好增加的解释作用,下面接着考察高铁开通对普通地级市消费者的品牌多样性消费、颜色多样性消费向省会城市消费者趋同的影响。若这一影响不显著,则可以进一步确认文化多样性、多样化寻求在高铁开通对多样性消费的影响作用的存在,剔除社会比较引发的趋同效应对多样性消费的影响。

一、高铁开通对多样性的趋同消费影响的主效应研究

表 6-17 展示了高铁开通与多样性趋同消费之间的关系。从实证结果可以看出,在控制了地级市的规模、经济发展水平、就业情况、公共交通水平和基础道路设施水平和互联网渗透率等可能会对乘用车购买行为产生较大影响的变量后,高铁开通对普通地级市和省会城市之间的品牌多样性趋同消费和颜色多样性趋同消费的回归系数均不显著。这说明相较于未开通高铁城市,高铁开通后普通地级市的多样性消费与省会城市的多样性消费没有显著的趋同效应。

表 6-17 高铁开通对多样性趋同消费的影响

变量	(1) 品牌多样性趋同 LSDV	(2) 品牌多样性趋同 FE	(3) 颜色多样性趋同 LSDV	(4) 颜色多样性趋同 FE
hsr	−0.001 33 (0.000 94)	−0.001 33 (0.001 08)	−0.001 47 (0.002 16)	−0.001 47 (0.001 83)
常数项	−0.032 70 (0.087 44)	−0.023 73 (0.031 62)	−0.127 74 (0.234 23)	0.041 19 (0.036 83)
控制变量	Yes	Yes	Yes	Yes
城市效应	Yes	Yes	Yes	Yes
时间效应	Yes	Yes	Yes	Yes
N	11 772	11 772	11 772	11 772
调整后的 R^2	0.489 20	0.128 26	0.184 31	0.123 18

图 6-5 和图 6-6 是基于前文所述模型(9)在地级市层面进行的平行趋势分析的结果,分别给出了高铁开通对地级市与省会城市之间的品牌多样性趋同和颜色多样性趋同的相关回归结果的点估计和 95% 置信区间。可以看出,在高铁开通之前,地级市与省会城市之间的多样性趋同消费的差异均不能拒绝为零的原假设,即高铁开通前地级市与省会城市之间的多样性趋同消费无显著影响;再从虚线右侧来看,地级市与省会城市之间的多样性趋同消费的差异仍不能拒绝为零的原假设,即高铁开通对地级市与省会城市之间的多样性趋同消费无显著影响。这与基准回归结果保持一致。

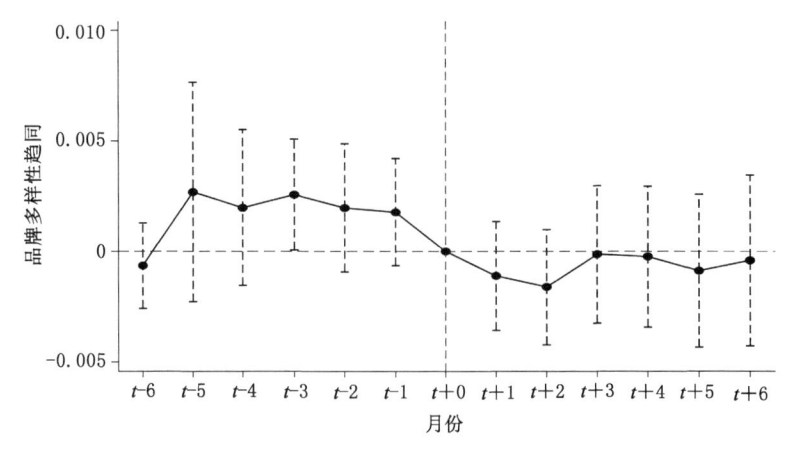

图 6-5 品牌多样性趋同平行趋势分析结果

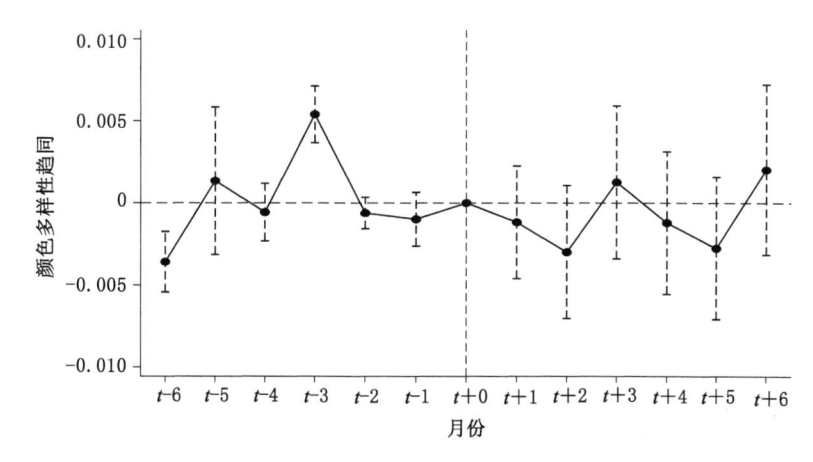

图 6-6　颜色多样性趋同平行趋势分析结果

二、高铁开通对多样性的趋同消费影响的稳健性检验

（一）PSM-DID 检验

由于不同层级城市、不同地区在经济特征、文化习俗等方面存在着很大的差异，为消除城市特征差异所带来的影响以验证本研究实证结果的稳健性，本研究采用倾向匹配得分方法为处理组配比控制组，对模型(8)重新进行检验。首先，本研究通过 Logit 回归计算倾向得分值，在进行 Logit 回归时以是否开通高铁作为被解释变量，以本研究的控制变量作为解释变量。其次，采用核匹配的方法进行倾向得分匹配为处理组配比控制组，然后删除不匹配的控制组，利用匹配后的处理组和控制组进行 DID 分析，一方面有效解决了样本选择偏误问题，另一方面也很好地克服了模型的内生性，从而可以精确估计高铁开通对普通地级市消费者的品牌多样性消费、颜色多样性消费向省会城市消费者趋同的影响。从表 6-18 的实证结果可以看出，高铁开通对普通地级市消费者的品牌多样性消费、颜色多样性消费向省会城市消费者趋同没有显著的影响，与上文结果保持一致，证明本研究的实证结果稳健。

表 6-18　高铁开通对多样性的趋同消费行为的影响（PSM-DID）

变量	(1) 品牌多样性趋同	(2) 颜色多样性趋同
hsr	−0.001 38 (0.000 92)	−0.001 83 (0.001 84)

表6-18(续)

变量	（1）	（2）
	品牌多样性趋同	颜色多样性趋同
常数项	−0.037 79	−0.156 81
	(0.085 68)	(0.172 43)
控制变量	Yes	Yes
时间效应	Yes	Yes
城市效应	Yes	Yes
N	11 184	11 184
调整后的 R^2	0.505 92	0.170 51

（二）改变样本周期

我们采取更换样本的方式验证实证结果的可靠性。为了进一步探究高铁开通对多样性的趋同消费的影响，我们利用2014—2015年的全国各地级及以上城市平衡面板数据对上述问题进行了分析。相关回归结果如表6-19所示，从实证结果可以看出，高铁开通对于品牌多样性的趋同消费和颜色多样性的趋同消费的回归系数都不显著。这再次说明，2014—2015年，相较于未开通高铁的地级市，高铁开通对普通地级市消费者的品牌多样性消费、颜色多样性消费向省会城市消费者趋同没有显著的影响，与上文结果保持一致，证明本研究的实证结果稳健。

表6-19　高铁开通对多样性的趋同消费行为的影响（2014—2015年）

变量	（1）	（2）	（3）	（4）
	品牌多样性趋同	品牌多样性趋同	颜色多样性趋同	颜色多样性趋同
	LSDV	FE	LSDV	FE
hsr	−0.000 20	−0.000 20	−0.073 92	−0.073 92
	(0.001 76)	(0.000 60)	(0.041 00)	(0.040 05)
常数项	0.011 42	−0.014 47	0.056 02	−0.167 47
	(0.023 98)	(0.030 77)	(0.097 59)	(0.091 83)
控制变量	Yes	Yes	Yes	Yes
时间效应	Yes	Yes	Yes	Yes
城市效应	Yes	Yes	Yes	Yes
N	3 808	3 808	3 808	3 808
调整后的 R^2	0.552 57	0.552 57	0.395 30	0.338 26

三、剔除趋同消费作用干扰的结论

为剔除社会比较引发的趋同消费机制对普通地级市消费者品牌多样性消费偏好、颜色多样性消费偏好增加的解释作用,本部分考察了高铁开通对普通地级市消费者的品牌多样性消费、颜色多样性消费向省会城市消费者趋同的影响。

基于城市层面客观数据,通过多时点 DID 计量分析、PSM-DID、更换样本周期等各种分析,我们发现高铁开通对普通地级市消费者的品牌多样性消费、颜色多样性消费向省会城市消费者趋同的影响不显著。

因此,通过剔除趋同消费影响作用对多样性消费的干扰分析,进一步确认了文化多样性、多样化寻求在高铁开通对多样性消费的影响作用的存在,剔除社会比较引发的趋同效应对多样性消费的影响。

第六节 研究结果与讨论

本部分研究了高铁开通带来的大规模人口跨城流动、城市间人们社会互动增强,提升了城市文化多样性,进而激发了开通高铁城市消费者对多样性消费的意愿和行为,即研究了高铁开通对多样性消费的影响。

本章首先通过 Credamo 平台在对全国开通高铁城市和未开通高铁城市的消费者进行了分层抽样基础上开展了大规模的问卷调查,得到基于个体消费者的调查问卷数据,以开通高铁城市消费者为实验组,以未开通高铁城市消费者为对照组,就高铁开通对多样性消费的主效应和可能解释机制做了研究。接着,以 2007—2015 年全国城市高铁开通数据和全国乘用车销售的月度数据作为样本数据,利用高铁开通这一"准自然实验",以开通高铁城市消费者为实验组,以未开通高铁城市消费者为对照组,利用双重差分法(多时点 DID)验证了高铁开通对多样性消费的主效应和可能的解释机制,在平行趋势检验的基础上又采用倾向得分匹配-双重差分法(PSM-DID)检验、安慰剂检验、改变样本周期、基于地理环境信息构建工具变量等方式进行了稳健性检验。

研究还发现,高铁开通对普通地级市消费者的品牌多样性消费、颜色多样性消费向省会城市消费者趋同没有显著的影响,这可以进一步确认文化多样性、多样化寻求在高铁开通对多样性消费的影响作用的存在,剔除社会比较引发的趋同效应对多样性消费的影响。

本部分研究主要有以下结论:

第一,高铁开通对"多样性消费"有显著的正向影响。即相较于未开通高铁的城市,开通高铁的城市消费者的多样性偏好显著增强。进一步来说,相较于未开通高铁的城市,开通高铁的城市消费者对品牌多样性消费偏好、颜色多样性消费的偏好显著增强。

第二,文化多样性、多样化寻求在高铁开通对多样性消费的影响中起中介作用。即相较于未开通高铁的普通地级市,开通高铁带来的大规模人口流动提升了普通地级市的文化多样性,城市文化多样性塑造了人们对多样化行为的积极评价、高容忍度的文化价值观,从而使消费者多样化寻求的社会动机显著增强,进而激发了消费者对多样化寻求的消费行为。

第三,城际人口流动水平是影响高铁开通对文化多样性、多样性消费的调节变量。即城际人口流动水平越高的城市,高铁开通引起文化多样性、多样性消费的上升幅度越大。跨城流动频率越高、可达性越高的城市,高铁开通引起文化多样性和多样性消费的上升幅度越大。高铁开通对多样性消费影响的假设检验结果如表6-20所示。

表6-20 高铁开通对多样性消费影响的假设检验结果汇总表

假设检验名称	检验结果
H10:高铁开通对多样性消费有显著的正向作用	成立
H10a:相较于未开通高铁的城市,开通高铁城市消费者对品牌多样性消费的偏好显著增强	成立
H10b:相较于未开通高铁的城市,开通高铁城市消费者对颜色多样性消费的偏好显著增强	成立
H11:文化多样性、多样化寻求在高铁开通对多样性消费的影响中起中介作用	成立
H12:城际人口流动水平在高铁开通对文化多样性和多样性消费的影响中起调节作用	成立
H12a:跨城流动频率越高,高铁开通引起文化多样性和多样性消费的上升幅度越大	成立
H12b:可达性越高的城市,高铁开通引起文化多样性和多样性消费的上升幅度越大	成立

第七章 研究结论与展望

本章会对整个研究做出总结,进一步梳理得出的研究结论,提炼理论和实践贡献,提出研究的启示和不足,为高铁开通效应的研究指出可能的方向。

第一节 研究结论

本研究系统地对高铁开通与趋同消费、地位消费和多样性消费等文献进行了梳理和归纳,以高铁开通引致大规模跨城人口流动带来的"上行社会比较"增强而产生的"参照群体效应""补偿消费效应"和"文化多样性"提升而产生的"多样化寻求效应"为中介解释机制,还以城际人口流动水平、经济距离、符号价值等变量为调节因素,全面研究了高铁开通对个体心理和消费行为的影响。

本研究使用消费者个体层面的问卷数据和城市层面的客观数据进行了系统全面的研究。首先,通过Credamo平台在对全国开通高铁城市和未开通高铁城市的消费者进行分层抽样基础上开展了大规模的问卷调查,得到基于个体消费者的调查问卷数据,以开通高铁城市消费者为实验组,以未开通高铁城市消费者为对照组,就高铁开通对个体心理和消费行为的影响和解释机制进行了检验。接着,以2007—2015年全国城市高铁开通数据和全国乘用车销售的月度数据作为样本数据,利用高铁开通这一"准自然实验",以开通高铁城市消费者为实验组,以未开通高铁城市消费者为对照组,利用双重差分法(多时点DID)进一步验证了高铁开通对消费者消费行为的影响,在平行趋势检验的基础上又采用倾向得分匹配-双重差分法(PSM-DID)检验、安慰剂检验、改变样本周期、基于地理环境信息构建工具变量等方式进行了稳健性检验。

经过研究分析,有以下几个重要研究结论:一是高铁开通对趋同消费、地位消费和多样性消费产生了显著的正向影响;二是这种影响通过"上行社会比较"增强带来的"参照群体效应""补偿消费效应"和"文化多样性"提升带来的"多样化寻求效应"来中介;三是城际人口流动水平、符号价值、经济距离等在高铁开通对趋同消费、地位消费和多样性消费影响中的调节作用。

具体讲,本研究得出以下几个主要结论:

第一,高铁开通对趋同消费、地位消费和多样性消费有显著的正向影响。

(1)高铁开通对趋同消费有显著的正向作用。相较于未开通高铁的普通地级市,开通高铁的普通地级市消费者的消费偏好、选择趋同于省会城市消费者的偏好、选择。进一步来说,相较于未开通高铁的普通地级市,开通高铁的普通地级市居民对品牌类别、颜色类别和支付方式类别等方面的消费偏好、选择趋同于省会城市消费者的偏好、选择。

(2)高铁开通对地位消费有显著的正向作用。相较于未开通高铁的普通地级(低线)城市,开通高铁的普通地级(低线)城市消费者对地位产品的消费偏好显著增强。进一步来说,相较于未开通高铁的普通地级(低线)城市,开通高铁的普通地级(低线)城市消费者对具有合资品牌或高档规格产品等更能彰显"地位和身份"产品的消费偏好显著增强。

(3)高铁开通对多样性消费有显著的正向作用。相较于未开通高铁的普通地级市,开通高铁的普通地级市消费者的多样性偏好显著增强。进一步来说,相较于未开通高铁的普通地级市,开通高铁的普通地级市消费者对品牌多样性的消费偏好、颜色多样性的消费偏好显著增强。

第二,上行社会比较、参照群体影响在高铁开通对趋同消费的影响中起中介作用。相较于未开通高铁的普通地级(低线)城市,开通高铁的普通地级(低线)城市向省会(高线)城市大规模的人口流动使普通地级市(低线)消费者会自发地强化与省会(高线)城市消费者的上行社会比较,进而受省会(高线)城市消费者的参照群体影响显著增强并引发追随和模仿,导致开通高铁的普通地级(低线)城市消费者的消费偏好、选择趋同于省会(高线)城市消费者的消费偏好、选择。

第三,上行社会比较、感知地位威胁在高铁开通对地位消费的影响中起中介作用。相较于未开通高铁的普通地级(低线)城市,开通高铁的普通地级(低线)城市向省会(高线)城市大规模的人口流动使普通地级市(低线)消费者会自发地强化与省会(高线)城市消费者的上行社会比较,进而使开通高铁的普通地级(低线)城市消费者的感知地位威胁显著增强,导致开通高铁的普通地级(低线)城市消费者增加对地位消费的需求。

第四,文化多样性、多样化寻求在高铁开通对多样性消费的影响中起中介作用。相较于未开通高铁的普通地级市,开通高铁带来的大规模人口流动提升了普通地级市的文化多样性,城市文化多样性塑造了人们对多样化行为的积极评价、高容忍度的文化价值观,从而使消费者多样化寻求的社会动机显著增强,进而激发了消费者对多样化寻求的消费行为。

第五,城际人口流动水平在高铁开通对上行社会比较、趋同消费、地位消费影响中起到调节作用,同时也在高铁开通对文化多样性、多样性消费的影响中起到调节作用。城际人口流动越高的城市，高铁开通引起上行社会比较和趋同消费、地位消费的上升幅度越大。进一步说，跨城流动频率越高、可达性越高，高铁开通引起上行社会比较和趋同消费、地位消费的上升幅度越大。同时，城际人口流动水平越高的城市，高铁开通引起文化多样性和多样性消费的上升幅度越大。进一步说，跨城流动频率越高、可达性越高的城市，高铁开通引起文化多样性和多样性消费的上升幅度越大。

第六，经济距离在高铁开通对上行社会比较、趋同消费的影响中起到调节作用。经济发展水平与省会城市越接近的普通地级（低线）城市，在高铁开通后上行社会比较和趋同消费的上升幅度越大。

第七，符号价值在参照群体影响对趋同消费的影响中起到调节作用，同时也在地位威胁感知对地位消费的影响中起到调节作用。消费者对产品能象征"省会城市人"消费特征的感知越强，则参照群体影响使趋同消费的上升幅度越大。同时，消费者对于产品能象征"身份和地位"消费特征的感知越强，地位威胁感知引起消费者对该地位产品消费偏好的上升幅度越大。

假设检验结果汇总如表 7-1 所示。

表 7-1 假设检验结果汇总

假设检验	检验结果
H1：高铁开通对趋同消费有显著的正向作用	成立
H1a：相较于未开通高铁的普通地级市，开通高铁的普通地级市消费者对品牌类别的消费偏好显著地趋同于省会城市消费者的消费偏好	成立
H1b：相较于未开通高铁的普通地级市，开通高铁的普通地级市消费者对颜色类别的消费偏好显著地趋同于省会城市消费者的消费偏好	成立
H1c：相较于未开通高铁的普通地级市，开通高铁的普通地级市消费者对支付方式类别的选择偏好趋同于省会城市消费者的选择偏好	成立
H2：上行社会比较、参照群体影响在高铁开通对趋同消费的影响中起中介作用。	成立
H3：城际人口流动水平在高铁开通对上行社会比较、趋同消费的影响中起调节作用	成立
H3a：跨城流动频率越高，高铁开通引起上行社会比较和趋同消费的上升幅度越大	成立
H3b：可达性越高的城市，高铁开通引起上行社会比较和趋同消费的上升幅度越大	成立
H4：经济距离在高铁开通对上行社会比较、趋同消费的影响中起调节作用	成立
H5：符号价值在参照群体对趋同消费的影响中起调节作用	成立
H6：高铁开通对地位消费有显著的正向作用	成立
H7：上行社会比较、感知地位威胁在高铁开通对地位消费的影响中起中介作用	成立

表7-1(续)

假设检验	检验结果
H8:城际人口流动水平在高铁开通对地位消费的影响中起调节作用	成立
H8a:跨城流动频率越高,高铁开通引起上行社会比较和地位消费的上升幅度越大	成立
H8b:可达性越高的城市,高铁开通引起上行社会比较和地位消费的上升幅度越大	成立
H9:符号价值在地位威胁感知对地位消费的影响中起调节作用	成立
H10:高铁开通对多样性消费有显著的正向作用	成立
H10a:相较于未开通高铁的城市,开通高铁城市消费者对品牌多样性消费的偏好显著增强	成立
H10b:相较于未开通高铁的城市,开通高铁城市消费者对颜色多样性消费的偏好显著增强	成立
H11:文化多样性、多样化寻求在高铁开通对多样性消费的影响中起中介作用	成立
H12:城际人口流动水平在高铁开通对文化多样性和多样性消费的影响中起调节作用	成立
H12a:跨城流动频率越高,高铁开通引起文化多样性和多样性消费的上升幅度越大	成立
H12b:可达性越高的城市,高铁开通引起文化多样性和多样性消费的上升幅度越大	成立

第二节 研 究 贡 献

一、理论贡献

研究的理论贡献主要体现在以下三点。

第一,拓宽了高铁开通的"微观效应"研究,丰富了人口流动对个体心理和消费行为的相关理论。本研究从高铁开通引致人口大规模跨城流动、社会互动显著增强的视角出发,研究了高铁开通对高铁使用者——"人"的个体心理和消费行为的影响,即高铁开通对趋同消费、地位消费和多样性消费的影响。目前高铁开通带来的"时空压缩效应"研究主要集中在宏观的"经济效应"上,即对经济发展、产业结构、企业经营等影响的研究,此类研究已经非常丰富。但就高铁引发的关于大规模人口流动包括以商务、旅行、探亲等功能性活动为主的短期跨城流动对个体心理和消费行为的影响研究还是缺乏的,本研究较好地弥补了这一缺憾。本研究关注了高铁开通引发的社会互动显著增强对高铁使用者"人"的心理和消费行为,拓宽了高铁开通的"微观效应"相关研究,丰富了人口流动对个体心理和消费行为的相关理论研究。

第二,利用高铁开通这一"准自然实验"引发的真实上行社会比较情境研究

第七章 研究结论与展望

了其对个体心理和消费的影响,增强了现有社会比较理论的外部效度。从高铁开通这一"准自然实验"引发的真实上行社会比较情境出发,从社会心理学视角,研究了高铁开通增强了低线城市消费者与高线城市消费者的上行社会比较倾向,进而带来参照群体影响和感知地位威胁的心理效应并对个体消费行为产生影响,丰富和完善了社会比较理论的相关研究。目前,大多数学者采用实验法探究社会比较对消费影响及作用机制,对被试接受从实验室中模拟出的社会比较刺激后的认知或行为结果进行分析。但是,实验室不可能创造出真实的、长期的消费环境,社会比较对消费者真实的、长期的消费行为带来的影响难以有效地被探讨。本研究利用高铁开通这一"准自然实验"引发的真实上行社会比较情境来研究其对个体消费的影响,较好地弥补了这一缺憾,增强了现有社会比较理论的外部效度。

第三,丰富了文化对多样性消费影响研究的相关理论。本研究基于文化多样性的视角,使用城市流动人口来源的不同省份等特征代表文化差异,实证考察了高铁开通带来的文化多样性对消费者多样性偏好的影响。目前,虽然有部分关于文化多样性对经济发展、企业经营与创新的影响研究,但有关文化多样性对个体心理和消费行为的影响仍是研究空白,本研究较好地弥补了这一缺憾,丰富了文化对多样性消费影响研究的相关理论。

二、管理启示

本研究发现,高铁开通显著促进了趋同消费、地位消费和多样性消费。高铁开通引发的上行社会比较、参照群体影响、感知地位威胁和文化多样性是高铁开通影响个体消费的中介解释机制。"城际人口流动水平、经济距离、符号价值、个体所在城市的地位感知"是高铁开通影响个体消费决策的边界条件。这对我国的高铁建设与规划、乘用车企业营销管理、消费者购买决策都有重要启示。

(一)对高铁建设与规划制定的启示

研究表明,高铁开通在促进经济增长、产业结构调整、企业经营与创新等之外,还激发了趋同消费、地位消费和多样性消费,显著提升了普通地级(低线)城市消费者的消费意愿和消费水平,这对我国深化消费领域的供给侧结构性改革,充分发挥我国超大规模市场优势和内需潜力,有效推动形成以国内大循环为主体、国内国际双循环相互促进的新发展格局,推动中国经济和社会的高质量发展有重要意义。因此,我国要继续加大高铁的建设力度,同时,在制定高铁建设规划时要注重对普通地级(低线)城市的高铁建设布局,在整个区域范围内协调安排高铁站数量、线路、班次等,实现普通地级(低线)城市和一、二线(高线)城市的协同发展。

（二）对企业营销管理的启示

1. 一、二线城市打造样板，三、四线城市全面下沉

根据本研究的发现，高铁开通促进低线城市消费者与高线城市的趋同消费；同时，三、四线城市的消费人群增多以及消费者消费能力增强，三、四线城市蕴藏着极强的发展潜力，企业要考虑深度挖掘三、四线城市。随着"消费追随和模仿"这一趋势变得越来越明显，为迎合消费者需求的变化，企业的发展策略也在不断变化。随着高铁开通，从一、二线城市向三、四线城市进行市场开拓已是必然之势，而如何进行发展能够使市场拓展所需花费的成本与精力降至最低，则是企业需要进一步思考的问题。既然消费趋势可以趋同，三、四线的城市的消费者希望拥有一、二线城市的消费者所能够消费的产品和购买体验，那么，三、四线城市与一、二线城市的产品组合、价格策略、渠道设计、促销方式等，也有可以"趋同"的可能性。即以一、二线城市为依托，打造出"样板"，再将"样板"的经营理念、发展模式投放至三、四线城市。虽然在每个区域进行发展时要能够尽可能地注意区域的不同性，但是，有了"样板"，再在"样板"上进行调整，可以尽可能地减少从零开始所需要耗费的精力与成本。

2. 加强广告宣传，塑造产品"记忆点"

企业要想从一、二线城市向三、四线城市扩展，除了打造样板加快拓展速度，减少开拓阻力之外，还需要让三、四线城市的消费者"记住"产品，也就是消费者在有购买需求时，立刻就能够想到该种产品。在消费模仿的大环境下，会有不止一个产品向三、四线城市扩张，那么，在这种扩张模式下，如何让消费者立刻记住产品、产生购买需求则是企业需要重点思考的问题。根据本研究的发现，高铁开通显著促进了趋同消费、地位消费和多样性消费，企业在广告宣传时应该突出产品的符号价值，即拥有产品能让自己表现出高线城市居民形象和较高的经济社会地位；同时强调企业可以提供不同外观、颜色组合的产品，欢迎消费者参与生产和经营过程，满足他们对自我表达和多样性的需求。

3. 加强本土品牌建设，提升符号价值

根据本研究的发现，高铁开通显著促进了地位消费。消费者对本土品牌和全球品牌的消费决策与其地位象征有关。随着消费者收入的增加和对品牌偏好的增强，国产企业要高度重视，并加强品牌建设、提升本土品牌的符号价值，满足消费者对地位消费的需求，以实现国产品牌的繁荣。

4. 优化产品组合策略，满足多样化消费需求

根据本研究的发现，高铁开通显著促进了多样性消费。由于城市文化多样性的增加，消费者对多样化的品牌和不同颜色外观的产品的购买明显增多，且购买量表现出愈发分散的趋势。为满足这一需求变化，企业要主动提供多样化的产品组合供消费者选择。企业还可以将"消费者参与"作为经营策略，允许消费者参与生产活动和经营过程以满足他们对自我表达和独特性的需求，以及满足他们锻炼和使用他们的个人与生俱来的在平时得不到运用的能力和实现隐藏的梦想的需求。比如，企业可以提供更多的DIY活动，允许消费者定制不同外观的产品，提升顾客满意、体验和企业绩效。

（三）对消费者购买决策的启示

消费者要清醒地认识到高铁开通对趋同消费、地位消费和多样性消费带来的影响，可以在自己购买能力范围内理性地选择能代表高线城市居民形象和较高的经济社会地位的产品进行消费，但不能走进奢侈品消费及过度攀比的误区；也可以通过购买不同外观的产品来彰显自我表达和多样性的需求。注意识别企业广告宣传中的虚假、扩张的信息，在高涉入度的购买决策中，要充分征求高线城市亲朋好友等相关参考群体的建议，以做出合理的选择。

第三节　研究局限与未来展望

和所有研究一样，本研究由于所收集的数据、笔者的能力等方面的限制，尚存在一定的局限性，仍需要进一步的深化和延伸。

一、研究局限

第一，样本选择的局限性。本研究样本数据涉及的时间段是2007—2012年和2014—2015年期间的全国地级市层面的高铁开通、全国乘用车消费的月度数据，2013年和2016年两年的全国乘用车消费的月度数据缺失，未能得到2007—2015年连续的数据。所得样本期间，全国新能源汽车购买比率数据一直保持在较低水平，未有显著的变化，未能将高铁开通对绿色消费的影响纳入分析的范围。

第二，高铁开通对趋同消费、地位消费、多样性消费的时间效应未能完全测量。本研究发现高铁开通对趋同消费、地位消费、多样性消费有显著的影响，但未能有效测量该影响的时间效应。在对消费者调查问卷的开放性问题梳理中发现，高铁开通对乘用车购买行为具有一定的时间效应，这种影响可能具有先强烈后平稳的趋势等，这需要进一步探索。

第三，地区的异质性分析。我国幅员辽阔，东部地区、中部地区、西部地区的文化及城市发展阶段都有一定的差异，可以将高铁开通对消费者个体心理和消费行为的影响进一步分为东部地区、中部地区、西部地区，以考察影响的异质性。

第四,本研究探讨高铁开通对消费者个体心理和消费行为的影响,并没有探讨地铁或者机场等现代运输方式带来的时空压缩对个体心理及消费行为的影响。

二、研究展望

第一,增加样本容量。在未来的研究中,一方面,可以收集2016—2020年的全国乘用车消费的月度数据,进一步检验本研究研究的稳健性。另一方面,随着近几年来新能源汽车的快速发展,2016—2020年的全国乘用车消费的月度数据中各地级市新能源汽车购买比率数据可能会有较快的增长而且在不同的城市表现出一定的差异,可将"新能源汽车购买比率"纳入进一步高铁开通对绿色消费影响研究的范围。

第二,测量高铁开通对消费者个体心理和消费行为影响的时间效应。将高铁开通对消费者个体心理和消费行为影响的时间效应作为研究问题,采用消费者的深度访谈等定性研究和全国高铁开通、全国乘用车消费的月度数据定量研究相结合,测量高铁开通的时间效应和趋势等。

第三,地区的异质性分析。进一步梳理数据和相关研究文献,将样本分为东部地区、中部地区、西部地区三个大的区域进行深入的研究,进一步研究高铁开通对消费者个体心理和消费行为影响的异质性。

第四,收集、整理全国地铁、机场开通和全国乘用车消费的相关数据,研究地铁、机场开通对消费者个体的心理和消费行为的影响作用,和高铁开通对消费者个体的心理和消费行为的影响一起纳入"时空压缩对消费者个体的心理和消费行为的影响"的整体框架下。

附　　录

附录一　关于消费者乘用车消费偏好的调查问卷

您好,本次问卷调查旨在了解您对于乘用车购买的偏好,大约10～12分钟,请您耐心作答。您的信息将会被严格保密,请您放心! 感谢您的配合。

一、个人信息:

您的年龄:＿＿＿＿＿＿＿岁　　您的性别:□男　　　□女
您的职业:＿＿＿＿＿＿＿　　您的文化程度:＿＿＿＿＿＿＿
您所在地级市:＿＿＿＿＿＿＿　　家庭年收入:＿＿＿＿＿＿＿万元

二、您所在地区(地级市)是否开通高铁:

A. 是　　B. 否　　开通年份:＿＿＿＿＿＿＿＿＿＿＿＿＿＿＿

您所在的县(县级市)是否开通高铁:

A. 是　　B. 否　　开通年份:＿＿＿＿＿＿＿＿＿＿＿＿＿＿＿

三、购买家用汽车时您会考虑哪些影响因素?(多选)

1. 车辆的购买价格和油耗、保养成本等经济因素
2. 车辆的舒适性、安全性与操控感等综合性能,包括动力、空间等
3. 车辆的品牌、外观等所能代表使用者身份、地位象征程度
4. 市内公共交通发达程度,如公交车密度、有无地铁等
5. 市际公共交通发达程度,如长途大巴密度、有无高铁站等
6. 4S店销售员的引导
7. 自己交际圈内的亲朋好友们的购车情况
8. 自己交际圈内的亲朋好友们对车辆的口碑及相关推荐度
9. 家庭人口数量

10. 其他：_____

四、您现在使用的私家车：

1. 发动机排量（请直接填写数字，如1.6 L，直接填1.6）：_____ L
2. 车身颜色是：
A. 红色　B. 橙色　C. 黄色　D. 棕色　E. 蓝色　F. 绿色　G. 紫色
H. 黑色　I. 白色　J. 灰色　K. 银色　L. 金色　M. 其他_____
3. 购买时是全款支付还是贷款分期？
A. 全款　　　　B. 贷款
4. 乘用车的品牌类型是：
A. 国产　　　　B. 合资　　　　C. 纯进口
具体品牌是：_____　具体型号是：_____
5. 乘用车车身的类型是：
A. 基本型乘用车（轿车）　　　B. 多用途车（MPV）
C. 运动型多用途车（SUV）　　 D. 其他
6. 乘用车是新能源车型？
A. 是　　　　B. 不是

五、您现在使用的乘用车购买时间：

A. 所在城市高铁开通前　　　B. 所在城市高铁开通后

六、近期如果您准备再买（换）一辆新的乘用车，您会选择：

1. 发动机排量（请直接填写数字，如1.6 L，直接填1.6）：_____ L
2. 车身颜色是：
A. 红色　B. 橙色　C. 黄色　C. 棕色　E. 蓝色　F. 绿色　G. 紫色
H. 黑色　I. 白色　J. 灰色　K. 银色　L. 金色　M. 其他_____
3. 购买时是全款支付还是贷款分期？
A. 全款　　　　B. 贷款
4. 乘用车的品牌类型是：
A. 国产　　　　B. 合资　　　　C. 纯进口
具体品牌是：_____　具体型号是：_____
5. 乘用车车身的类型是：
A. 基本型乘用车（轿车）　　　B. 多用途车（MPV）
C. 运动型多用途车（SUV）　　 D. 其他

6. 乘用车是新能源车型？
A. 是　　　　B. 不是

七、请您根据自己的感受和体会，判断每种描述您同意的程度。

1. 我倾向于购买与省会或一线城市的亲朋好友一样的合资乘用车品牌。

非常不同意　　　　　　　　　　　　　　　　　　非常同意
○1　　○2　　○3　　○4　　○5　　○6　　○7

2. 购车时，我倾向于购买与省会或一线城市的亲朋好友一样的有色相乘用车颜色。

　　非常不同意　　　　　　　　　　　　　　　　　非常同意
　　○1　　○2　　○3　　○4　　○5　　○6　　○7

3. 购车时，我倾向于与省会或一线城市的亲朋好友一样选择按揭贷款买车。

　　非常不同意　　　　　　　　　　　　　　　　　非常同意
　　○1　　○2　　○3　　○4　　○5　　○6　　○7

4. 购车时，我倾向于购买与省会或一线城市的亲朋好友一样的乘用车型号。

　　非常不同意　　　　　　　　　　　　　　　　　非常同意
　　○1　　○2　　○3　　○4　　○5　　○6　　○7

八、请您根据自己的感受和体会，判断每种描述您同意的程度。

1. 我经常会和省会城市或一线城市亲戚、朋友、同学等其他交往的人表现比较。

　　非常不同意　　　　　　　　　　　　　　　　　非常同意
　　○1　　○2　　○3　　○4　　○5　　○6　　○7

2. 我总是很注意我做事的方式，并和省会城市或一线城市交往的人做事方式相比。

　　非常不同意　　　　　　　　　　　　　　　　　非常同意
　　○1　　○2　　○3　　○4　　○5　　○6　　○7

3. 如果我想知道我做某事有多好，我会比较我做的和省会城市或一线城市交往的人做的。

　　非常不同意　　　　　　　　　　　　　　　　　非常同意
　　○1　　○2　　○3　　○4　　○5　　○6　　○7

4. 我经常与省会城市或一线城市交往的人比较我在社交方面的表现（例如

社交技能、受欢迎程度)。

非常不同意　　　　　　　　　　　　　　　　非常同意
○1　　○2　　○3　　○4　　○5　　○6　　○7

5. 我是那种经常和省会城市或一线城市交往的人比较的人。

非常不同意　　　　　　　　　　　　　　　　非常同意
○1　　○2　　○3　　○4　　○5　　○6　　○7

6. 我经常拿自己在生活中取得的成就与省会城市或一线城市交往的人比较。

非常不同意　　　　　　　　　　　　　　　　非常同意
○1　　○2　　○3　　○4　　○5　　○6　　○7

九、请您根据自己的感受和体会,判断每种描述您同意的程度。

1. 和省会城市或一线城市的人相比,你觉得你的经济地位(财富和收入等)

非常不同意　　　　　　　　　　　　　　　　非常同意
○1　　○2　　○3　　○4　　○5　　○6　　○7

2. 和省会城市或一线城市的人相比,你觉得你的社会地位(声望等)。

非常不同意　　　　　　　　　　　　　　　　非常同意
○1　　○2　　○3　　○4　　○5　　○6　　○7

3. 和省会城市或一线城市的人相比,你觉得你的政治地位(权力等)。

非常不同意　　　　　　　　　　　　　　　　非常同意
○1　　○2　　○3　　○4　　○5　　○6　　○7

十、请您根据自己的感受和体会,判断每种描述您同意的程度。

1. 和您所在的城市中的人相比,你觉得你的经济地位(财富和收入等)。

非常不同意　　　　　　　　　　　　　　　　非常同意
○1　　○2　　○3　　○4　　○5　　○6　　○7

2. 和您所在的城市中的人相比,你觉得你的社会地位(声望等)。

非常不同意　　　　　　　　　　　　　　　　非常同意
○1　　○2　　○3　　○4　　○5　　○6　　○7

3. 和您所在的城市中的人相比,你觉得你的政治地位(权力等)。

非常不同意　　　　　　　　　　　　　　　　非常同意
○1　　○2　　○3　　○4　　○5　　○6　　○7

十一、请您根据自己的感受和体会,判断每种描述您同意的程度。

1. 对某些高档商品的拥有会让我在挫折后感觉好一些。
非常不同意　　　　　　　　　　　　　　　　　非常同意
○1　　○2　　○3　　○4　　○5　　○6　　○7

2. 如果我在某些方面上不如意,拥有某些高档商品可以得到一定的补偿。
非常不同意　　　　　　　　　　　　　　　　　非常同意
○1　　○2　　○3　　○4　　○5　　○6　　○7

3. 拥有一个高档商品可以让我得到心理上的补偿。
非常不同意　　　　　　　　　　　　　　　　　非常同意
○1　　○2　　○3　　○4　　○5　　○6　　○7

十二、请您根据自己的感受和体会,判断每种描述您同意的程度。

1. 我会向省会或一线城市的亲朋好友们寻求各种产品的信息。
非常不同意　　　　　　　　　　　　　　　　　非常同意
○1　　○2　　○3　　○4　　○5　　○6　　○7

2. 我对省会或一线城市的亲朋好友们行为的观察会影响我对产品的选择。
非常不同意　　　　　　　　　　　　　　　　　非常同意
○1　　○2　　○3　　○4　　○5　　○6　　○7

3. 我购买某品牌会受到省会或一线城市的亲朋好友们偏好的影响。
非常不同意　　　　　　　　　　　　　　　　　非常同意
○1　　○2　　○3　　○4　　○5　　○6　　○7

4. 我选择某品牌会受到想满足省会或一线城市的亲朋好友们对我的期望的影响。
非常不同意　　　　　　　　　　　　　　　　　非常同意
○1　　○2　　○3　　○4　　○5　　○6　　○7

5. 我购买或使用该品牌会加深省会或一线城市的亲朋好友们对我的印象。
非常不同意　　　　　　　　　　　　　　　　　非常同意
○1　　○2　　○3　　○4　　○5　　○6　　○7

6. 我觉得我购买该品牌会受到省会或一线城市的亲朋好友们的赞赏或尊重。
非常不同意　　　　　　　　　　　　　　　　　非常同意
○1　　○2　　○3　　○4　　○5　　○6　　○7

十三、请您根据自己的感受和体会,判断每种描述您同意的程度。

1. 我觉得我所在的城市中说外地方言的同事、朋友越来越多。
非常不同意 　　　　　　　　　　　　　　　　　　　非常同意
○1　　　○2　　　○3　　　○4　　　○5　　　○6　　　○7

2. 我觉得我所在的城市中来自外地的同事、朋友越来越多。
非常不同意 　　　　　　　　　　　　　　　　　　　非常同意
○1　　　○2　　　○3　　　○4　　　○5　　　○6　　　○7

3. 我所在单位近年来新招聘的员工中,来自外地的比例越来越高。
非常不同意 　　　　　　　　　　　　　　　　　　　非常同意
○1　　　○2　　　○3　　　○4　　　○5　　　○6　　　○7

4. 在我所在的城市办事时,近年来遇到外地人的可能性越来越大。
非常不同意 　　　　　　　　　　　　　　　　　　　非常同意
○1　　　○2　　　○3　　　○4　　　○5　　　○6　　　○7

十四、您去比您所在城市经济发展水平更高的城市(如省会城市、一线城市等)的频率。

原因	一周3次及以上	一周1~2次	一月1次	一年7~10次	一年4~6次	一年1~3次	从不
1. 公务出差							
2. 外出旅游							
3. 探望亲友							
4. 通勤(指往返于住所与工作单位或学校)							
5. 其他							

注:来回往返计作一次,单选。

十五、请您根据自己的感受和体会,判断每种描述您同意的程度。

1. 我经常关注并喜欢合资品牌的乘用车,我会尝试购买它。

非常不同意　　　　　　　　　　　　　　　　　非常同意
○1　　○2　　○3　　○4　　○5　　○6　　○7

2. 当消费某个合资品牌乘用车不符合我所处的文化中的规范和价值观时,我仍然会尝试购买它。

非常不同意　　　　　　　　　　　　　　　　　非常同意
○1　　○2　　○3　　○4　　○5　　○6　　○7

3. 纵然我预先不了解某个合资品牌乘用车的功能如何,我仍然愿意尝试购买它。

非常不同意　　　　　　　　　　　　　　　　　非常同意
○1　　○2　　○3　　○4　　○5　　○6　　○7

4. 当朋友向我推荐我不知道的合资品牌乘用车时,我愿意去仔细了解它。

非常不同意　　　　　　　　　　　　　　　　　非常同意
○1　　○2　　○3　　○4　　○5　　○6　　○7

5. 我喜欢逛汽车论坛(看车展、逛汽车4S店)以了解有关新款汽车的信息。

非常不同意　　　　　　　　　　　　　　　　　非常同意
○1　　○2　　○3　　○4　　○5　　○6　　○7

6. 我经常搜寻有关新款乘用车的信息。

非常不同意　　　　　　　　　　　　　　　　　非常同意
○1　　○2　　○3　　○4　　○5　　○6　　○7

7. 我在购买新车时,我不需要依赖朋友的意见。

非常不同意　　　　　　　　　　　　　　　　　非常同意
○1　　○2　　○3　　○4　　○5　　○6　　○7

8. 我在购买新车时,我很少去询问朋友对此车的看法。

非常不同意　　　　　　　　　　　　　　　　　非常同意
○1　　○2　　○3　　○4　　○5　　○6　　○7

9. 我会避免选择那些已经被一般消费者接受并购买的黑白灰颜色乘用车。

非常不同意　　　　　　　　　　　　　　　　　非常同意
○1　　○2　　○3　　○4　　○5　　○6　　○7

10. 通常情况下,我不喜欢那些被每个人都习惯性购买的黑白灰颜色乘用车。

非常不同意　　　　　　　　　　　　　　　　　非常同意
○1　　○2　　○3　　○4　　○5　　○6　　○7

11. 在大众中越是普遍的黑白灰颜色乘用车,我就越不感兴趣。
非常不同意　　　　　　　　　　　　　　　　　　　　非常同意
○1　　　○2　　　○3　　　○4　　　○5　　　○6　　　○7

12. 当黑白灰乘用车变得非常流行时,我就对彩色乘用车产生了兴趣。
非常不同意　　　　　　　　　　　　　　　　　　　　非常同意
○1　　　○2　　　○3　　　○4　　　○5　　　○6　　　○7

13. 当我购买某款金融产品或服务时,我清晰地认知到收益与风险。
非常不同意　　　　　　　　　　　　　　　　　　　　非常同意
○1　　　○2　　　○3　　　○4　　　○5　　　○6　　　○7

14. 我会认真地为考虑家庭的消费支出规划。
非常不同意　　　　　　　　　　　　　　　　　　　　非常同意
○1　　　○2　　　○3　　　○4　　　○5　　　○6　　　○7

15. 我对银行理财产品、基金、股票、债券等有一定的了解。
非常不同意　　　　　　　　　　　　　　　　　　　　非常同意
○1　　　○2　　　○3　　　○4　　　○5　　　○6　　　○7

16. 我清晰地知道借记卡和信用卡的区别。
非常不同意　　　　　　　　　　　　　　　　　　　　非常同意
○1　　　○2　　　○3　　　○4　　　○5　　　○6　　　○7

十六、请您根据自己的感受和体会,判断每种描述您同意的程度。

1. 我愿意购买和我以前的品牌或和亲朋好友不一样品牌的乘用车。
非常不同意　　　　　　　　　　　　　　　　　　　　非常同意
○1　　　○2　　　○3　　　○4　　　○5　　　○6　　　○7

2. 我愿意购买和我以前的颜色或和亲朋好友不一样颜色的乘用车。
非常不同意　　　　　　　　　　　　　　　　　　　　非常同意
○1　　　○2　　　○3　　　○4　　　○5　　　○6　　　○7

十七、请您根据自己的感受和体会,判断每种描述您同意的程度。

1. 拥有合资品牌乘用车会很有面子。
非常不同意　　　　　　　　　　　　　　　　　　　　非常同意
○1　　　○2　　　○3　　　○4　　　○5　　　○6　　　○7

2. 拥有合资品牌乘用车会得到他人的尊重。
非常不同意　　　　　　　　　　　　　　　　　　　　非常同意
○1　　　○2　　　○3　　　○4　　　○5　　　○6　　　○7

3. 拥有合资品牌乘用车会得到他人的赞许。
非常不同意　　　　　　　　　　　　　　　　　非常同意
○1　　○2　　○3　　○4　　○5　　○6　　○7

4. 拥有合资品牌乘用车能凸显我的身份和地位
非常不同意　　　　　　　　　　　　　　　　　非常同意
○1　　○2　　○3　　○4　　○5　　○6　　○7

5. 拥有合资品牌乘用车能让人觉得我更像省会城市的人。
非常不同意　　　　　　　　　　　　　　　　　非常同意
○1　　○2　　○3　　○4　　○5　　○6　　○7

6. 拥有彩色乘用车会很有面子。
非常不同意　　　　　　　　　　　　　　　　　非常同意
○1　　○2　　○3　　○4　　○5　　○6　　○7

7. 拥有彩色乘用车会得到他人的尊重。
非常不同意　　　　　　　　　　　　　　　　　非常同意
○1　　○2　　○3　　○4　　○5　　○6　　○7

8. 拥有彩色乘用车会得到他人的赞许。
非常不同意　　　　　　　　　　　　　　　　　非常同意
○1　　○2　　○3　　○4　　○5　　○6　　○7

9. 拥有彩色乘用车能凸显我的身份和地位。
非常不同意　　　　　　　　　　　　　　　　　非常同意
○1　　○2　　○3　　○4　　○5　　○6　　○7

10. 拥有彩色乘用车让人觉得我更像省会城市的人。
非常不同意　　　　　　　　　　　　　　　　　非常同意
○1　　○2　　○3　　○4　　○5　　○6　　○7

11. 即使贷款购买乘用车也会很有面子。
非常不同意　　　　　　　　　　　　　　　　　非常同意
○1　　○2　　○3　　○4　　○5　　○6　　○7

12. 即使贷款购买乘用车也会得到他人的尊重。
非常不同意　　　　　　　　　　　　　　　　　非常同意
○1　　○2　　○3　　○4　　○5　　○6　　○7

13. 即使贷款购买乘用车也会得到他人的赞许。
非常不同意　　　　　　　　　　　　　　　　　非常同意
○1　　○2　　○3　　○4　　○5　　○6　　○7

14. 即使贷款购买乘用车也能凸显我的身份和地位。

非常不同意　　　　　　　　　　　　　　　　　　非常同意
○ 1　　○ 2　　○ 3　　○ 4　　○ 5　　○ 6　　○ 7

15. 贷款购买乘用车让人觉得我更像省会城市的人。

非常不同意　　　　　　　　　　　　　　　　　　非常同意
○ 1　　○ 2　　○ 3　　○ 4　　○ 5　　○ 6　　○ 7

十八、相较高铁开通前,如果高铁开通后您前对乘用车偏好有变化,可能的原因是:

_____
_____
_____
_____

附录二 城市乘用车上牌的基础数据结构表

年份	2007年	2008年	2009年	2010年	2011年	2012年	2014年	2015年
变量1 上牌月份	\multicolumn{8}{c}{1—12月}								
变量2 省份名称	全国31个省(直辖市、自治区,不包括香港、澳门、台湾地区)								
变量3 地级市数量	333	333	333	333	332	333	333	334
变量4 乘用车生产厂数量	61	63	60	77	80	62	113	73
变量5 乘用车品牌数量	101	131	125	62	64	60	78	78
变量6 车身形式	基本型乘用车(轿车CAR)、多用途车(MPV)、运动型多用途车(SUV)								
变量7 使用性质	营运/非营运								
变量8 所有权	个人所有/单位所有								
变量9 付款方式	贷款购买/全款购买								
变量10 车身颜色	红色、橙色、黄色、棕色、蓝色 绿色、紫色、黑色、白色、灰色、银色、金色等								
变量11 乘用车排量	0.8~6.0 L等多种不同排量								
变量12 燃料类型	汽油、柴油、天然气、油电混合、纯电动等其他多种新能源								
变量13 上牌量/万辆	370.70	422.83	665.31	921.40	894.06	1 094.42	1 470.49	1 469.50

注:(1)"乘用车生产厂数量"和"乘用车品牌数量"两个指标中剔除了2008—2015年间累计市场份额不足0.02%的生产厂和汽车品牌;(2)"乘用车上牌量"为当年上牌的乘用车中归消费者个人所有、非营运部分车辆的上牌数。

参 考 文 献

蔡海亚,赵永亮,顾沛,2020.互联网发展促进了居民消费趋同吗?[J].哈尔滨商业大学学报(社会科学版)(6):57-68.
曹炜威,2020.高铁影响下的旅客出行行为研究[D].成都:西南交通大学.
陈蓓蕾,郭小钗,2008.社会网络的商业潜能[J].企业管理(4):98-100.
陈宏胜,王兴平,刘晔,2019.家庭视角的流动人口城市定居意愿及其影响机制:基于中国8个城市的实证分析[J].热带地理(1):58-68.
陈家瑶,刘克,宋亦平,2006.参照群体对消费者感知价值和购买意愿的影响[J].上海管理科学,28(3):25-30.
陈婧,方军雄,2020.高铁开通、经理人市场竞争与高管薪酬激励[J].财贸经济,41(12):132-146.
陈艺妮,李纯青,金晓彤,2016.地位消费对新生代农民工自我保护的影响机理[J].财经问题研究(5):116-122.
崔宏静,金晓彤,赵太阳,等,2016.自我认同对地位消费行为意愿的双路径影响机制研究[J].管理学报,13(7):1028-1037.
戴学珍,徐敏,李杰,2016.京沪高速铁路对沿线城市效率和空间公平的影响[J].经济地理,36(3):72-77.
董艳梅,朱英明,2016.高铁建设能否重塑中国的经济空间布局:基于就业、工资和经济增长的区域异质性视角[J].中国工业经济(10):92-108.
杜兴强,彭妙薇,2017.高铁开通会促进企业高级人才的流动吗?[J].经济管理,39(12):89-107.
范子英,张航,陈杰,2018.公共交通对住房市场的溢出效应与虹吸效应:以高铁为例[J].中国工业经济(5):99-117.
高玮,2018.兰新高铁对沿线城市人口流动的影响分析[J].时代金融(29):70-72.
宫秀双,张红红,2020."别人家的孩子"vs平庸的自己:社会比较对独特性寻求行为的影响[J].心理学报,52(5):645-658.
郭永玉,杨沈龙,李静,等,2015.社会阶层心理学视角下的公平研究[J].心理科学进展,23(8):1299-1311.

韩晓燕,迟毓凯,2012.自发社会比较中的威胁效应及自我平衡策略[J].心理学报,44(12):1628-1640.

侯雪,刘苏,张文新,等,2011.高铁影响下的京津城际出行行为研究[J].经济地理,31(9):1573-1579.

胡小勇,李静,芦学璋,等,2014.社会阶层的心理学研究:社会认知视角[J].心理科学,37(6):1509-1517.

胡洋溢,韦庆旺,陈晓晨,2017.多元文化经验增强外文化排斥反应?:开放性和本文化认同的作用[J].中国社会心理学评论(1):73-92.

黄春芳,韩清,2021.长三角高铁运营与人口流动分布格局演进[J].上海经济研究,33(7):39-54.

季欣蕾,范乐佳,罗兴伟,等,2017.大学生对中外品牌认可程度的内隐态度偏差[J].中国临床心理学杂志,25(5):832-834.

贾鹤,王永贵,刘佳媛,等,2008.参照群体对消费决策影响研究述评[J].外国经济与管理,30(6):51-58.

蒋传海,周天一,朱蓓,2019.消费者寻求多样化与厂商折扣定价竞争[J].中国管理科学,27(9):169-174.

蒋为,周荃,向姝婷,等,2021.方言多样性、团队合作与中国企业出口[J].世界经济,44(4):103-127.

焦志伦,2013.中国城市消费的空间分布与空间相关关系研究[J].经济地理,33(7):41-46.

解晓娜,2016.主观社会阶层对利他行为及控制感的影响[J].心理技术与应用,4(7):422-427.

金晓彤,崔宏静,2013.新生代农民工社会认同建构与炫耀性消费的悖反性思考[J].社会科学研究(4):104-110.

金晓彤,韩成,聂盼盼,2017.新生代农民工缘何进行地位消费?:基于城市认同视角的分析[J].中国农村经济(3):18-30.

金晓彤,黄二帅,徐尉,2020.上行社会比较对地位消费的影响:基于内隐人格、权力距离、比较目标的调节效应分析[J].管理评论,32(1):151-161.

金晓彤,姚凤,徐尉,等,2020.自我威胁情境消费者地位消费行为研究:基于内隐人格的调节作用[J].南开管理评论,23(6):111-123.

金晓彤,赵太阳,崔宏静,等,2017.地位感知变化对消费者地位消费行为的影响[J].心理学报,49(2):273-284.

雷丹,赵玉芳,赵守良,等,2009.社会比较方向及目标可达性对行为水平的影响[J].心理与行为研究,7(4):295-299.

李东进,吴波,武瑞娟,2009.中国消费者购买意向模型:对Fishbein合理行为模型的修正[J].管理世界(1):121-129.

李东进,杨凯,周荣海,2007.消费者重复购买意向及其影响因素的实证研究[J].管理学报,4(5):654-659.

李红昌,LINDA T,胡顺香,2016.中国高速铁路对沿线城市经济集聚与均等化的影响[J].数量经济技术经济研究,33(11):127-143.

李红昌,郝璐璐,刘李红,2017.高速铁路对沿线城市可达性影响的实证分析[J].长安大学学报(社会科学版),19(3):38-44.

李祥妹,刘亚洲,曹丽萍,2014.高速铁路建设对人口流动空间的影响研究[J].中国人口·资源与环境,24(6):140-147.

李想,钱晓东,2019.商品在线评价对消费趋同影响研究[J].数据分析与知识发现,3(3):102-111.

李欣泽,纪小乐,周灵灵,2017.高铁能改善企业资源配置吗?:来自中国工业企业数据库和高铁地理数据的微观证据[J].经济评论(6):3-21.

李雪松,孙博文,2017.高铁开通促进了地区制造业集聚吗?:基于京广高铁的准自然试验研究[J].中国软科学(7):81-90.

李在军,管卫华,吴启焰,等,2014.1978—2011年间中国区域消费水平的时空演变[J].地球信息科学学报,16(5):746-753.

梁淑贞,陈昭,2021.消费者会"近朱者赤"吗?:珠三角地区居民消费的同群效应研究[J].财经理论研究(2):39-55.

林姝媛,2020.主观社会经济地位对炫耀性消费的影响:社会流动信念的调节作用[D].上海:华东师范大学.

蔺国伟,白凯,刘晓慧,2015.参照群体对中国消费者海外旅游购物趋同行为的影响[J].资源科学,37(11):2151-2161.

刘家悦,胡颖,2021.文化多样性、企业家精神与城市贸易竞争力:中国城市面板数据的经验证据[J].中南民族大学学报(人文社会科学版),41(7):150-160.

刘健,张宁,2012.基于模糊聚类的城际高铁旅客出行行为实证研究[J].交通运输系统工程与信息,12(6):100-105.

刘蕾,郑毓煌,陈瑞,2015.选择多多益善?:选择集大小对消费者多样化寻求的影响[J].心理学报,47(1):66-78.

刘志红,王利辉,2017.交通基础设施的区域经济效应与影响机制研究:来自郑西高铁沿线的证据[J].经济科学(2):32-46.

龙玉,赵海龙,张新德,等,2017.时空压缩下的风险投资:高铁通车与风险投资区域变化[J].经济研究(4):195-208.

马骏,罗衡军,肖宵,2019.私营企业家地位感知与企业创新投入[J].南开管理评论,22(2):142-154.

潘越,肖金利,戴亦一,2017.文化多样性与企业创新:基于方言视角的研究[J].金融研究(10):146-161.

齐飞,2014.旅游消费者行为:后现代主义下的趋同与分化[J].旅游学刊,29(7):11-12.

申洋,郭俊华,程锐,2021.交通基础设施改善能促进居民消费吗:来自高铁开通的证据[J].商业经济与管理(1):59-71.

沈坤荣,马俊,2002.中国经济增长的"俱乐部收敛"特征及其成因研究[J].经济研究(1):33-39,94-95.

宋平平,孙皓,2020.升级与趋同:需求强度视角下城乡居民消费结构分析[J].农业经济(8):79-80.

宋泽,邹红,2021.增长中的分化:同群效应对家庭消费的影响研究[J].经济研究,56(1):74-89.

孙国辉,梁渊,李季鹏,2020.社会排斥对地位消费行为倾向的影响[J].经济管理,42(4):124-138.

孙焕,李中东,许启发,2010.中国城镇居民消费趋同研究:基于面板数据的实证分析[J].消费经济,26(5):12-16.

唐宜红,俞峰,林发勤,等,2019.中国高铁、贸易成本与企业出口研究[J].经济研究,54(7):158-173.

田梦,2021.高铁网络基础设施对沿线城市集聚经济的影响研究[D].武汉:中国地质大学.

王财玉,孙天义,何安明,等,2013.社会地位感知与地位消费倾向:自尊的恐惧管理[J].中国临床心理学杂志,21(1):74-76.

王长征,崔楠,2011.个性消费,还是地位消费:中国人的"面子"如何影响象征型的消费者—品牌关系[J].经济管理,33(6):84-90.

王建明,王丛丛,2015.消费者亲环境行为的影响因素和干预策略:发达国家的相关文献述评[J].管理现代化(2):127-129.

王磊,杨文毅,2021.文化差异、消费功能与城际消费流动:基于中国银联大数据的分析[J].武汉大学学报(哲学社会科学版),74(2):102-118.

王宁,2001.消费与认同:对消费社会学的一个分析框架的探索[J].社会学研究,16(1):4-14.

王毅,刘钾,2021.消费者多样化寻求行为的产生、动机与发展[J].中国流通经济,35(1):60-69.

王毅,刘钾,孙国辉,2020.熟人还是陌生人,消费者为谁而改变?:不同类型的他人在场对消费者多样化寻求行为的影响[J].中央财经大学学报(4):91-97.

王雨飞,倪鹏飞,2016.高速铁路影响下的经济增长溢出与区域空间优化[J].中国工业经济(2):21-36.

温忠麟,叶宝娟,2014.中介效应分析:方法和模型发展[J].心理科学进展,22(5):731-745.

文嫮,韩旭,2017.高铁对中国城市可达性和区域经济空间格局的影响[J].人文地理,32(1):99-108.

吴坚,符国群,2007.品牌来源国和产品制造国对消费者购买行为的影响[J].管理学报,4(5):593-601.

吴康,方创琳,赵渺希,等,2013.京津城际高速铁路影响下的跨城流动空间特征[J].地理学报,68(2):159-174.

武前波,陶娇娇,吴康,等,2018.长江三角洲高铁日常通勤行为特征研究:以沪杭、宁杭、杭甬线为例[J].城市规划,42(8):90-97.

谢梅,白薇,吴沁媛,等,2020.高铁对经济发展的影响[J].电子科技大学学报,49(6):1-14.

邢淑芬,俞国良,2006.社会比较:对比效应还是同化效应?[J].心理科学进展,14(6):944-949.

熊名宁,汪涛,2020.文化多样性会影响跨国企业的经营绩效吗:基于动态能力理论的视角[J].经济管理,42(6):61-78.

颜色,朱国钟,2013."房奴效应"还是"财富效应"?:房价上涨对国民消费影响的一个理论分析[J].管理世界(3):34-47.

易牧农,郭季林,2009.品牌来源国对国内汽车购买者品牌态度的影响[J].经济管理,31(12):94-102.

于洪彦,袁平,刘艳彬,2008.网络中选择环境对多样化寻求行为的影响研究[J].南开管理评论,11(3):31-38.

余晓敏,潘毅,2008.消费社会与"新生代打工妹"主体性再造[J].社会学研究,23(3):143-171.

余泳泽,潘妍,2019.高铁开通缩小了城乡收入差距吗?:基于异质性劳动力转移视角的解释[J].中国农村经济(1):79-95.

张萃,2019.外来人力资本、文化多样性与中国城市创新[J].世界经济,42(11):172-192.

张晶,2010.趋同与差异:合法性机制下的消费转变:基于北京地区青年女性农民工消费的实证研究[J].中国青年研究(6):58-63,39.

张梦婷,俞峰,钟昌标,2020.开通高铁是否促进了地区出口?:来自中国城市数据的经验证据[J].南开经济研究(3):204-224.

张梦婷,俞峰,钟昌标,等,2018.高铁网络、市场准入与企业生产率[J].中国工业经济(5):137-156.

张霞,林嘉仪,张积家,2020.被动性社交网站使用与孤独感的关系及其链式中介作用[J].中国临床心理学杂志,28(1):63-66.

赵静,黄敬昌,刘峰,2018.高铁开通与股价崩盘风险[J].管理世界,34(1):157-168.

郑晓莹,彭泗清,戴珊姗,2014.社会比较对炫耀性消费的影响:心理补偿的视角[J].营销科学学报(3):19-31.

郑晓莹,彭泗清,彭璐珞,2015."达"则兼济天下?:社会比较对亲社会行为的影响及心理机制[J].心理学报,47(2):243-250.

钟彦卿,2020.两个类型的自豪对地位相关消费的影响研究[D].广州:中山大学.

周飞,郑洁仪,苏秋来,2020.顾客契合对地位消费的影响:基于网络虚拟徽章积攒行为的分析[J].华侨大学学报(哲学社会科学版)(1):87-98.

周宏,张皓,劳沛基,等,2014.网络互动中的群体趋同效应及其影响机制[J].科技进步与对策,31(13):68-72.

AARTS H, DIJKSTERHUIS A, 1999. How often didi do it? Experienced ease of retrieval and frequency estimates of past behavior[J]. Acta psychologica, 103(1/2):77-89.

ABRAHAMSE W, STEG L, 2013. Social influence approaches to encourage resource conservation: a meta-analysis[J]. Global environmental change, 23(6):1773-1785.

ADLER N E, EPEL E S, CASTELLAZZO G, et al., 2000. Relationship of subjective and objective social status with psychological and physiological functioning: preliminary data in healthy white women [J]. Health psychology,19(6):586-592.

AJITHA S, SIVAKUMAR V J, 2017. Understanding the effect of personal and social value on attitude and usage behavior of luxury cosmetic brands[J]. Journal of retailing and consumer services, 39:103-113.

AMALDOSS W, JAIN S, 2005. Conspicuous consumption and sophisticated thinking[J]. Management science, 51(10):1449-1466.

ARGO J J, WHITE K, DAHL D W, 2006. Social comparison theory and deception in the interpersonal exchange of consumption information[J]. Journal of consumer research,33(1):99-108.

ARIELY D, LEVAV J, 2000. Sequential choice in group settings: taking the road less traveled and less enjoyed[J]. Journal of consumer research, 3: 279-290.

BAGOZZI R P, 2000. On the concept of intentional social action in consumer behavior[J]. Journal of consumer research, 27(3): 388-396.

BARBARA W, ED S, 2016. When change cause stress: effects of self-construal and change consequences [J]. Journal of business and psychology (2): 249-264.

BASS F M, 1969. A new product growth for model consumer durables[J]. Management,15(5):215-227.

BATRA R, RAMASWAMY V, ALDEN D L, et al., 2000. Effects of brand local and nonlocal origin on consumer attitudes in developing countries[J]. Journal of consumer psychology,9(2):83-95.

BEARDEN W O, NETEMEYER R G, 1989. Measurement of consumer susceptibility to interpersonal influence[J]. Journal of consumer research, 15 (2):473-481.

BECK T, LEVINE R, LEVKOV A, 2010. Big bad banks? The winners and losers from bank deregulation in the United States[J]. The journal of finance,65(5):1637-1667.

BELK R W, 1988. Possessions and the extended self[J]. Journal of consumer research,15:139-168.

BELL S S, HOLBROOK M B, SOLOMON M R, 1991. Combining esthetic and social value to explain preferences for product styles with the incorporation of personality and ensemble effects[J]. Journal of social behavior and personality, 6(6):243-274.

BERGER J A, 2008. Who drives divergence? Identity signaling, outgroup dissimilarity, and the abandonment of cultural tastes[J]. Journal of personality and social psychology,95(3):593-607.

BERGER J, WARD M, 2010. Subtle signals of inconspicuous consumption[J]. Journal of consumer research,37(4):555-569.

BOCK D E, EASTMAN J K, MCKAY B, 2014. The impact of economic perceptions on status consumption: an exploratory study of the moderating role of education[J]. Journal of consumer marketing, 31(2): 111-117.

BOURDIEU P, 1979. La distinction: critique sociale du jugement[M]. Paris: Ditions Minuit.

BRAUN O L, WICKLUND R A, 1989. Psychological antecedents of conspicuous consumption[J]. Journal of economic psychology, 10(2): 161-187.

BURNKRANT B E, COUSINEAU A, 1975. Informational and normative social influence in buyer behavior[J]. Journal of consumer research, 2(3): 206-215.

CAMPA J L, LOPEZ-LAMBAS M E, GUIRAO B, 2016. High speed rail effects on tourism: Spanish empirical evidence derived from China's modeling experience[J]. Journal of transport geography, 57: 44-54.

CHAO A, SCHOR J B, 1998. Empirical tests of status consumption: evidence from women's cosmetics [J]. Journal of economic psychology, 19 (1): 107-131.

CHEN C, MA J, SUSILO Y, et al., 2016. The promises of big data and small data for travel behavior (aka human mobility) analysis[J]. Transportation. research part C: emerging Technologies, 68: 285-299.

CHEN Y F, 2008. Herd behavior in purchasing books online[J]. Computers in human behavior, 24(5): 1977-1992.

CHEN Z H, HAYNES K E, 2012. Tourism industry and high speed rail: is there a linkage: evidence from China's high speed rail development[M]. Virginia, USA: George Mason University School of Public Policy Research.

CHENG Y S, LOO B P, VICKERMAN R, 2015. High-speed rail networks, economicintergration and regional specialisation in China and Europe[J]. Travel behaviour and society, 2(1): 1-14.

CHUNG H F L, 2005. An investigation of crossmarket standar disation strategies: experiences in the European Union [J]. European journal of marketing, 39(11/12): 1345-1371, 1391.

COCANOUGHER A B, BRUCE G D, 1971. Socially distant reference groups, and consumer aspirations[J]. Journal of marketing research, 8(3): 379-381.

COLLINS R L, 1996. For better or worse: the impact of upward social comparison on self-evaluations[J]. Psychological bulletin, 119(1): 51-69.

DE MOOIJ M, 2003. Convergence and divergence in consumer behavior: implications for global advertising[J]. Journal of advertising, 22(2): 183-202.

DE MOOIJ M,HOFSTEDE G,2002. Convergence and divergence in consumer behavior: implications for international retailing[J]. Journal of retailing,78(1):61-69.

DEKIMPE M G, PARKER P M, SARVARY M, 2000. "Globalization": modeling technology adoption timing across countries[J]. Technological forecasting and social change,63(1):25-42.

DEMETRIS V, THRASSOU A, 2009. International marketing adaptation versus standardisation of multinational companies[J]. International marketing review,26(4/5):477-500.

DESAI K K,TRIVEDI M,2014. Do consumer perceptions matter in measuring choice variety and variety seeking?[J]. Journal of business research,1:2786-2792.

DHOLAKIA U, TALUKDAR D, 2004. How social influence affects consumption trends in emerging markets: an empirical investigation of the consumption convergence hypothesis[J]. Psychology and marketing,21(10):775-797.

DONG X F,2018. High-speed railway and urban sectoral employment in China [J]. Transportation research part A: policy and practice,116:603-621.

EASTMAN J K,EASTMAN K L,2011. Perceptions of status consumption and the economy[J]. Journal of business and economics research,9(7):9-20.

EASTMAN J K,FREDENBERGER B,CAMPBELL D,1997. The relationship between status consumption and materialism: a cross-cultural comparison of Chinese,Mexican,and American students[J]. Journal of marketing theory and practice,5(1):52-66.

EKSTRÖM K M, HJORT T, 2009. Hidden consumers in marketing: the neglect of consumers with scarce resources in affluent societies[J]. Journal of marketing management,25(7/8):697-712.

FARROW K, GROLLEAU G, 2017. Social norms and pro-environmental behavior: a review of the evidence[J]. Ecological economics,140:1-13.

FESTINGER L, 1954. A theory of social comparison processes[J]. Human relations,7:117-140.

FLORIDA R,2002. The rise of the creativeclass[J]. Washington monthly,35(5):593-596.

FORD J B,KARANDE K W,1998. The role of economic freedom in explaining the penetration of consumer durables[J]. Journal of world business,33(1):

69-86.

FRANK R H,1985. The demand for unobservable and other nonpositional goods[J]. The American economic review,75(1):101-116.

GAO H,WINTERICH K P,ZHANG Y,2016. All that glitters is not gold: how others' status influences the effect of power distance belief on statusconsumption[J]. Journal of consumer research(43):265-282.

GEORGIOS H, MILENA M, ADAMANTIOS D, 2017. Exploring the effectiveness of foreign brand communication: consumer culture ad imagery and brand schema incongruity[J]. Journal of business research, 80(0): 210-217.

GIBBONS F X,BUUNK B P,1999. Individual differences in social comparison: development of a scale of social comparison orientation[J]. Journal of personality and social psychology,76(1):129-142.

GIVON M, 1984. Variety seeking through brand switching[J]. Marketing science,1:1-22.

GOLDSMITH R E,FLYNN L R,KIM D,2010. Status Consumption and price sensitivity[J]. The journal of marketing theory and practice,18(4):323-338.

GROSSMAN G M,SHAPIRO C,1988. Foreign counterfeiting of status goods [J]. The quarterly journal of economics,103(1):79-100.

HAM J,et al. ,2014. A persuasive robot to stimulate energy conservation: the influence of positive and negative social feedback and task similarity on energy-consumption behavior[J]. International journal of social robotics, 6 (2):163-171.

HAYE S, 2018. Introduction to mediation, moderation, and conditional process analysis: a regression-based approach[M]. 2nd ed. New York, NY: The Guilford Press.

HEANEY J,GOLD SMITH R E,JUSOH W J W,2005. Status consumption among malaysian consumers: exploring its relationships with materialism and attention to social comparison-information [J]. Journal of international consumer marketing,17(4):83-98.

HEATH A P, SCOTT D,1998. The self-concept and image congruencehypothesis: an empirical evaluation in the motor vehicle market[J]. European journal of marketing,32(11/12):1110-1123.

JACOBSON L S , SULLIVAN L,1993. Earnings losses of displaced workerd

[J]. American economic review,83(4):685-709.

JINHEE C,et al. ,2006. Variety-seeking tendency in choice for others: interpersonal and intrapersonal causes[J]. Journal of consumer research(4):590-595.

KAHN B E,KALWANI M U,MORRISON D G,1986. Measuring variety-seeking and reinforcement behaviors using panel data[J]. Journal of marketing research (JMR),23(2):89-100.

KAHN B E,RATNER R K,2005. Variety for the sake of variety[M]. New York:Routledge.

KAUS W,2013. Conspicuous consumption and "race": evidence from South Africa[J]. Journal of development economics,100(1):63-73.

KIM H S,DROLET A,2003. Choice and self-expression: a cultural analysis of variety-seeking[J]. Journal of personality and social psychology, 85 (2): 373-382.

KIMH S, GAL D, 2014. From compensatory consumption to adaptive consumption:the role of self-acceptance in resolving self-deficits[J]. Journal of consumer research,41(2):526-542.

KOTLER P,ARMSTRONG G,2010. Principles of marketing [M]. New York: Prentice Hall,327-336.

KRAUS M W, STEPHENS N M,2012. A road map for an emerging psychology of social class[J]. Social and personality psychology compass,6(9):642-656.

KUKSOV D,YING X,2012. Competition in a status goods market[J]. Journal of marketing research,49(5):609-623.

LAZEAR E P,1999. Culture and language[J]. Journal of political economy,107 (6):95-126.

LEE J,SHRUM L J,2012. Conspicuous consumption versus charitable behavior in response to social exclusion: a differential needs explanation[J]. Journal of consumer research,39(3):530-544.

LEIGH J H, GABEL T G, 1992. Symbolic interactionism: its effects on consumer behaviour and implications for marketing strategy[J]. Journal of services marketing,6(3):5-16.

LICHTENBERG J,1996. Consuming because others consume[J]. Social theory and practice,22(3):273-297.

LIN CHIEN-HUANG, 2012. Effects of mood states on variety seeking: the moderating roles of personality[J]. Psychology and marketing(3):157-166.

LIN Y T, 2017. Travel costs and urban specialization patterns: evidence from China's high speed railway system[J]. Journal of urban economics, 98: 98-123.

MANDEL N, RUCKER D D, LEVAV J, et al., 2016. The compensatory consumer behavior model: how self-discrepancies drive consumer behavior [J]. Journal of consumer psychology, 27(1):133-146.

MANNING K C, BEARDEN W O, MADDEN T, 1995. Consumer innovativeness and the adoption process[J]. Journal of consumer psychology, 4(4):329-345.

MASAYUKI K, 2012. Has democratization reduced infant mortality in Sub-Saharan Africa? Evidence from micro data[J]. Journal of the European economic association(6):1294-1317.

MASON R S, 1981. Conspicuous consumption: a study of exceptional consumer behavior[M]. New York: St. Martin's Press.

MAZZOCCO P J, RUCKER D D, GALINSKY A D, et al., 2012. Direct and vicarious conspicuous consumption: identification with low-status groups increases the desire for high-status goods[J]. Journal of consumer psychology, 22(4):520-528.

MC CRACKEN G, 1986. Culture and consumption: a theoretical account of the structure and movement of the cultural meaning of consumer goods[J]. Journal of consumer research, 11:71-84.

MCALISTER L, 1982. A dynamic attribute satiation model of variety-seeking behavior[J]. Journal of consumer research, 9(2):141-150.

MCALISTER L, PESSEMIER E, 1982. Variety seeking behavior: an interdisciplinary review[J]. Journal of consumer research(3):311-322.

MENON S, KAHN B E, 1995. The impact of context on variety seeking in product choices[J]. Journal of consumer research, 22(3):285-295.

MICHEL L, 2014. New developments in global consumer behavior and marketing strategy: introduction to the special issue[J]. Journal of business research, 67 (3):225-227.

MINK S, JUNG J M, MARTIN D, 2016. Why did you take the road that leads to many different cities? Cultural differences in variety-seeking[J]. The association for consumer research:798-811.

MITTELMAN M, ANDRADE E B, CHATTOPADHYAY A, et al., 2014. The offer framing effect: choosing single versus bundled offerings affects variety seeking[J]. Journal of consumer research,41(4):953-964.

MUSSWEILER T V, GABRIEL S, BODENHAUSEN G V, 2000. Shifting identities as a strategy for deflecting threatening social comparison [J]. Journal of personality and social psychology,79(3):398-409.

NEWTON H J,COX N J,2019. Estimation of pre-and posttreatment average treatment effects with binary time-varying treatment using stata[J]. The stata journal: promoting communications on stats and stata(3):551-565.

NIJSSEN E J, DOUGLAS S P, 2011. Consumer world-mindedness and attitudes toward product positioning in advertising an examination of global versus foreign versus local positioning[J]. Journal of international marketing (3):113-33.

NORTON M I, 2013. All ranks are local: why humans are both (painfully) aware and (surprisingly) unaware of their lot in life[J]. Psychological inquiry,24: 124-125.

OLLIVIER G, BULLOCK R, JIN Y, et al. , 2014. High-speed railways in China: a look at traffic[M]. Washington DC, USA: The World Bank. No. 11.

OLSEN S O,TUDORAN A A,HONKANEN P,et al. ,2016. Differences and similarities between impulse buying and variety seeking: a personality-based perspective[J]. Psychology & marketing(1):36-47.

OROMENDÍA A R,PAZ M D R,RUFÍN R,2015. Research note: relationship versus transactional marketing in travel and tourism trade shows [J]. Tourism economics,21(2):427-434.

OTTAVIANO G I,PERI G,2006. The economic value of cultural diversity: evidence from US cities[J]. Journal of economic geography,6(1):9-44.

OZCAN Y Z,KOAK A,2003. Research note:a need or a status symbol? Use of cellular telephones in Turkey[J]. European journal of communication,18(2): 241-254.

OZGEN C,NIKAMP P,POOT J,2011. Immigration and Innovation in European Regions[R]. Ssrn working paper.

O'CASS A, FROST H, 2002. Status brands: examining the effects of non-product-related brand associations on status and conspicuous consumption [J]. Journal of product & brand management,11(2):67-88.

O'CASS A,MCEWEN H,2004. Exploring consumer status and conspicuous consumption[J]. Journal of consumer behaviour,4(1):25-39.

PAN C, PETTIT N C, SIVANATHAN N, 2014. Low-status aversion: the effect of self-threat on willingness to buy and sell[J]. Journal of applied social psychology,44(11):708-716.

PARK C W, LESSIG V P, 1977. Students and housewives: differences in susceptibility to reference group influence[J]. Journal of consumer research, 4(2):102-110.

PODSAKOFF P M,MACKENZIE S B,LEE J Y,et al. ,2003. Common method biases in behavioral research: a critical review of the literature and recommended remedies[J]. Journal of applied psychology,88:879-880.

QIAN H, STOUGH R R, 2011. The effect of social diversity on regional innovation: measures and empirical evidence [J]. International journal of foresight innovation policy,7(1/2/3):142-157.

RATNER R K, KAHN B E, 2002. The impact of private versus public consumption on variety-seeking behavior[J]. Journal of consumer research, 29(2):246-257.

READ D, LOEWENSTEIN G, 1995. Diversification bias: explaining the discrepancy in variety seeking between combined and separated choices[J]. Journal of experimental psychology:applied,1:34.

REGE M, 2008. Why do people care about social status? [J]. Journal of economic behavior & organization,66(2):233-242.

REN X,CHEN Z,WANG F,et al. ,2019. Impact of high-speed rail on intercity travel behavior change: the evidence from the Chengdu-Chongqing Passenger Dedicated Line[J]. Journal of transport and land use,12(1):265-285.

ROBERTS J, 2000. Consuming in a consumer culture: college students, materialism, status consumption and compulsive buying [J]. Journal of maketing management,10(2):76-91.

ROY R,2011. Consumer-based brand equity and status-seeking motivation for a global versus local brand [J]. Asia Pacific journal of marketing logistics, 23(3):270-284.

RUVIO A, SHOHAM A, BRENCIC M M, 2008. Consumers' need for uniqueness: short-form scale development and cross-cultural validation[J]. Internal marketing review,25(1):33-53.

SEGGIE S H,GRIFFITH D A,2008. The resource competitive advantage: an alternative perspective service firms[J]. International marketing review, 25

(3):262-275.

SHUKLA P,2008. Conspicuous consumption among middle age consumers: psychological and brand antecedent [J]. Journal of product and brand management,17(1):25-36.

SIVANATHAN N,PETTIT N C,2010. Protecting the self through consumption: status goods as affirmational commodities[J]. Journal of experimental social psychology,46(3):564-570.

SOLOMON M R,1983. The role of products as social stimuli: a symbolic interactionism perspective[J]. Journal of consumer research,10(3):319-329.

SPIEKERMANN K,2008. The shrinking continent: accessibility, competitiveness and cohesion[J]. European spatial research and planning,177(4):115-140.

STAPEL D A,BLANTON H,2004. From seeing to being: subliminal social comparisons affect implicit and explicit self-evaluations [J]. Journal of personality and social psychology,87(4):468-481.

TESSER A,MILLAR M,MOORE J,1988. Some affective consequences of social comparison and reflection processes: the pain and pleasure of being close[J]. Journal of personality and social psychology,54(1):49-61.

TIAN K T,BEARDEN W O,HUNTER G L,2001. Consumers' need for uniqueness: scale development and validation [J]. Journal of consumer research,28(1):50-66.

TRIGG A B,2001. Veblen,bourdieu,and conspicuous consumption[J]. Journal of economic issues,5(1):99-115.

TZENG S Y,WONG W M,2016. Retention or defection? Chinese consumers' decisionmaking styles for domestic and global brands[J]. South African journal of business management,47:83-92.

VEBLEN T,1899. The theory of the leisure class[M]. New York: AM Kelley Bookseller.

VICKREY W S,1969. Congestion theory and transport investment[J]. The American economic review,59(2):251-260.

WAHEEDUZZAMAN A N M,2011. Are emerging markets catching up with the developed markets in terms of consumption? [J]. Journal of global marketing,24(2):136-151.

WEBSTER C,FAIRCLOTH J B,1994. The role of hispanic ethnic identification on reference group influence [J]. Advances in consumer research, 21 (1):

458-463.

WHITE K, DAHL D W, 2007. Are all out-groups created equal? consumer identity and dissociative influence[J]. Journal of consumer research, 34(6): 525-536.

WICKLUND R A, GOLLWITZER P M, 1982. Symbolicselfcompletion[M]. Hillsdale, Canada: Lawrence Erlbaum.

WILK R, 1998. Emulation, imitation and global consumerism[J]. Organization and environment, 11(3): 314-333.

WILLS T A, 1981. Downward comparison principles in social psychology[J]. Psychological bulletin, 90(2): 245-271.

YAO S J, ZHANG F, WANG F, et al., 2019. Regional economic growth and the role of high-speed rail in China[J]. Applied economics, 51(32): 3465-3479.

ZHENG S Q, KAHN M E, 2013. China's bullet trains facilitate market integration and mitigate the cost of megacity growth[J]. Proceedings of the national academy of sciences, 110(14): 1248-1253.

ZHOU L, HUI M K, 2003. Symbolic value of foreign products in the People's Republic of China[J]. Annual review of psychology, 11(2): 36-58.

后　记

转眼间,从选题到完成专著写作已经快六年了。在本书即将完稿之际,太多的感激之情无以言表。

首先要感谢我的博士导师江晓东老师和吴佩勋老师,在整个博士研究生学习期间,导师们在学术上、思想上和生活上给予我极大的关心和帮助。本书的写作与修改都倾注了导师们的大量心血,他们严谨的治学态度、宽大的胸怀、坚毅的性格以及对学生的无私帮助都令我终生难忘,谆谆教诲必将使我受益一生。

我也要感谢上海财经大学所有曾经教导和帮助过我的老师们。他们是王新新老师、孙琦老师、吴芳老师、江若尘老师、高维和老师、王晓玉老师、叶巍岭老师、孙元欣老师、周琼老师、孙经纬老师、何玉长老师、黄蓉老师,等等。

另外,我还要衷心感谢扬州大学的连远强老师、刘宇伟老师、范庆基老师、汤学良老师、李坤同学,他们在学业、生活和工作上给予我诸多无私的帮助。

还要感谢我的同事钱俊老师、闫秀峰老师、陈俊金老师、孙道勇老师、刘晓宏老师等,他们为本研究的问卷调查等提供了很大的帮助,同时他们也为本研究提供了大量珍贵的资料,在此表示由衷的感谢。

还要感谢和我朝夕相处多年的同班好友们,他们是范晓明博士、姜敏博士、王小伟博士、张婕琼博士、谢锐博士;感谢我的宿舍室友们,他们是颜镜洲博士、应芥舟博士、张军博士;感谢师门的崔华雪博士、张慧博士、邹健博士、周密博士、朱叶博士等。与他们交往我很快乐,我也从他们身上学到了很多,希望我们珍贵的友情能地久天长。

后　记

最后，我要感谢我的父母、岳父母、妻子、儿子，多年来他们一直默默地支持和鼓励着我求学进取。正是他们的支持和鼓励，使我能够面对种种困难，从而取得今天的成绩。所以，我要将这本著作献给我敬爱的家人们。

袁　亮

2022 年 5 月于上海